本书受燕山大学人才科研启动经费资助

U0666058

公司代理规则体系研究

王英州　著

黑龙江大学出版社
HEILONGJIANG UNIVERSITY PRESS
哈尔滨

图书在版编目（CIP）数据

公司代理规则体系研究 / 王英州著． -- 哈尔滨：
黑龙江大学出版社，2024.5
ISBN 978-7-5686-1063-6

Ⅰ．①公… Ⅱ．①王… Ⅲ．①公司法－研究－中国
Ⅳ．① D922.291.914

中国国家版本馆 CIP 数据核字 (2023) 第 254135 号

公司代理规则体系研究
GONGSI DAILI GUIZE TIXI YANJIU
王英州　著

责任编辑　陈连生　姜雪南
出版发行　黑龙江大学出版社
地　　址　哈尔滨市南岗区学府三道街 36 号
印　　刷　三河市铭诚印务有限公司
开　　本　720 毫米 ×1000 毫米　1/16
印　　张　13.5
字　　数　231 千
版　　次　2024 年 5 月第 1 版
印　　次　2024 年 5 月第 1 次印刷
书　　号　ISBN 978-7-5686-1063-6
定　　价　56.00 元

序

公司代理是较为复杂的法律关系,涉及公司、公司代理主体、公司以外相对人等多方主体之间的权利、义务和责任。本书基于2018年《中华人民共和国公司法》,从不同层面完整、详尽地分析了公司代理规则体系。

本书"第一章 公司的代理主体"分析了在公司内部何种主体有权实施公司代理行为,通过分析现行法关于公司代理主体的相关规则、理论上的不同观点和比较法上公司代理主体设置的理论与实践,并基于合理解释,在规范层面上确定公司代理主体的应然路径。"第二章 公司代理行为范围的依据"通过分析和比较公司决议、公司章程、股东协议三种公司内部法律关系,确定可以作为公司代理行为范围依据的公司意思形成方式。"第三章 公司代理行为的法律效果"运用实证分析,确定公司代表、公司职务代理、公司对外担保三种公司代理行为法律效果的判断方法。"第四章 公司代理主体越权的责任承担"分析在公司内部法律关系中,公司代理主体违反公司意思时应如何向公司承担责任。本书根据公司代理主体与公司的关系,说明不同公司代理主体责任承担的法律适用方法。

本书的研究有若干创新之处,主要体现在以下几点:本书提出,采用实质标准,将实际实施公司代理行为的主体界定为公司代理主体;本书将法定代表人以外的公司代理主体界定为职务代理人,并根据是否受到职权范围的限制,将职务代理人区分为两种类型,分别确定法律效果的判断方法;本书根据公司代理主体与公司的法律关系,确定责任承担的法律基础和法律适用方法;本书的案例丰富,在研究方法上,本书主要运用了实证研究法,分析实践中存在争议的问题,并提出解决方案。

王英州博士数年来一直致力于民商法学研究,并发表了若干篇具有一定学术价值的论文。经过四年的法学博士学习,他可以熟练运用不同的民商法学研究方法。在博士毕业后,他选择到高校继续从事法学研究工作,我相信他会有一个好的学术发展前景。

是为序。

北京大学法学院教授、博士生导师 薛军

2024 年 3 月

目　　录

绪　　论

一、关于本书主题的说明

公司为股东投资设立的法人组织,其内部机构可依法律或章程的规定,形成法人意思,但公司自身不能对外作出意思表示或接受意思表示,而应通过一个或多个自然人进行。① 在有效的公司对外法律行为中,公司代理主体依照公司意思,以公司名义与第三人形成法律关系,由公司承担法律效果。但在实践中,公司、公司代理主体、公司以外相对人等主体的法律关系并非始终是在上述理想状态下形成,在公司代理主体违反公司意思而实施公司代理行为的情形中,会在当事人之间产生争议,例如,如何确定法律效果、如何承担责任等。由此,公司代理法律关系涉及以下法律问题:

第一,公司代理主体应如何确定。《中华人民共和国公司法》(以下简称《公司法》)第 13 条、《中华人民共和国民法典》(以下简称《民法典》)第 61 条第 1 款和第 61 条第 2 款规定了法定代表人及其行为效果。理论上认为,法定代表人与公司的关系为代表关系,以公司名义所为行为即为公司意思表示。② 由于法定代表人为公司法定的、唯一的代表主体,其有权以公司名义与公司以外第三人形成法律关系。《民法典》第 170 条规定,执行法人或者非法人组织工作任务的人员,就其职权范围内的事项,以法人或者非法人组织的名义实施的民事法律行为,对法人或者非法人组织发生效力。理论上认为,职务代理是指代理

---

① 参见王军:《中国公司法》,北京:高等教育出版社 2015 年版,第 260 页。
② 参见朱广新:《法定代表人的越权代表行为》,载《中外法学》2012 年第 3 期。

人根据其在公司组织中所担任职务,依据其职权对外实施法律行为的代理。① 所以,职务代理人有权在职权范围内与第三人形成法律关系。在现行法中,除《民法典》第 61 条第 2 款规定的法定代表人及该法第 170 条规定的职务代理人,并不存在其他主体有权实施公司对外法律行为的规定。公司内部的董事、管理者、控制股东等主体能否以公司名义与公司以外相对人形成法律关系,以及这些主体行为的具体方式应如何确定,均需要进一步解释。

第二,公司意思采用何种方式形成。公司内外部关系不是完全割裂的,而是通过公司意思表示机制相联系。② 在公司内部,公司意思为公司代理行为范围的依据,且公司代理主体违反公司意思,造成公司损失时,应对公司承担责任。在公司外部,公司意思构成公司代理主体行为的权限,在公司代理主体违反公司意思的情形下,应根据第三人是否构成善意来确定公司代理行为的法律效果。所以,公司意思连接着公司内外法律关系,且在公司代理行为法律效果的确定和判断越权责任承担的过程中发挥作用,有必要对公司的意思形成方式进行明确。理论上认为,公司决议为公司通过语言形式表达出来的意思形成结果,③即公司决议为典型的公司意思形成方式。④ 公司决议能否以及如何影响公司代理行为的法律效果,需要进行分析。理论上关于公司章程的法律属性存在合同说、自治法规说等不同观点,且对公司章程约束力的具体内容未加以明确。⑤《民法典》第 61 条第 3 款规定了法人章程与善意相对人的关系,《公司法》第 16 条第 1 款规定,公司担保的前提为依照章程形成决议。根据上述规定,公司章程与公司代理行为法律效果归属的判断存在紧密联系,公司章程能否作为公司代理行为范围的依据,也需要进行分析。理论上认为,股东协议的法律属性,与公司决议和公司章程并无本质区别。⑥ 在我国的公司治理中,存在

---

① 参见最高人民法院民法典贯彻实施工作领导小组:《中华人民共和国民法典总则编理解与适用(下)》,北京:人民法院出版社 2020 年版,第 848 页。

② 参见宋雨:《公司代表权体系化配置研究》,西南财经大学 2020 年博士学位论文。

③ 参见[德]卡尔·拉伦茨:《德国民法通论(下册)》,王晓晔、邵建东、程建英、徐国建、谢怀栻译,北京:法律出版社 2013 年版,第 433 页。

④ 参见宋雨:《公司代表权体系化配置研究》,西南财经大学 2020 年博士学位论文。

⑤ 参见吴飞飞:《论公司章程的决议属性及其效力认定规则》,载《法制与社会发展》2016 年第 1 期。

⑥ 参见刘昶:《有限责任公司股东协议"双重属性"论》,载《南方金融》2020 年第 12 期。

协议取代决议的现象。① 由于股东可以采用协议的方式进行公司治理,股东协议能否作为公司代理行为范围的依据,需要进一步分析。

第三,公司代理主体违反公司意思产生何种法律效果。《民法典》第 61 条第 3 款和该法第 504 条、该法第 170 条,《公司法》第 16 条第 1 款、《全国法院民商事审判工作会议纪要》(以下简称《九民纪要》)第 17 条、《最高人民法院关于适用〈中华人民共和国民法典〉有关担保制度的解释》(以下简称《担保制度解释》)第 7 条第 1 款分别规定公司代表、公司职务代理的法律效果,以及公司越权担保的法律效果与其判断方法。笔者认为,针对现行法关于公司代理主体越权法律效果的规定,以下问题尚需明确:首先,由于现行法仅将法定代表人和职务代理人规定为公司代理主体,立法也仅明确规定上述主体实施越权代理行为的法律效果,对于公司内部其他主体越权的法律效果则无具体规则。应如何界定职务代理人的含义,以及在控制股东、董事、经理等非执行公司特定工作任务的人员作为公司代理主体的情形下,应如何判断上述主体越权的法律效果,存在疑问。其次,关于法定代表人和职务代理人越权法律效果的规则均仅从正面规定第三人善意,应由公司承担法律效果,而未规定在第三人非善意的情形下,越权行为的法律效果。再次,《九民纪要》第 17 条和《担保制度解释》第 7 条第 1 款分别将债权人非善意情形下,担保合同的效力规定为无效与对公司不发生效力,即两者关于越权担保合同效力的规定是存在冲突的。最后,上述规定将法律效果的判断依据规定为相对人善意,但对于善意的判断方法则存在不同的规则:《九民纪要》第 18 条第 2 款规定相对人的审查标准为形式审查,《担保制度解释》第 7 条第 1 款规定相对人的审查标准为合理审查。如何界定越权担保形成的法律关系中相对人善意的判断标准,需要进一步分析。

第四,公司代理主体越权的责任承担应如何判断。现行法中没有关于法定代表人、职务代理人越权责任的具体规则,《民法典》第 164 条第 1 款和第 929 条第 1 款规定代理人责任承担规则、该法第 929 条第 2 款规定的受托人越权责任规则,《公司法》第 149 条规定的信义义务规则、该法第 20 条第 2 款规定的股东滥用权利规则,能否作为不同公司代理主体因越权向公司承担责任的规范基础,以及应如何确定各代理主体的责任承担,需要进一步解释。

---

① 参见周游:《公司法语境下决议与协议之界分》,载《政法论坛》2019 年第 5 期。

上述内容共同构成公司代理规则体系,这些内容之间存在着密切的联系:首先,公司代理主体为公司内部实施公司代理行为的主体,界定公司代理主体是分析公司代理行为法律效果和越权责任相关问题的基础。理论上认为,可以将法定代表人和职务代理人界定为公司代理主体,但没有从组织法角度分析公司代理主体及得出明确的界定标准。在实践中,公司代理主体则存在多种类型。公司代理主体界定在该研究中具有基础地位,又是公司代理规则体系的重要组成部分,我们有必要在下文中先对公司代理主体界定进行分析。其次,公司代理行为范围的依据表现为不同的公司意思形成方式,是公司代理主体实施行为的根据,公司代理主体应受其约束,同时它也是相对人善意判断和确定公司代理主体越权责任的依据,应为公司代理规则体系的组成部分,对该问题的分析在本书中具有承前启后的重要作用。再次,公司代理行为的法律效果与司法实践的关系最为密切,在该部分中,笔者分别分析不同公司代理主体所实施行为的法律效果判断方法,并说明公司意思的形成方式的依据在不同公司代理行为法律效果的判断中如何发挥作用。复次,越权责任的相关问题为法律效果归属违反公司意思情形下论述的自然延伸,该部分转向公司内部,分析公司与公司代理主体之间的法律关系,同样为公司代理规则体系不可缺少的组成部分。最后,由于各章内容共同构成公司代理规则体系,本书的论述遵循主体、行为依据、法律效果、责任的逻辑思路,从整体上分析公司代理规则体系。

需要说明的是,本书题目采用"公司代理规则体系研究",所研究的问题为公司内部不同主体,包括法定代表人、董事、管理者、狭义的公司工作人员①、控制股东等以公司名义与第三人形成法律关系过程中所产生的权利、义务、责任。笔者在此对本书主题以及涉及的问题进行说明。

第一,理论上关于公司代表的范围和公司代表与公司代理的区别存在争议,具体说明如下:

其一,根据《公司法》第13条和《民法典》第61条第1款,在现行法上,只有法定代表人可以通过代表方式,以公司名义实施对外法律行为,但理论上对公司代表的含义和范围存在不同的理解:1. 有观点认为,仅法定代表人享有代表

---

① 笔者所指的狭义的公司工作人员是指根据职位确定的职权范围包含具体、特定工作任务的公司工作人员。

权,法定代表人以外的主体,如经理,享有商事代理权。① 2. 也有观点认为,除法定代表人外,公司可以授权其他主体就特定事项代表公司。② 按照上述观点,法定代表人并非唯一能够以代表方式做出意思表示的主体。3. 有观点同时采用"法定代表人越权对合同效力的影响"和"法定代表人以外的董事、监事、高级管理人员越权对合同效力的影响"的表述,③以及对现行法定代表人制度提出摒弃公司代表的法定性、废除公司代表唯一制等建议,④这表明理论上从解释论和立法论的角度,对法定代表人是以代表方式实施公司对外法律行为唯一主体的突破。

其二,理论上关于公司代表和公司代理的联系和区别存在不同的观点:1. 有观点认为,代表权与代理权本质上没有区别,都是通过行为人自身的行为,使法律效果可以直接归属于本人的权能、资格或地位。在代表制度没有特别规定时,应适用代理制度弥补代表规则的缺失。⑤ 2. 有观点认为,代表与代理的区别在于,代表人以公司名义所为的意思表示即为公司本身的意思表示,而代理人应被代理人名义所为的行为是前者的意思表示,并且,代理人的行为限于法律行为,代表人除了作出法律行为外,还可以代表事实行为和侵权行为。⑥ 也有观点认为,代表和代理存在以下区别:代表权的主体特定,限于承担对外表示职能的代表机关,其依附于公司,而代理权人相对于本人具有独立性;代表权来源于法律和章程的规定,而代理权来源于公司代表人代表公司的授权委托;法定代表人因公司任命确定代表权,而代理人的代理权因本人的授权行为而取得;代理权的范围只基于法律行为,而代表权原则上包括代表人履行其职务的概括授权;代表权需要登记,而代理权不需要登记。⑦

第二,理论上认为,商事代理人与商事主体的法律关系为商事代理。商事代理的特点包括:代理人应是商人,例外情形为经理和狭义的公司工作人员经

① 参见何建:《公司意思表示研究》,复旦大学 2014 年博士学位论文。
② 参见王军:《中国公司法》,北京:高等教育出版社 2015 年版,第 260 页。
③ 参见肖斌:《论公司治理结构对合同效力的影响——从越权视角》,对外经济贸易大学 2015 年博士学位论文。
④ 参见焦娇:《公司代表人制度研究》,西南政法大学 2010 年博士学位论文。
⑤ 参见宋雨:《公司代表权体系化配置研究》,西南财经大学 2020 年博士学位论文。
⑥ 参见王军:《中国公司法》,北京:高等教育出版社 2015 年版,第 260 页。
⑦ 参见宋雨:《公司代表权体系化配置研究》,西南财经大学 2020 年博士学位论文。

公司委托授权实施商事代理行为;商事代理具有营业性,即行为以营利为目的且以代理为职业;实施商事代理可以被代理人的名义,也可以自己的名义。① 关于商事代理和公司代理的关系,需要加以明确。

第三,笔者以"公司代理规则体系研究"作为本书主题是基于以下原因:

首先,上文已经说明理论上认为,公司代表和公司代理在法律关系特点和法律效果归属方面不存在本质区别,两者的区别体现在主体类型、权限来源、授权方式、权限范围、公示程度等方面。公司代表和公司代理的区别限于因现行法的规范方式造成两者在特征上存在一定的差异,但两者均属于以公司名义做出法律行为,由公司承受法律效果的具体方式。在同一主题下讨论法定代表人、狭义的公司工作人员、董事、管理者、控制股东等主体实施公司对外法律行为的法律效果和越权情形下的责任承担并不存在矛盾和明显的不协调。

其次,在实践中,法定代表人、狭义的公司工作人员、董事、经理、控制股东等主体均能以公司名义与第三人形成由公司承受法律效果的法律关系。② 由于实践中以公司名义作出对外法律行为的主体存在多种类型,故应该将这些主体进行类型化,并分别确定各类主体行为的法律效果和责任承担规则,形成不同主体实施公司对外法律行为的规则体系,这样更符合实践的要求。

再次,理论上将法定代表人以外的主体的行为解释为公司代表,或从立法论层面建议废除法定代表人唯一规则,采用扩充法定代表人的方式增加公司代理主体,实践中能够实施公司对外法律行为的主体也不限于法定代表人,这说明根据现行法,人为割裂法定代表人和其他公司代理主体,并分别进行研究的做法并不合理。现有理论对相关问题的研究方式主要有:对法定代表人制度的不足进行分析并提出完善建议,③或在公司治理层面上完善法定代表人制度;④专门分析法定代表人行为的法律效果和责任承担;⑤专门分析职务代理人的含义、权限来源、法律效果和责任承担。⑥ 上述不同分析方法表明,虽然理论上认

① 参见施天涛:《商法学(第五版)》,北京:法律出版社2018年版,第94页。
② 详见下文关于公司代理法律效果案例的梳理。
③ 参见袁碧华:《法定代表人的制度困境与自治理念下的革新》,载《政法论丛》2020年第6期。
④ 参见赵旭东:《中国公司治理制度的困境与出路》,载《现代法学》2021年第2期。
⑤ 参见迟颖:《法定代表人越权行为的效力与责任承担——〈民法典〉第61条第2、3款解释论》,载《清华法学》2021年第4期。
⑥ 参见冉克平:《论商事职务代理及其体系构造》,载《法商研究》2021年第1期。

为法定代表人制度存在问题,但仅针对相关问题进行完善,而具体到公司对外行为的法律效果和越权的责任承担问题上,仍然采用严格区分法定代表人和其他主体的研究方式。笔者认为,采用不同方式界定公司代理的含义会得出公司代表与公司代理存在不同关系的结论:基于公司代表与公司代理相区分的现行法规范方式,两者属于不同的行为类型,而以行为方式和法律效果归属为标准,将公司代理界定为公司内部主体以公司名义实施的由公司承受法律效果的行为,公司代表应属于广义的公司代理的范畴。既然公司代表和公司代理涉及的问题均为判断以公司名义实施对外法律行为的法律效果,我们为了进行完整的分析,在法律效果归属和越权责任承担问题的论述中,不应在不同研究中区分法定代表人行为和其他公司代理主体行为,并分别进行分析,而应根据现行法,确定能够实施公司对外法律行为的主体,并分析和比较不同公司代理主体行为的法律效果和越权的责任承担规则。

复次,理论上关于代理的含义较为一致,即以本人的名义作出法律行为对本人发生效力,但理论上认为法定代表人为公司机构,公司代表行为范围除法律行为之外还包括事实行为和侵权行为,《民法典》第 61 条第 2 款和第 3 款与该法第 62 条并列规定法定代表人以公司名义实施对外法律行为的法律效果与法定代表人因执行职务造成他人损害的民事责任,《中华人民共和国公司法(修订草案)》(以下简称《修订草案》)第 11 条第 2 款和第 3 款、《中华人民共和国公司法(修订草案二次审议稿)》(以下简称《修订草案二审稿》)第 11 条第 2 款和第 3 款也采用相同的规范方式,这些规定说明公司代表行为应包含对外法律行为和职务侵权行为。笔者采用"公司代理"的表述意在说明本书讨论的内容限于公司代理法律行为。该"公司代理"的含义为公司内部不同主体以公司名义对外与第三人形成法律关系,并将法律效果归属于公司的各种法律行为。基于代理主体和行为性质对公司代理行为进行区分,典型的公司代理行为包含公司代表、公司职务代理、公司担保三种类型。① 根据各类公司代理主体和代理行为是否应以公司意思的形成为前提进行划分,公司代理的法律关系存在多种类型,所谓"规则体系"是指对不同公司代理行为的法律效果与不同公司代理主体违反公司意思向公司承担责任的法律适用进行分析和比较,并加以类型化所形

---

① 其中,"行为性质"的含义为有效公司代理行为的实施是否应以形成公司意思为前提。

成的具体的规则体系。

又次，根据理论上对商事代理的界定，本书意义上的公司代理是一种特殊的商事代理，具体说明如下：1. 商事代理主体既包括公司内部主体，也包括公司外部主体，而本书意义上的公司代理主体限于公司内部主体，即商事代理主体的范围包括但不限于公司代理主体。2. 公司代理行为范围的依据限于公司决议、公司章程等公司意思，商事代理中的委托合同等基础法律关系不属于本书意义上的公司代理行为法律效果和因越权承担责任的考量因素。3. 不同于商事代理可以商事主体名义和商事代理人自己的名义实施，公司代理行为原则上应以公司名义实施，只有在存在立法规定和交易习惯的情形下，公司代理主体以自己名义作出的公司代理行为才能对公司发生效力。4. 理论上对商事代理的研究主要为商事代理权的产生和行使、商事代理人的权利义务、商事代理的类型等，上述问题侧重于分析商事主体和商事代理人的法律关系，而本书的研究更侧重于组织法层面，即在公司治理法律关系中，界定公司代理主体和公司代理行为范围的依据，再以此为基础分析公司代理的法律效果和越权的责任承担。所以，公司代理应被界定为公司内部代理主体依据公司意思与公司以外相对人形成法律关系。上述情形以外的商事代理不属于本书讨论的范畴。

最后，《民法典》第61条规定的法定代表人位于第一编总则的第三章法人的一般规定中，说明该规定中的法定代表人不限于公司的法定代表人。该法第170条采用"执行法人或者非法人组织工作任务的人员"的表述也说明职务代理人并非仅可作为公司的代理主体，还可以代理其他类型的法人和非法人组织。笔者仅将公司代理作为研究对象是基于以下原因：1. 虽然法定代表人和职务代理人并非仅可为公司的代理主体，但公司与其他类型法人和非法人组织的相似之处仅为其代理主体的范围存在部分重合，这里提到的代理主体与公司或其他组织的关系则明显不同，界定代理主体的方法也不相同，所以，不应在同一主题下分析公司和其他组织的代理主体。2. 公司和其他组织的意思形成方式存在明显区别，无法在同一主题下进行分析。3. 上述规定主要针对法定代表人与职务代理人实施代理行为的法律效果，即虽然公司代理主体的行为与其他类型法人或非法人组织的代理主体的行为在法律效果判断的依据和标准上存在一定的重叠，但在组织内部，应根据代理主体与组织的法律关系确定越权责任，基于代理主体与组织存在不同关系，应分别根据不同组织的特点分析越权责任,而不应在同一主题下讨论公司代理主体和其他组织代理主体的越权责任。4.理论上对公司代理的相关问题存在较多研究,该问题在实践中也有较多争议,在同一主题下对公司代理的主体、行为范围的依据、行为的法律效果和越权责任等公司代理规则体系的组成部分进行分析,更具有针对性和可操作性。

第四,基于上述关于本书所研究问题的说明,笔者在此对本书主题作进一步界定:1.本书研究的内容限于公司内部主体实施的公司代理法律行为,公司以外主体基于委托合同等获得代理权授权实施的代理行为不属于本书讨论的范畴。2.笔者采用上述限定的原因:公司内部主体直接受到公司章程、公司决议等公司意思的约束,确定这些主体所实施的公司对外法律行为产生的法律效果的判断依据相同,即相对人善意。在同一主题下分析和比较不同主体实施的公司代理行为的法律效果,能够有效地形成公司代理规则体系。3.公司内部不同主体的代理权是基于不同原因产生的,应分别根据这些主体与公司的关系,确定不同主体越权情形下责任承担的法律适用。在同一主题下讨论越权责任问题,也能够明确不同公司代理主体责任承担法律适用上的差异。4.笔者研究的内容限于公司代理的相关问题,而不涉及其他类型法人或非法人组织。

二、现有研究梳理

上文已经明确本书研究的具体问题,应围绕这些问题对相关文献进行梳理。笔者在下文将按照所要分析问题的先后顺序,主要梳理以下方面的文献:关于公司代理主体,包括法定代表人和职务代理人的相关文献;关于公司意思的形成方式,包括公司决议、公司章程、股东协议的相关文献;关于公司代表、公司职务代理、公司担保的法律效果的相关文献;关于信义义务的相关文献,该类文献与越权代理行为的责任承担有关。

1.关于公司代理主体

理论上关于法定代表人和职务代理人的地位、特征、权限来源等存在不同的观点。

第一,关于法定代表人。理论上认为,法定代表人为代表公司从事民事活动的负责人。① 有观点认为,现行法采用法定代表人独任制。法定代表人享有广泛的代表权,只要以法人名义实施的行为,即为法人的行为。② 也有观点认为,独任代表制容易诱发法定代表人滥用权利,应以代理规则重新界定公司与法定代表人的关系,确立法定代表人的特别代理人地位。为保护善意相对人,公司只有举证相对人恶意,才能进行抗辩。③

第二,关于职务代理人。理论上认为,职务代理的特点包括:被代理人是公司;代理人是执行公司工作任务的人员;代理事项是职权范围内的事项。职务代理人超越职权范围即构成无权代理。④ 有观点认为,职务代理人无须另外的单独行为授予代理权,⑤其代理权的范围为职务范围,即公司工作人员因通过职务授予,获得了与职务范围相应的授权。⑥ 也有观点认为,职务代理的产生需要公司的另行授权。职务代理适用有因性原则,授权行为的效力取决于基础关系的效力。⑦ 还有观点认为,商业登记和法律规定授予代理权使职务代理权从基础关系中独立出来,被相对人知悉,没有必要另行人为创设独立的授权行为。⑧

2. 关于公司意思形成的方式

理论上关于公司决议、公司章程和股东协议的特征、作用、性质、形成等存在不同的观点:第一,关于公司决议。公司决议一般由多项意思表示组成,主要出现在团体法中。该行为具有以下特点:形成决议的意思表示内容互相一致,而且所用语句也完全一致;意思表示不是针对其他发出意思表示的成员,而是针对有关意思形成机构;采用多数决,对没有对决议表示同意的人也能够产生约束力。⑨ 决议存在表意主体和行为主体分离的情况,表意人并非公司,而是表

① 参见黄薇:《中华人民共和国民法典总则编解读》,北京:中国法制出版社 2020 年版,第 181 页。

② 参见袁碧华:《法定代表人的制度困境与自治理念下的革新》,载《政法论丛》2020 年第 6 期。

③ 参见蔡立东:《论法定代表人的法律地位》,载《法学论坛》2017 年第 4 期。

④ 参见黄薇:《中华人民共和国民法典总则编解读》,北京:中国法制出版社 2020 年版,第 550—552 页。

⑤ 参见冉克平:《论商事职务代理及其体系构造》,载《法商研究》2021 年第 1 期。

⑥ 参见耿林:《〈民法总则〉关于"代理"规定的释评》,载《法律适用》2017 年第 9 期。

⑦ 参见徐深澄:《〈民法总则〉职务代理规则的体系化阐释——以契合团体自治兼顾交易安全为轴心》,载《法学家》2019 年第 2 期。

⑧ 参见李建伟、李欢:《论商事职务代理的代理权来源》,载《云南大学学报(社会科学版)》2022 年第 5 期。

⑨ 参见[德]迪特尔·梅迪库斯:《德国民法总论》,邵建东译,北京:法律出版社 2013 年版,第 165—167、843 页。

决权人,行为主体是公司。① 第二,关于公司章程。其一,关于公司章程性质的不同观点如下:公司章程是公司与股东、董事及高管订立的合同;②公司章程是规定公司内部组织及活动等根本规则的自治法规。③ 其二,关于公司章程的约束力存在以下观点:管理者、董事、监事执行公司职务,应受到公司章程制约;公司章程体现了股东的共同意志,对股东具有约束力,这些主体必须遵守和执行公司章程。④ 第三,关于股东协议。有观点认为,股东协议与公司决议、公司章程不存在本质区别,皆具有合同属性和组织属性的双重性质,在公司设立、股东退出、股权转让等方面,应允许股东通过股东协议的方式决定公司内部治理规则。⑤ 股东协议通过以下方式影响公司治理:以股东协议改变公司治理结构,以股东协议实现股东利益的分离,以股东协议调整风险分配的格局,以股东协议限制股权转让。⑥

3. 关于公司对外行为的法律效果

(1)公司代表的法律效果。有观点认为,越权代表规则的规范依据是法人内部关系与外部关系区分理论。⑦ 法定代表人是否正确履行职责取决于法人与法定代表人之间的内部约定,相对人通常无法作出判断。上述规定中的善意第三人是对限制不知情也不应知情的权利人。该规定的目的是保护交易中无过错的一方,维护交易安全。⑧ 也有观点认为,相对人不应负审查义务,法人不得据此对法定代表人行为的法律效果归属进行抗辩。⑨

(2)公司职务代理的法律效果。有观点认为,相对人应通过工作人员的职务判断其是否构成越权,如果公司对职权范围作出特别限制,只有在相对人能够知情的情况下才能发挥限制作用。⑩ 超越职权范围构成无权代理,相对人不

---

① 参见李建伟:《决议行为特殊效力规则的民法解释》,载《法学杂志》2021 年第 7 期。
② 参见王军:《中国公司法》,北京:高等教育出版社 2015 年版,第 236 页。
③ 参见柯芳枝:《公司法论》,北京:中国政法大学出版社 2004 年版,第 79 页。
④ 参见安建:《中华人民共和国公司法释义》,北京:法律出版社 2005 年版,第 31 页。
⑤ 参见刘昶:《有限责任公司股东协议"双重属性"论》,载《南方金融》2020 年第 12 期。
⑥ 参见蔡元庆、黄海燕:《股东协议治理:缘起、困境与规范进路》,载《财经法学》2019 年第 2 期。
⑦ 参见朱广新:《法定代表人的越权代表行为》,载《中外法学》2012 年第 3 期。
⑧ 参见黄薇:《中华人民共和国民法典总则编解读》,北京:中国法制出版社 2020 年版,第 182—183、190—191、205 页。
⑨ 参见蔡立东:《论法定代表人的法律地位》,载《法学论坛》2017 年第 4 期。
⑩ 参见耿林:《〈民法总则〉关于"代理"规定的释评》,载《法律适用》2017 年第 9 期。

知道也不应知道公司内部规定对职权范围的限制,构成善意相对人,越权行为因构成表见代理而有效。① 也有观点认为,职务代理与表见代理存在区别。职务代理权登记可以构造出相对人信赖的权利外观。公司承受职务代理人超越权限行为的法律效果的前提:职权范围受到限制但相对人不知情。信赖产生于商事登记和法律对代理权范围的直接规定,而与被代理人无关。只要在相对人信赖的职权范围内实施行为,法律效果应由被代理人承受。②

(3)公司担保的法律效果。有观点认为,应对公司决议进行形式审查,确定公司担保的法律效果。形式审查的内容包括审查股东或董事的身份是否属实。③ 也有观点认为,公司担保规则规范对象为决议形成程序,主要目的在于处理内部治理问题,与行为效力并无直接关联。相对人应当证明自己是善意,审查的内容包括是否存在决议和决议是否存在程序瑕疵,即由哪个机关作出决议,是否符合表决权的规定。相对人非善意的情形下,越权担保合同效力待定。④

4.关于信义义务和越权责任的规范基础

(1)信义义务的类型和主体。第一,关于信义义务的类型。信义义务包括注意义务和忠实义务。注意义务要求公司的董事、监事、管理者应当尽到善良管理人的注意义务,管理好公司,避免公司、股东的利益受到不必要的损害;忠实义务要求公司董事不得将自身利益置于公司、股东利益之上,不得进行损害公司、股东利益的行为。⑤ 有观点认为,忠实义务界定了董事们追求的目标,即公司的最佳利益,注意义务界定了应如何追求这一目标。⑥ 第二,关于信义义务

---

① 参见黄薇:《中华人民共和国民法典总则编解读》,北京:中国法制出版社 2020 年版,第 553 页。

② 参见杨秋宇:《融贯民商:职务代理的构造逻辑与规范表达——〈民法总则〉第 170 条释评》,载《法律科学》2020 年第 1 期。

③ 参见最高人民法院民事审判第二庭编著:《〈全国法院民商事审判工作会议纪要〉理解与适用》,北京:人民法院出版社 2019 年版,第 182、187 页。

④ 参见马更新:《公司担保中决议形成程序与合同效力认定间牵连关系探析》,载《法学杂志》2020 年第 6 期。

⑤ 参见宋燕妮、赵旭东:《中华人民共和国公司法释义(最新修正版)》,北京:法律出版社 2019 年版,第 295 页;Julian Velasco,"A Defense of the Corporate Law Duty of Care",Iowa Journal Corporate Law,vol. 40, 2014, pp. 647, 649.

⑥ See Disney IV, 907 A. 2d 749 (Del. Ch. 2005).

的主体。有观点认为,除董事、管理者外,控制股东也应作为信义义务主体。① 也有观点认为,控制股东承担责任的规制方法为股东压制和控制股东信义义务,前者的检验标准为合理期望规则,②后者的检验标准为商业判断规则和整体公平规则。③

（2）越权责任的规范基础。有观点认为,法定代表人违反公司意思,应根据委托合同受托人越权责任规则向公司承担责任。④ 也有观点认为,《公司法》信义义务规则可以作为法定代表人因越权向公司承担责任的请求权基础。⑤ 还有观点认为,现行法采用唯一代表制阻碍了法定代表人为公司承担责任,应采用专门设置法定代表人内部承担责任条款的方式进行完善。⑥

---

① 参见赵旭东:《中国公司治理制度的困境与出路》,载《现代法学》2021 年第 2 期。

② See Minn. Stat. 302A.751, subdivision 3a（2002）.

③ Cfr., Luciano Matteo Quattrocchio, "L'abuso del diritto nel diritto societario", ItaliaOggi, Torino, vol. 4, luglio, 2014, p. 93.

④ 参见迟颖:《法定代表人越权行为的效力与责任承担——〈民法典〉第 61 条第 2、3 款解释论》,载《清华法学》2021 年第 4 期。

⑤ 参见甘文强:《法定代表人越权担保之规范路径研究》,载《安徽警官职业学院学报》2020 年第 3 期。

⑥ 参见赖虹宇、吴越:《法定代表人越权担保中的内部责任配置方式》,载《四川理工学院学报（社会科学版）》2018 年第 1 期。

第一章　公司的代理主体

上文已经说明《民法典》第 61 条和该法第 170 条采用区分公司代表与公司职务代理的规范方式确定具体实施公司代理行为的主体,理论上将公司内部其他主体解释为可以实施公司代表行为,扩张代表人的范围,但没有总结出界定不同公司代理主体的明确的判断标准。《公司法》规定的公司的组织机构包括股东会、董事会、监事会、经理等,且该法分别为这些机构设定具体职权,但不同机构的职权范围存在交叉重叠,关于这些组织机构能否作为公司代理主体的解释是存在争议的。此外,控制股东在公司中发挥重要作用,其能否作为公司代理主体也存在疑问。在公司内部,除法定代表人和职务代理人外,其他公司代理主体无法直接根据现行法的具体规则确定,这是笔者重点分析的地方。那么,法定代表人和职务代理人均为现行法规定的公司代理主体,两者的地位有何区别?除上述主体外,公司内部其他主体能否被界定为公司代理主体?应采用何种判断方法确定公司代理主体?本书拟通过梳理与公司代理主体相关的理论争议,对现行法的具体规则进行规范分析,并结合比较法,明确公司代理主体的确定标准。

第一节　关于公司代理主体的争议

接下来,我们将对法定代表人和职务代理人的法律地位进行分析。除上述立法明确规定的公司代理主体外,其他公司代理主体的确定应基于公司组织机构的职权和作用。理论上关于公司控制权归属、公司组织机构的职权和功能等也有较多研究,确定公司代理主体的观点应在这些理论中寻找,有必要完整梳理理论上关于公司组织机构功能的不同观点。所以,为完整分析公司代理主体,有必要首先对理论上的争议进行梳理,笔者在下文首先说明立法明确规定的法定代表人和职务代理人的法律地位,再在此基础上根据理论上关于公司组织机构职权和功能的不同观点,确定能够作为公司代理主体的其他主体。

一、法定代表人和职务代理人的法律地位

1. 法定代表人的法律地位

根据《民法典》第 61 条第 1 款,法定代表人和法人的关系为代表关系,代表职权来源于法律的明确授权。① 法定代表人的行为是法人的行为,代表权是一种不受限制的权力。② 法定代表人发挥作用的方式:在内部由股东会或董事会形成公司决议,在外部由法定代表人具体实施,即公司对外意思表示行为由法定代表人完成。③ 按照上述观点,在公司对外法律关系中,法定代表人应作为公司的代理主体。

笔者认为,立法将法定代表人规定为能够以代表方式实施公司对外法律行为的主体,且其具有法定性和唯一性的特征,可以说明在公司与公司以外相对人的法律关系中,法定代表人被明确界定为公司的代理主体,具体说明如下:首先,法定代表人拥有概括的代表权,在公司需要与第三人形成法律关系的情形中,公司所有行为均可通过法定代表人完成。在法定代表人没有超越权限的情形,即法定代表人依照公司意思与第三人形成的法律关系可以使公司意思实现,其与公司以外的相对人订立合同的行为应被解释为公司代理行为。其次,在现行法下,因对外代表权不受限制,如果法定代表人对内权力和对外权力不一致,理论上认为,无论其是否超越权限,公司均应承受法律效果。在此情形下,法定代表人的代理行为与公司意思的内容不一致,涉及法定代表人行为的法律效果归属和越权责任承担的问题,需要在下文进一步分析。所以,将法定代表人界定为公司代理主体是不存在问题的。

---

① 参见黄薇:《中华人民共和国民法典总则编解读》,北京:中国法制出版社 2020 年版,第 181 页。
② 参见朱广新:《法定代表人的越权代表行为》,载《中外法学》2012 年第 3 期。
③ 参见赵旭东:《公司组织机构职权规范的制度安排与立法设计》,载《政法论坛》2022 年第 4 期。

2. 职务代理人的法律地位

根据《民法典》第 170 条,职务代理人可以以公司名义与公司以外相对人形成由公司承受法律效果的法律关系,属于公司的代理主体。理论上认为,职务代理是指代理人基于职务产生的代理,职务代理具有特殊性:被代理人是公司;代理人是执行公司工作任务的人员;代理事项是职权范围内的事项。职务代理人超越职权范围即构成无权代理。[①] 根据上述观点,与法定代表人不同,职务代理人的代理权并非概括性的,而是以职权范围为限,即其代理权除受到公司章程、股东会决议、董事会决议、公司内部管理制度等公司文件明确规定的限制外,还应受到职务代理人工作内容范围的限制。由于以上特殊性,职务代理人的权限范围应根据具体情形分别确定。上述规定中执行工作任务的人员、职权范围的限制尚存在疑问,理论上存在不同观点,具体说明如下:

第一,有观点认为,职务代理人因劳动关系或基础法律关系等获得的特定职位而取得代理权,无须公司的另行授权行为。职务代理权受到的限制应为立法规定的限制。[②]

第二,有观点认为,职务代理权并非基于职务直接取得,而是产生于公司独立的授权行为,但职位与授权行为具有牵连关系。[③]

第三,有观点认为,职务代理权基于商事登记和立法规定授予,因登记产生的权利外观和相对人保护要求,该代理权的来源应被界定为立法、商事习惯等规范授权,而非公司的授权行为。[④]

第四,有观点认为,应参考立法、公司意思、交易习惯等各种因素,确定职务代理权的来源和职权范围。[⑤]

笔者认为,理论上关于公司职务代理人权限来源以及职权范围争议的具体内容如下:

[①] 参见黄薇:《中华人民共和国民法典总则编解读》,北京:中国法制出版社 2020 年版,第 550—552 页。

[②] 参见耿林:《〈民法总则〉关于"代理"规定的释评》,载《法律适用》2017 年第 9 期。

[③] 参见徐涤澄:《〈民法总则〉职务代理规则的体系化阐释——以契合团体自治兼顾交易安全为轴心》,载《法学家》2019 年第 2 期。

[④] 参见李建伟、李欢:《论商事职务代理的代理权来源》,载《云南大学学报(社会科学版)》2022 年第 5 期。

[⑤] 参见许德风:《意思与信赖之间的代理授权行为》,载《清华法学》2020 年第 3 期。

理论上对职务代理的权限来源存在以下观点:(1)职务代理权来源于因劳动关系或委任关系取得的特定职位;(2)职务代理权产生于公司独立的授权行为;(3)职务代理权来源于立法或商事习惯的规范授权;(4)职务代理权存在不同来源,应参考立法、公司章程、商事习惯等各种因素来进行判断。

理论上,与职务代理权来源相对应的职权范围存在以下不同观点:(1)职权范围根据职务的性质确定;(2)职权范围根据代理权登记和立法规定确定;(3)职权范围根据商事习惯确定;(4)职权范围根据立法和商事习惯确定。

理论上的不同观点能够反映以下问题:(1)职务代理权来源于基础关系与职务代理权来源于独立的授权行为这两种观点不存在本质区别,因为后者同时认为职位与授权行为具有牵连关系,职权范围为根据职务形成的权利外观推断出的应然权限,包括为完成职务所需的一切行为。所以,职务代理权不管是来源于基础关系还是独立的授权行为,均应根据职务本身的特点确定职权范围。(2)职务代理权限来源和职权范围之间存在紧密的联系:如果认为职务代理权仅来源于职位本身,职权范围的确定依据就包括立法和商事习惯。在此情形下,职位包含的工作内容为相对人合理信赖的对象,相对人只需根据通常情况下对职位的理解进行判断即可构成善意,公司章程、公司决议对职权范围的限制,属于《民法典》第170条第2款规定的职权范围限制,为不得对抗善意相对人的范畴,相对人对上述内容不负有审查义务。如果我们认为对职务代理权的来源应进行综合判断,那么确定职权范围的依据应不限于立法和商事习惯,也应包含公司内部意思。由于上述内容被界定为明确职权范围的依据,相对人应审查公司章程等,其若未进行审查,则不构成善意。

笔者认为,虽然理论上对职务代理人的权限来源及职权范围限制存在争议,但不同的权限来源及职权范围仅针对职务代理人越权的情形,对相对人善意的判断产生影响。即采用不同方法界定职权范围的限制,应对《民法典》第170条第2款规定的"职权范围的限制,不得对抗善意相对人"作出不同解释。但无论采用何种方式界定权限来源和职权范围,均应将职务代理人确定为公司代理主体。

因此,职务代理人与法定代表人均可以实施公司代理行为,两者的区别是后者的权限范围是概括的,而前者的权限范围受到职权范围的限制。上述区别仅在职务代理人越权情形下,判断相对人善意时发挥作用,而不影响将职务代理人界定为公司代理主体。所以,法定代表人和职务代理人作为公司代理主体均不存在问题。

二、关于公司内部其他代理主体的争议

根据上文的分析可知,法定代表人和职务代理人可作为公司的代理主体,除上述主体外,公司内部其他主体能否作为公司代理主体,应分析不同主体的作用和关系。

1. 股东会和董事会的关系

《公司法》第 46 条第 2 项规定,由董事会执行股东会决议。我们需要说明股东会和董事会的关系,确定董事会能否作为公司代理主体。

理论上认为,股东会为公司的权力机构,可以决定公司一切重大问题,其区别于执行机构,不执行日常业务。[①] 董事会是股东会的执行机构,由其执行股东会的决定。[②] 上述观点对股东会和董事会的定位较为清晰,即将前者界定为决定重大问题的权力机构,将后者界定为前者的执行机构。如果该界定准确,结合《公司法》第 46 条第 2 款,则应将董事会界定为股东会决议的执行机构。在需要采用公司代理行为执行决议的情形下,董事会在规范层面上可作为公司代理主体。笔者认为,不应根据上述规定简单地将董事会界定为决议执行机构或公司的代理主体,应通过分析两者的关系,来判断董事会作为公司的代理主体是否可行。

理论上根据股东会与董事会的功能进行界定两者关系的观点如下:

第一,理论上采用不同标准来区分董事会中心主义与股东会中心主义。有观点认为,应根据公司权力的来源和剩余权力的归属进行区分:(1)股东会中心主义认为,公司的目的是股东利益最大化,公司权力来源于股东。[③] 股东会和董

---

① 参见安建:《中华人民共和国公司法释义(最新修正版)》,北京:法律出版社 2013 年版,第 71 页。

② 参见黄薇:《中华人民共和国民法典总则编解读》,北京:中国法制出版社 2020 年版,第 246 页。

③ 参见刘俊海:《股东中心主义的再认识》,载《政法论坛》2021 年第 5 期。

事会构成代理关系。① 股东拥有对公司的最终控制权,公司章程未规定或规定不明的事项应由股东会决策。②（2）董事会中心主义认为,董事会行使立法授予的公司权力,而非股东会授权,管理者的权力并非来源于公司法,而是来源于董事会授权。③ 董事会是公司治理的中心,剩余权力归属董事会。④ 所以,股东会中心主义认为,公司权力来源于股东会,剩余权力也应归属于股东会。董事会中心主义则认为,董事会的权力来源于立法,管理者的权力来源于董事会,剩余权力则应归属于董事会。也有观点认为,应根据公司主要经营事项和经营者权利为依据进行区分。董事会负责经营管理公司,股东会在例外情形才能否定董事会决议。由于《公司法》没有特别规定对所有事项享有最终决定权的机构,也未对剩余权力作出明确规定,董事会拥有经营管理和业务执行权,处于明显的主导和核心地位,公司治理应为董事会中心主义。⑤

笔者认为,以公司权力来源和剩余权力归属为依据,不同观点可以将股东会或董事会界定为公司治理中心。以经营者权为依据进行界定,必然得出董事会是公司治理的中心。仅作出何者为中心的界定并无实际意义,理论上关于股东会中心主义和董事会中心主义的争议实则是服务于其他理论:采用股东会中心主义的目的是通过强调股东在公司治理中的重要地位,加强股东权利保护以及说明采用何种措施保护股东权利。采用董事会中心主义的目的是说明董事会掌握公司的经营权力这一事实,来论证股东会的职权应受到限制,进而分析董事会应享有何种权力以及如何限缩股东会的权力。所以,从股东会中心主义与董事会中心主义的争议中无法得出董事会能否作为公司代理主体,理论上应进一步分析以职权为标准对股东会和董事会进行定位的不同观点。

第二,理论上关于股东会与董事会的定位,存在如下观点:首先,有观点对股东会和董事会的权力边界进行界定。股东会是权力机构,对重大问题进行决策,主要职权是决策,而非制定和执行,其职权是法定的,不应被无限扩大,不能

---

① 参见赵旭东:《股东会中心主义抑或董事会中心主义?——公司治理模式的界定、评判与选择》,载《法学评论》2021 年第 3 期。
② 参见刘俊海:《股东中心主义的再认识》,载《政法论坛》2021 年第 5 期。
③ 参见梁上上:《公司权力的归属》,载《政法论坛》2021 年第 5 期。
④ 参见王谨:《公司治理下的董事会职权体系完善研究》,载《法学杂志》2022 年第 2 期。
⑤ 参见赵旭东:《股东会中心主义抑或董事会中心主义?——公司治理模式的界定、评判与选择》,载《法学评论》2021 年第 3 期。

超越职权。董事会是经营决策执行机构和实际管理者,其职权也是法定的,代表公司对各项事务作出意思表示或决策,并实施和贯彻执行这些决策。[1] 即董事会和股东会均属于公司的决策机构,区别在于两者决策的事项和决策层次不同。[2] 其次,有观点说明股东会和董事会职权的区分标准:董事会掌握公司的各项事务,股东会仅行使部分法律或章程授权的权力,应以重大事项为标准确定股东会职权,且只有在董事会陷入利益冲突与公司治理结构发生根本变化时,股东会才能直接参与公司事项决策。[3] 再次,有观点根据不同类型决策的性质区分股东会和董事会的职权范围:修改公司章程、增资减资等战略决策权和批准、监督等决策控制权一般由股东会掌管,公司决策中涉及公司业务的战术决策权、对合并收购事项进行提案和监控等决策管理权一般由成本更低的董事会掌管。在董事会出现内部矛盾,董事与公司进行关联交易等特殊情形时,由于代理成本和决策成本过高导致董事会主观上不能或客观上不适合自行作出决策,股东会有权对战术决策和经营性战略进行审核。[4] 最后,有观点认为,应把董事会构建为公司业务的权力中心,从而将公司行为的评价难题转化为一种信义义务追究决策责任,具体方式如下:由于股东会的被动性、决策追责的困难,以及股东异化等因素,股东会无法作为公司的权力中心,应对其职权采取明确列举的方式,同时以概括条款的方式规定董事会的职权,即其享有除法律和章程另有规定外的所有事项的决策权力。《公司法》中属于股东会职权的审议批准年度预算方案、决算方案,审议批准弥补亏损方案等内容属于经营权,应调整为董事会的权限范围。[5]

笔者认为,上述各观点采用不同方式界定股东会和董事会的职权,这些观点存在以下相同之处:首先,将董事会界定为决策机构,并认为原则上应由董事会行使权力。其次,限缩股东会权力,认为股东会权力由法律规定,限于决定重

---

[1] 参见宋燕妮、赵旭东:《中华人民共和国公司法释义(最新修正版)》,北京:法律出版社 2019 年版,第 80—81、93—94、97—98 页。

[2] 参见赵旭东:《再思公司经理的法律定位与制度设计》,载《法律科学(西北政法大学学报)》2021 年第 3 期。

[3] 参见甘培忠、马丽艳:《董事会中心主义治理模式在我国公司法中的重塑》,载《财经法学》2021 年第 5 期。

[4] 参见许可:《股东会与董事会分权制度研究》,载《中国法学》2017 年第 2 期。

[5] 参见潘林:《论公司机关决策权力的配置》,载《中国法学》2022 年第 1 期。

大事项,以及在董事会发生利益冲突时发挥作用。有些观点将《公司法》规定的股东会职权的部分内容界定为董事会的职权范围。根据上述界定,董事会享有较为广泛的公司权力,而股东会的权力则受到限制,由于股东会的职权被限缩为对法律规定的事项进行决策,显然无法作为公司的代理主体,但不同观点侧重于公司决策权的归属,均没有明确说明董事会作为公司代理主体的具体理由。所以,有必要继续对董事会和管理者的职权和关系的理论争议进行分析。

2. 董事会和管理者的关系

根据《公司法》第49条,经理可以被解释为董事会决议的执行机构。理论上对董事会和管理者的关系存在不同观点,具体说明如下:

第一,有观点认为,经理是负责公司日常经营管理的业务执行机构。① 根据《公司法》第49条第1款第8项,经理的其他职权来源于董事会的授权,即这些职权是本应由董事会行使的。

也有观点认为,经理的作用并非限于执行董事会的决定,而应在公司治理中具有独立地位:(1)经理的法律性质具有多元属性,在不同的法律关系中表现为不同的性质和地位。董事会和经理均负责业务事项的决策和执行,很难界定为纯粹的决策机构或执行机构。② (2)董事会不能代表公司,无法实施对外法律行为。而经理为公司机关,负责管理具体业务。③

在董事会和经理的关系中,后者明显处于主导地位:(1)董事会居于股东会和经理层之间,兼具决策者和经营者的双重身份,是一种夹层机构,此种公司治理结构导致决策层级增多、效率低下。董事会的权力通过各种方式下沉到经理层,形成决策者不管理,管理者不负责的现象。④ (2)董事会采用形式化的方式进行决策,真正发挥决策作用的是前一环节的经理层。具体而言,董事会表决的方案是由经理层拟定,其后的安排和表决也受到经理层的实际操控。法定职

---

① 参见安建:《中华人民共和国公司法释义(最新修正版)》,北京:法律出版社2013年版,第85页。

② 参见赵旭东:《再思公司经理的法律定位与制度设计》,载《法律科学(西北政法大学学报)》2021年第3期。

③ 参见赵旭东:《再思公司经理的法律定位与制度设计》,载《法律科学(西北政法大学学报)》2021年第3期。

④ 参见蒋大兴:《公司董事会的职权再造——基于"夹层代理"及现实主义的逻辑》,载《现代法学》2020年第4期。

权的分配和行使明显存在主体错位。①

上述观点将经理界定为依法行使经营管理权的主体，与董事会分享经营管理权和业务执行权，由于董事会和经理的职权边界无法清晰区分，董事会采用会议行使职权的特点决定了其不适宜执行公司事务，而应由经理具体执行，经理的权力源于立法规定而不应来源于董事会。所以，由管理者作为公司代理主体，符合其行使职权的特点，更具有可操作性。

第二，有学者对董事会和管理者的设置和职权提出了完善建议，具体如下：

首先，董事会应转变为任意性机构。有观点认为，理论上对董事会寄予厚望与实践中董事会无足轻重形成鲜明对比。② 立法上关于董事会职权的规定基本可认定为任意性规范，其经营管理权可以下放给经理。③ 由于公司的业务执行权向经理转移，董事会权力逐步边缘化，不应强求公司统一设置董事会。④ 公司治理应主要服务于企业长期绩效的提升，废除强制设立董事会的要求，由经理取代董事会进行精英化管理控制。⑤ 如果设立董事会，应将其从日常决策中解脱出来，让经理层对决策负责，承担决策责任。由此，董事会应致力于公司战略的经营调整和对经营层的业绩进行监督评价。⑥

其次，经理应作为必设机构。有观点认为，任意设置经理的规范方式，与管理者的法律性质存在冲突。⑦ 原因在于：组织机构规范主要属于任意性规范，⑧允许当事人根据自身需要和不同情况进行自主决定，而公司的存续和发展所必需的机构应采用立法强制设置，关于经理的规定应属强制性规范，⑨因为实践中

---

① 参见蒋大兴：《公司董事会的职权再造——基于"夹层代理"及现实主义的逻辑》，载《现代法学》2020年第4期。

② 参见蒋大兴：《公司董事会的职权再造——基于"夹层代理"及现实主义的逻辑》，载《现代法学》2020年第4期。

③ 参见赵旭东：《股东会中心主义抑或董事会中心主义？——公司治理模式的界定、评判与选择》，载《法学评论》2021年第3期。

④ 参见赵旭东：《中国公司治理制度的困境与出路》，载《现代法学》2021年第2期。

⑤ 参见蒋大兴：《公司法改革的文化拘束》，载《中国法学》2021年第2期。

⑥ 参见蒋大兴：《公司董事会的职权再造——基于"夹层代理"及现实主义的逻辑》，载《现代法学》2020年第4期。

⑦ 参见赵旭东：《再思公司经理的法律定位与制度设计》，载《法律科学（西北政法大学学报）》2021年第3期。

⑧ 参见赵旭东：《公司组织机构职权规范的制度安排与立法设计》，载《政法论坛》2022年第4期。

⑨ 参见赵旭东：《股东会中心主义抑或董事会中心主义？——公司治理模式的界定、评判与选择》，载《法学评论》2021年第3期。

所有公司无一例外都必设经理。经理应被赋予概括性的公司代表权,其职权不仅应包括内部事务的管理权,还应包括对外行为的代表权。[①]

上述观点认为,应将董事会作为任意性机构,将董事会转变为监督机构,甚至取消董事会,并将经理确立为公司的法定必设机构,使其拥有对内对外进行经营管理的广泛职权。所以,理论上将经理界定为唯一的经营管理和业务执行机构,以此消除立法与现实及董事会权力与经理权力的冲突。

在股东会、董事会和经理的关系中,赋予对外代表权后的管理者可以作为涉及经营管理事项的公司代理主体,具体说明如下:首先,理论上对不同机构关系的争议基于公司经营管理和业务执行权归属,所以,管理者被界定为负责日常事务的经营主体,可以得出其有权执行与经营活动相关的公司决议。其次,根据《公司法》第13条,除非公司章程加以选择,管理者并不当然成为法定代表人。由于公司代理行为与第三人形成法律关系是公司经营活动的必然要求,如果章程没有将管理者规定为法定代表人,其在规范层面上无权以公司名义实施公司代理行为,涉及公司经营的决议必须借助法定代表人才能实现,管理者的经营管理权是不完整的。最后,赋予管理者对外代表权,这使得管理者有权实施公司代理行为。由此,管理者既可以在公司内部负责日常经营管理,又可以对外形成法律关系,管理者对内和对外的职权相一致,应作为公司的代理主体。

笔者认为,理论上关于股东会、董事会以及董事会、管理者关系的不同观点存在以下问题:首先,一些学者在理论上通过分析股东会与董事会的关系或董事会与管理者的关系的基础上,提出要对公司组织机构的职权进行完善。这些观点论述的一个重要的前提是现行法对不同组织机构职权的规定不准确,无法反映出各机构的实际作用。但上述分析中,不同观点引入许多概念,如最终控制权、经营权、经营管理权、业务执行权、决策权、经营者权利等。由于理论上没有对这些概念的含义进行清晰的界定,不同观点也没有对相关概念的使用达成一致,所以,即使说明上述所列的某种权力归属于具体机构,也难以得出该机构的权力边界应如何确定。经过完善后的治理结构仍然包括不同机构,这些机构的职权范围不清晰,现行法存在的职权规定不准确的问题还将继续存在,各机

---

① 参见赵旭东:《再思公司经理的法律定位与制度设计》,载《法律科学(西北政法大学学报)》2021年第3期。

构职权之间的冲突也无法消除。笔者认为,理论上分析的目的是为了对公司组织机构的职权进行划分,而非出于解决公司治理中的具体问题,从这些分析中无法直接确定公司代理主体。其次,理论上根据预设的不同机构应具有的特点说明现行法的不足,并根据经过重新界定的公司机构职权对相关立法进行完善,该分析方法没有在提出完善建议前完整考察现行法规定的公司机构职权,并对立法中不同机构的定位进行解释,其做法显然与立法存在一定程度的背离。最后,理论争议的焦点为经营管理权的归属,这种分析方法几乎将经营权与公司权力等同,如果按照通常方式理解上述"经营",将经营解释为开展经营活动的具体职权,则理论上所界定的经营管理权与公司权力并非等同,公司意思并非限于与经营相关的内容,公司的经营管理机构与公司代理主体未必等同。即使认为经理享有经营管理权,应作出与经营活动相关的公司代理行为,而对外提供借款、对外担保、人员选任等涉及非常规经营事项的公司意思应由何种主体进行代理,仍无法确定。所以,在以经营管理权为基准的关于公司组织机构职权的理论争议中,无法发现关于公司代理主体的明确界定方法,有必要继续梳理理论上关于公司机构其他职权以及在公司治理中发挥作用的其他主体的地位,以全面分析不同机构的关系。

3. 公司中的监督权

根据《公司法》第 53 条,监事会是依照法律或公司章程规定,代表公司股东和职工,对公司董事会、经理依法履行职责情况进行监督的机构。[1] 设置监事会的目的是为了加强对公司执行机构的监督,防止董事会滥用权力,维护公司和股东的财产安全。[2] 按照上述界定,监事会是立法设置的专门行使监督职权的机构。理论上认为,公司中的监督权的归属并非限于监事会,还应由股东会、董事会、独立董事等机构行使,具体说明如下:

第一,监事会的监督权。理论上认为,监事会行使的监督权包括财务监督权和对公司经营管理活动的监督,前者为对公司财务状况进行检查,后者为对董事、管理者执行职务时违反法律、行政法规、公司章程或董事会决议的行为进

---

① 参见宋燕妮、赵旭东:《中华人民共和国公司法释义(最新修正版)》,北京:法律出版社 2019 年版,第 107 页。

② 参见黄薇:《中华人民共和国民法典总则编解读》,北京:中国法制出版社 2020 年版,第 249 页。

行监督,以及纠正或停止董事、管理者侵害公司利益的行为。[1]

第二,股东会的监督权。有观点认为,公司治理应关注股东如何监督管理者,[2]股东有权了解公司的生产经营状况,对公司的生产经营活动进行监督。[3]

第三,董事会及独立董事的监督权。关于董事会的监督权,有观点认为,应将董事会设置为监督机构。[4] 董事会行使监督权力,管理者应在董事会的监督下行使管理公司的权力。[5] 具体表现为,挑选合适的管理者,并监督其表现,评价管理者的表现并替换未达到合理预期的人员,以及对公司管理行为进行持续关注,监督管理者违反法律、行政法规和公司章程的职务行为和侵害公司利益的行为。[6] 也有观点认为,董事会负责制定公司的长期经营目标,并监督经理层对战略决策的落实,一方面确保管理者最有效率地执行决议,另一方面防止管理者滥用代理权损害公司利益。[7]

《修订草案》第64条和《修订草案二审稿》第69条创设了由董事会单独行使监督权的监督方式,即不设置监事会,而设立审计委员会,根据章程规定,将监督权配置给该机构。针对上述监督方式,有观点认为,审计委员会的监督深度应扩展至合理性监督,监督主要通过独立董事承担董事会自我监督的职责来实现。在监督职权范围内,委员会的决议与董事会的决议具有同等效力。[8] 也有观点认为,独立董事的监督范围和监督方式应受到限制。即以弱董事性和强独立性构建独立董事规范体系,独立董事的职责范围为监督和限制涉及控制权人私人利益的特定事项,其履职方式限于向公司发出建议和警示。[9]

根据上述对理论上关于公司监督权争议的梳理可知,虽然不同观点对公司中监督权的归属和范围的部分问题存在争议,但理论上均认为监督权并非专属

---

[1] 参见安建:《中华人民共和国公司法释义(最新修正版)》,北京:法律出版社2013年版,第94页。

[2] 参见王谨:《公司治理下的董事会职权体系完善研究》,载《法学杂志》2022年第2期。

[3] 参见宋燕妮、赵旭东:《中华人民共和国公司法释义(最新修正版)》,北京:法律出版社2019年版,第205页。

[4] 参见蒋大兴:《公司法改革的文化拘束》,载《中国法学》2021年第2期。

[5] 参见梁上上:《公司权力的归属》,载《政法论坛》2021年第5期。

[6] 参见梁上上:《公司权力的归属》,载《政法论坛》2021年第5期。

[7] 参见王谨:《公司治理下的董事会职权体系完善研究》,载《法学杂志》2022年第2期。

[8] 参见刘斌:《公司治理中监督力量的再造与展开》,载《国家检察官学院学报》2022年第2期。

[9] 参见曾洋:《重构上市公司独董制度》,载《清华法学》2021年第4期。

于监事会,而应由监事会、股东会、董事会以及由独立董事组成的委员会分享。《公司法》将股东会、董事会和监事会职权的关系规定为"决策、执行、监督",对监督权归属进行分析,可以反映出不同机构没有严格按照立法设置的上述职权去各自发挥作用。

我们通过梳理理论上关于公司内部不同组织机构职权和关系的争议可知,根据理论上关于公司组织机构的不同观点无法直接得出公司的代理主体的判断方法。为完整说明问题,我们有必要对有关控制股东地位的不同观点进行梳理,虽然控制股东是非属公司组织机构,但其在公司治理中发挥着重要作用。

4. 控制股东的法律地位

根据《公司法》第 216 条第 2 项,控制股东是通过其股权享有的表决权足以控制或影响股东会的决议的股东。[1] 控制股东对公司具有控制权。[2] 因具有多数表决权,其可以处置公司的全部资产和选任董事会的全部成员,[3]通过行使控制权选任董事作为其代言人,[4]控制权使其获得以牺牲少数股东的利益为代价,为自己谋利的机会和意图。[5]

有观点认为,控制股东在公司经营管理中处于主导地位,是公司治理诸多问题的源头。[6] 立法没有将控制股东规定为公司治理的主体,也没有分配法定治理权,是公司立法与现实脱节的表现。[7] 由于股东不直接参与公司管理,公司独立于股东对公司事务作出安排,控制股东对少数股东利益的支配和影响通过形成公司的意思形成机制来实现。[8] 具体而言,控制股东通过以下方式影响公司治理:(1)控制股东通过股东会决议直接左右公司的重大事项;(2)控制股东

---

[1] 参见周淳、肖宇:《封闭公司控股股东对小股东信义义务的重新审视——以控股股东义务指向与边界为视角》,载《社会科学研究》2016 年第 1 期。

[2] 参见安建:《中华人民共和国公司法释义(最新修正版)》,北京:法律出版社 2013 年版,第 335 页。

[3] 参见张赫曦:《特别表决权股东信义义务构建》,载《中国政法大学学报》2021 年第 3 期。

[4] 参见叶林:《董事忠实义务及其扩张》,载《政治与法律》2021 年第 2 期。

[5] 参见朱大明:《美国公司法视角下控制股东信义义务的本义与移植的可行性》,载《比较法研究》2017 年第 5 期。

[6] 参见赵旭东:《中国公司治理制度的困境与出路》,载《现代法学》2021 年第 2 期。

[7] 参见赵旭东:《股东会中心主义抑或董事会中心主义?——公司治理模式的界定、评判与选择》,载《法学评论》2021 年第 3 期。

[8] 参见周淳、肖宇:《封闭公司控股股东对小股东信义义务的重新审视——以控股股东义务指向与边界为视角》,载《社会科学研究》2016 年第 1 期。

通过各种方式操纵董事会,董事受其不当影响而失去固有价值,沦为公司治理中的花瓶,[①]即控制股东通过影响董事会决策的事项,间接对公司治理产生影响。

理论上对控制股东的论述主要集中于说明控制股东对少数股东的侵害、将控制股东界定为公司治理的主体,以及分析控制股东如何影响公司事务。在上述观点中,仅说明控制股东与公司意思形成的关系,而不包括控制股东与公司代理行为的关系,即控制股东参与公司治理的方式限于形成股东会决议和影响董事会决议。控制股东仅在股东会决议作出阶段或作为董事会决议形成前提的人员选任阶段发挥作用,由控制股东行使控制权作出的决议或受控制股东影响形成的董事会决议仍然需要由管理者、法定代表人等执行机构具体实现,所以,控制股东不能直接作为公司的代理主体。笔者认为,将控制股东界定为公司代理主体的原因是理论上未涉及由控制股东作出公司代理行为的问题,而非通过上述分析排除将控制股东界定为公司代理主体的可行性。虽然根据现行法,控制股东没有法定的公司治理主体地位,理论上对控制股东实际发挥作用的方式均是根据其特点推论而来,当然不存在立法授予实施公司代理行为的职权,不能简单地将控制股东排除在公司代理主体的范围之外,控制股东能否实际上作为公司代理主体,需要进一步分析。

因此,根据上文对理论上关于公司内部股东会、董事会、管理者、监事会、独立董事、法定代表人、职务代理人、控制股东等主体作用争议的分析可知,除法定代表人和职务代理人外,目前不存在专门针对其他主体能否作为公司代理主体的具体分析,从上述主体的功能和关系的理论争议中,可以得出经过赋予对外代表权的管理者也可以被界定为公司代理主体,其他主体能否作为公司代理主体则存在疑问。上文已经说明理论上的分析方法是根据预设的各机构的功能说明现行法存在问题,在分析中将立法规定和现实情况相混淆。笔者认为,不应对公司内部主体的定位进行预设,而应基于现行法对各主体的定位和对不同机构职权的规定进行分析,解释现行法中公司内部不同主体的作用和关系,并在此基础上确定公司代理主体。

---

① 参见刘斌:《重塑董事范畴:从形式主义迈向实质主义》,载《比较法研究》2021年第5期。

第二节 公司代理主体的规范分析

上文对公司内部其他代理主体的争议进行了分析,接下来在此基础上对《民法典》《公司法》等立法中关于公司内部各主体的规则进行规范分析。需要说明的是,笔者在此仅明确现行法对于各主体的功能定位,在具体职权的分析中,除说明外,不考虑章程可以另行规定的情形。在规范层面,公司内部各机构的功能定位如下:

第一,上文已经说明《民法典》第 61 条规定的法定代表人和该法第 170 条规定的职务代理人可以实施公司代理行为,应被界定为公司代理主体。

第二,关于公司内部不同组织机构的整体定位,具体说明如下:1.《公司法》第 36 条规定,股东会是公司的权力机构,即针对重大问题的决策机构。[1] 2.《公司法》第 46 条和《修订草案二审稿》第 67 条第 2 款采用列举的方式规定董事会职权,但没有对董事会进行整体定位。《民法典》第 81 条规定,董事会为执行机构,《修订草案》第 62 条第 1 款规定,董事会是公司的执行机构。3.《民法典》第 82 条和《修订草案》第 77 条第 1 款规定,监事会是公司的监督机构。4.《民法典》和《公司法》没有对经理进行整体定位。根据《公司法》第 49 条第 1 款,经理由董事会决定聘任或解聘,且对董事会负责。该规则为经理的产生方式,但其对董事会负责的表述无法直接明确经理的法律地位。理论上认为,经理是负责日常生产经营、管理公司的业务执行机构,其作用为辅助董事会。[2]《修订草案》第 69 条第 2 款和《修订草案二审稿》第 74 条第 2 款规定,经理根据董事会的授权行使职权。根据上述规定,无法得出董事会和经理职权的主次关系,其作用并非辅助董事会,但经理的权力来源于董事会,经理与董事会的关系类似于受托人和委托人,由于受托人的权限范围不能超过委托人的职权,经理只能获得部分董事会的权力,所以,根据经理的实际作用,也应将其定位为公司的执行机构。

---

① 参见黄薇:《中华人民共和国民法典总则编解读》,北京:中国法制出版社 2020 年版,第 242 页。

② 参见安建:《中华人民共和国公司法释义(最新修正版)》,北京:法律出版社 2013 年版,第 85 页。

笔者认为,在不考虑章程另行规定的情况下,根据上述整体定位,不同组织机构的关系较为清晰:股东会为决策机构,董事会和经理为执行机构,监事会为监督机构。按照上述定位,一项由股东会作出的决议应由董事会执行或由经过授权的经理代为执行,监事会对上述执行行为进行监督。即在公司决议需要通过公司代理行为实现的情形下,董事会和经理应作为公司代理主体。虽然上述界定看似清晰,但采用整体定位的方法界定是否可行,以及现行法对不同机构的整体定位是否准确,需要经过不同机构具体职权的检验。

第三,关于不同机构的具体职权,具体说明如下:

首先,《公司法》第37条第1款规定股东会的各项职权,结合《公司法》第39条至第43条对股东会会议召集、表决等具体内容的规定,股东会应通过会议行使权力。由于股东会职权的范围和内容是明确的,且必须采用会议的形式,将股东会界定为公司重大问题的决策机构,与上述规定相符。需要说明的是,《公司法》第37条第1款第2项规定,股东会的职权包括选举和更换董事、监事,不能因上述规定将股东会定位为监督机构,因为股东会决议的特点是对议案作出肯定或否定的表决,选举和更换董事等职权的行使也应以向股东会提出议案为前提,所以,选举和更换职权的行使受到限制,该职权的作用在很大程度上作为最终对其他机构职权发挥作用的确认,监事会提出罢免董事议案的职权对于监督权的行使更为重要。由于选举和更换必须经过股东会决议,如果因上述职权将股东会界定为监督机构,监事会的地位会被股东会取代,不符合公司组织机构分权制衡的制度构造。

其次,《公司法》第53条规定的监事会的职权可以概括为财务监督权、对公司经营管理活动的监督、提案权、诉讼代表权。[①] 这些内容均是针对监督内容和监督方式的规定,所以,除监督外,监事会不包含其他职权,将监事会整体定位为监督机构也是准确的。

再次,《公司法》第46条规定的董事会的各项职权包含如下内容:1.《公司法》第46条第2项明确规定董事会的职权包括执行股东会决议。2.《公司法》第46条第4项至第7项规定的以"制订"方式形成决议、行使职权,不属于执行

---

① 参见安建:《中华人民共和国公司法释义(最新修正版)》,北京:法律出版社2013年版,第94—95页。

决议,因为上述方式形成的决议是向股东会提出的提案,需要经股东会表决通过,形成股东会决议才具有可执行性。由于以制订方式行使职权时,尚未召开股东会,上述职权的行使与执行无关。3.《公司法》第46条第8项至第10项规定的以"决定"和"制定"方式作出决议、行使职权,可由董事会自行决定,与股东会决议无关。4.由于《公司法》没有说明股东会决定的经营方针、投资计划与董事会决定的经营计划、投资方案发挥作用的先后顺序,《公司法》第46条第3项规定的"决定公司的经营计划和投资方案"是否属于执行股东会决议可能存在两种情形:按照常规的股东会决议方式,董事会决定的经营计划和投资方案作为议案,经股东会表决通过后转化为经营方针和投资计划,此种情形中决定经营计划和投资方案不属于执行股东会决议;如果股东会决定的经营计划和投资方案先发生作用,董事会应将上述决议具体化为经营计划和投资方案,此种情形中董事会行使职权的行为可以解释为执行股东会决议。5.《修订草案》第62条第1款规定,董事会行使股东会职权之外的职权。根据上述规定,董事会职权从列举具体规定设置权力范围和公司章程加以补充的规范方式,转变为除公司章程另有规定,职权范围不受限制,即董事会的职权从内容明确转变为原则上不受限制。《修订草案》第62条第1款虽然将董事会规定为公司的执行机构,但该草案取消了《公司法》第46条规定的董事会对股东会负责,没有将执行股东会决议作为具体职权。所以,《修订草案》第62条第1款作出了明显不同于理论上认为的董事会属于股东会的执行机构的界定,[①]上述规定使董事会获得更为广泛的职权,"执行"的含义应不限于执行股东会决议。6. 值得注意的是,《修订草案二审稿》第67条第2款改变了《修订草案》第62条第1款的规范方式,重新采用《公司法》第46条的规范方式,即以列举的方式规定董事会职权。《修订草案二审稿》第67条第2款和《公司法》第46条的区别仅为前者对后者规定中的两项职权内容进行了删除,两者对于董事会具体职权的规范方式没有发生变化。由此,《公司法》第46条和《修订草案二审稿》第67条第2款规定的职权包括执行股东会决议和决策,《修订草案》第62条第1款更是规定了原则上不受限制的职权,其范围应包含但不限于执行股东会决议。根据《公司法》第46条和《修订草案二审稿》第67条第2款规定的董事会的不同职权与

[①]　参见黄薇:《中华人民共和国民法典总则编解读》,北京:中国法制出版社2020年版,第246页。

《修订草案》第 62 条第 1 款对董事会职权的规范方式,现行法对于董事会的整体定位与其职权范围不相符。

最后,《公司法》第 49 条第 1 款规定的管理者职权包含以下情形:1.《公司法》第 49 条第 1 款第 1 项明确规定经理的职权包括组织实施董事会决议,上述"组织实施"可以解释为执行。该法第 49 条第 1 款第 2 项规定的"经营计划和投资方案"应属于将股东会形成的"经营方针和投资计划"决议进行具体化形成的董事会决议,"组织实施"也应被解释为执行。2.《公司法》第 49 条第 1 款第 3 项、第 4 项和第 6 项规定的拟订公司内部管理机构设置方案和公司的基本管理制度,提请聘任或者解聘公司副经理、财务负责人等职权不属于执行决议。根据《公司法》第 46 条第 8 项至第 10 项,上述三项内容应由董事会作出决议确定,在上述决议形成后,才具有可执行性,拟订和提请行为是向董事会提出议案,此时尚不存在董事会决议,所以,以"拟订"和"提请"方式行使的职权与执行决议无关。3.《公司法》第 49 条第 1 款第 5 项和第 7 项规定的制定公司的具体规章和决定聘任或者解聘除应由董事会决定聘任或者解聘以外的负责管理人员两项内容,属于经理可以自行决定的事项,不必经过董事会决议,也与执行决议无关。《修订草案》第 69 条第 2 款和《修订草案二审稿》第 74 条第 2 款规定,经理根据董事会的授权行使职权。根据上述规定,经理的职权完全由董事会授权决定,按此规范方式,经理的职权可能大于《公司法》第 49 条第 1 款规定的范围也可能小于该范围。

笔者认为,《公司法》第 49 条第 1 款和《修订草案》第 69 条第 2 款、《修订草案二审稿》第 74 条第 2 款规定的经理职权存在区别:1.《公司法》第 49 条第 1 款规定的职权既包括执行董事会决议又包括经理可以自行决定的内容,后者超出董事会的职权范围。因经理职权的内容包括执行和决策,理论上将其整体定位为董事会的执行机构并不准确。2.《修订草案》第 62 条第 1 款采用非章程另有规定不受限制的方式规定董事会职权,其职权范围更为广泛,此种规范方式使董事会可以行使除立法或章程规定属于股东会和监事会的所有职权,经理的职权必然被完全包含在上述董事会的职权中。《修订草案》第 69 条第 2 款和《修订草案二审稿》第 74 条第 2 款将董事会和经理的关系规定为类似委托人和受托人的关系。在上述规范方式下,经理的职权范围完全取决于董事会的授权范围,如果董事会仅将执行其决议的职权授予经理,经理就只能作为董事会决议执行机构。如果董事会除了将执行决议的职权授予经理外,还将部分决策权进行授予,那么经理应作为执行机构和决策机构。如果董事会没有授予经理执行其决议的职权,经理就是非执行机构,所以,应根据具体的授权内容对经理职权进行定位。

根据《公司法》第49条,经理的职权包括执行和决策,理论上将现行法规定的经理定位为董事会的执行机构并不准确。《修订草案》第69条第2款和《修订草案二审稿》第74条第2款则改变了经理职权范围的规范方式,其定位也应随之发生改变,在董事会没有授予执行决议的职权或授予的职权不限于执行决议的情况下,将经理整体定位为董事会的执行机构也不准确。

因此,根据上文关于现行法对不同机构职权的整体定位和各组织机构职权的分析可知,在章程没有另行规定的情况下,股东会、董事会、监事会、经理的关系如下:首先,现行法将股东会整体定位为权力机构,即最高决策机构,立法规定的股东会职权限于对重大事项作出决议。上述职权的内容与整体定位相符,其整体定位是准确的。其次,现行法将监事会整体定位为监督机构,对于监事会职权的规定均为监督的内容和方式。所以,现行法对监事会的整体定位也是准确的。再次,现行法将董事会整体定位为执行机构,但关于董事会职权的规定不限于执行股东会决议,而是包括执行和决策。复次,现行法没有对经理作出整体定位,理论上认为经理是董事会的执行机构,而现行法关于经理职权的规定包括执行和决策,上述关于经理的整体定位不准确。又次,《修订草案》改变了管理者与董事会职权的规范方式,前者的职权范围得以扩张,应不限于执行股东会决议,后者职权的确定方式为根据董事会的授权,管理者可能为董事会的执行机构,也可能不属于董事会的执行机构或不限于作为董事会的执行机构。最后,认为公司组织机构的职权存在冲突的观点,是在没有分析不同组织机构具体职权的情况下,基于现行法关于各组织机构的整体定位得出的。根据现行法的整体定位,股东会为决策机构,董事会和经理为执行机构,监事会为监督机构,但股东会的职权为决策,董事会和经理的职权包括执行和决策,监事会的职权为监督。存在冲突的是不同组织机构的职权类型,即股东会和董事会的职权均包含决策,董事会和经理的职权均包含决策和执行。但各组织机构的具体职权不存在冲突,在职权存在交叉的股东会和董事会的关系中,以及董事会和经理的关系中,哪些职权属于股东会决策的内容,哪些职权属于董事会决策的内容,哪些职权属于经理决策的内容,哪些职权属于董事会或经理执行的内容,哪些职权应作为股东会或董事会决策前提的提案内容,现行法均有较为明确的规定,在现行法明确规定各组织机构职权的情形下,如果不严格遵循有关组织机构的整体定位,仅分析不同组织机构的具体职权,有关不同组织机构职权的规定并不冲突。

第四,根据上述分析可知,在规范层面上,如果公司章程没有另行规定,公司的组织机构中能够作为公司决议执行机构的主体为董事会和经理。在此有必要对《修订草案》和《修订草案二审稿》增加规定的董事会职权的内容进行说明。《修订草案》第64条、第125条和《修订草案二审稿》第69条、第121条第1款规定,公司章程可以规定,设置由董事组成的审计委员会,负责对公司的财务、会计进行监督,并行使公司章程规定的其他职权,设审计委员会的公司可以不设监事会。根据上述规定,审计委员会的主要职权为进行监督,且其可以取代监事会。为不与董事会和经理的具体职权相冲突,应认为审计委员会的职权限于监督。由于《修订草案》第62条第1款规定了原则上不受限制的董事会职权,及根据《修订草案二审稿》第67条第2款第9项,股东会可以另行将监事会职权授予董事会,在上述情形中,董事会也应具有监督职权,①设置审计委员会可以解释为董事会监督职权发挥作用的方式。在设置审计委员会的董事会中,审计委员会中的董事与其他董事的地位不同,有必要将前者的职权解释为仅限于监督权,因为在不设置监事会的情形下,如果审计委员会的成员同时可以行使董事会的其他执行和决策职权,这些董事将无法受到监督。即使设置监事会,部分或全部董事同时拥有决策、执行和监督三项职权也容易导致权力滥用,不利于公司内部的分权制衡。所以,在设置审计委员会的情形中,董事会的职权应解释为:由审计委员会行使监督权,其他董事行使属于董事会的执行和决策权。审计委员会的设置不能改变董事会的职权。

第五,上文已经完成了对不同组织机构的定位和具体职权的规范分析。在公司组织机构中,董事会和经理通过实施公司代理行为执行公司决议的情形中,其应作为公司代理主体。根据《修订草案》第10条和《公司法》第13条,法

---

① 公司同时设置审计委员会和监事会的情形中,两者均为监督机构且均有对公司财务的监督权,此时两者的职权可能发生冲突。

定代表人是唯一的且由章程在确定的范围内进行选择。除《民法典》第61条和《修订草案》第11条第1款和第2款规定的公司代表法律效果外,《修订草案》关于法定代表人职权的具体规定如下:该草案第23条第1款和第28条第1款规定,申请设立和变更公司登记,由法定代表人签署设立登记申请书、公司章程等文件,或签署变更登记申请书、变更决议等文件;该草案第49条第2款规定,出资证明书由法定代表人签名;该草案第161条第3款规定,股票由法定代表人签名;该草案第194条规定,公司债券由法定代表人签名。根据上述规定,法定代表人签署出资证明书的对象是公司的股东,①法定代表人的职权并非限于向公司以外的相对人作出意思表示,无论相对人是谁,只要是公司需要作出意思表示,就应由法定代表人实现。

由于法定代表人拥有对内和对外的广泛代表权,对公司代理主体的确定将产生以下影响:1.《修订草案》第62条第2款和《修订草案二审稿》第67条第3款规定,公司章程对董事会权力的限制不得对抗善意相对人。上文已经说明只有在与公司以外的相对人形成法律关系时才涉及善意与否的判断问题。上述规定可以采用两种方法进行解释:董事会有权代表公司对外作出意思表示,在其与相对人形成法律关系中,对董事会权力的限制不能对抗善意的相对人;与公司以外的相对人形成意思表示仍然需要法定代表人出面,公司章程规定某种类型的交易应由股东会决议,法定代表人仅提交董事会决议,其实施公司代理行为形成的法律关系对公司发生效力。如果采用上述第一种解释,会引发以下问题:董事会是否因该规定取得对外代表权,在董事会和法定代表人之间的对外代表权应如何分配,均不明确。如果采用第二种解释,法定代表人与董事会的职权不存在冲突,但仍存在以下问题:虽然这种解释方法符合《修订草案》第62条第2款和《修订草案二审稿》第67条第3款的文意,但在不存在法定限制的情况下,无论公司章程如何规定,适用《修订草案》第11条第2款和《修订草案二审稿》第11条第2款规定的公司章程对法定代表人职权的限制不得对抗善意相对人,即可以实现对公司发生法律效果的作用,没有必要根据规定限制

①　《公司法解释(三)》第23、24条规定,当事人依法履行出资义务或者依法继受取得股权后,可以向人民法院请求公司履行签发出资证明书的义务。根据上述规定,请求签发出资证明书的前提是取得股权,该项权利为股东权利,当事人在请求时已成为公司股东,而非在签发出资证明书等行为完成后才能取得股权。

董事会职权,不能对抗善意相对人,以实现上述目的,所以,此种解释有些牵强,董事会和法定代表人的对外代表权是否存在权力冲突仍存在疑问。2. 上文已经说明经理的职权包括执行和决策,如果经理是非法定代表人,在对内和对外代表权均由法定代表人行使的情况下,即使在公司内部,经理执行董事会的职权将被法定代表人取代而名不副实。在经理因授权取得对内对外执行董事会决议的情形下,经理与法定代表人的职权明显存在冲突。

需要说明的是,《修订草案二审稿》第 10 条规定法定代表人按照章程规定,由代表公司执行公司事务的董事或经理担任。根据上述规定,法定代表人的选择突破了《公司法》第 13 条和《修订草案》第 10 条规定的法定代表人必须由董事长、执行董事或经理担任的限制,使公司选择多数主体同时担任法定代表人具备可行性。但只要法定代表人仍具有法定性以及公司必须选任特定主体担任法定代表人,法定代表人与董事会和经理的职权冲突就仍然存在。

因此,法定代表人职权的特点和关于其职权的具体规定导致其职权范围与董事会和经理的职权存在冲突。

第六,《公司法》第 21 条第 1 款规定,控股股东不得利用其关联关系损害公司利益,该法第 216 条第 2 项对控股股东进行定义。这些内容不涉及公司决议的执行和公司代理行为。笔者认为,现行法没有将控制股东作为公司治理的主体,值得商榷:1. 界定公司治理的主体应根据在公司治理中的作用,而不能按照其是否任意设置进行区分,经理属于由董事会决定任意设置的机构,因其能够在公司治理中发挥作用,被规定为公司的组织机构。虽然控制股东只有在具有相应股权结构的公司中才存在,但因其能够在公司治理中发挥重要作用,不能将其排除在公司治理范围之外。2. 上文已经说明股东会的作用是对公司重大事项进行决策,控制股东的特点决定了其可以单独行使股东会的全部职权。其中,控制股东可以决定全部的董事会成员,由于在这种情况下,拥有决策和执行职权的董事会完全按照控制股东的意思行事,说明控制股东的职权因失去制衡实际上已经超越了单纯的股东会职权,相当于同时拥有了股东会和董事会两个机构的职权。所以,基于控制股东在公司治理中的重要地位,有必要将其纳入公司治理的主体。

《修订草案》第 191 条和《修订草案二审稿》第 191 条增加规定,控股股东指使董事、高级管理人员从事损害公司或者股东利益的行为,给公司或者股东造成损失的,与该董事、高级管理人员承担连带责任。根据上述规定,控制股东被纳入信义义务规范的对象,说明控制股东已被归为公司治理的范畴。控制股东承担责任的条件是控制股东通过指使董事、高级管理人员进行侵害,似乎表明前者只能通过后者才能实施侵害公司的行为。如果采用上述解释,控制股东指使董事、高级管理人员等主体违反公司意思,并在越权行为构成侵害公司行为的情况下,承担连带责任。这样,在规范层面上,控制股东不能直接作为公司的代理主体。

综上所述,上文对现行法关于公司代理主体和公司内部主体职权内容的规范分析,可以反映出以下问题:1. 按照决策、执行和监督三项内容对公司内部各项职权进行划分,现行法将股东会、董事会和监事会分别整体定位为决策机构、执行机构和监督机构,但对这些机构的具体职权进行研究后,可以得出:股东会和监事会的职权分别为决策和监督,而董事会和经理的职权均包括决策和执行。所以,股东会和监事会不能作为公司的代理主体。在董事会和经理的执行职权为按照公司意思实施公司代理行为的情形下,其应被界定为公司的代理主体。2. 进一步考察法定代表人的职权后,情形发生了变化:法定代表人具有法定性和唯一性等特点,且其拥有对内和对外代表公司作出意思表示的权力。《修订草案》和《修订草案二审稿》规定章程限制董事会职权对善意相对人影响的内容,但董事会是否具有对外代表权仍存在疑问。如果采用董事会可以作出对外法律行为的解释方法,法定代表人与董事会的职权就存在冲突。在法定代表人与经理的关系中,前者可以取代后者作为公司内部执行机构,使经理的执行权名不副实,法定代表人和经理的职权也明显存在冲突。由于上述职权冲突,除法定代表人外,董事会和经理能否作为公司的代理主体变得不再明确。3. 控制股东的权力并非限于股东会的决策权,而是实际掌握股东会和董事会两个机构的权力,因其在公司治理中具有重要地位,应作为公司治理的主体。但控制股东能否实际作为公司代理主体,也存在疑问。

笔者认为,现行法关于公司内部各主体的规范方式为首先区分不同主体的身份,再对不同身份的主体进行整体定位,并在此基础上分别设置具体职权。正如有观点认为,现行法注重角色责任、轻行为责任。[①] 上述规范方式使得股东

---

① 参见刘斌:《重塑董事范畴:从形式主义迈向实质主义》,载《比较法研究》2021 年第 5 期。

会、监事会、董事会、经理等组织机构关系处于界定的层面,整体定位的部分内容不准确,关于职权类型的规定也存在冲突,但具体职权的内容尚属协调。在对法定代表人职权进行考量后,在法定代表人与董事会以及法定代表人与经理的关系中,这些主体的职权明显存在冲突。控制股东在公司中具有重要地位,但现行法对其职权类型和具体职权没有进行规定。所以,对现行法的规范方式进行解释可知:1. 不同主体的整体定位、职权类型和具体职权存在冲突;2. 对重要主体的职权类型、具体职权有所遗漏。

通过上述规范分析,只能确定法定代表人和职务代理人可以作为公司代理主体,并将股东会和监事会排除在公司代理主体的范围之外。而对于董事会、经理、控制股东能否作为公司代理主体则存在疑问。由于现行法采用的"确定身份、整体定位、具体职权"的规范方式所限,采用规范分析无法准确界定公司代理主体,何种主体可以作为公司代理主体仍需要进一步分析。

第三节 比较法上的公司代理主体

在比较法上,存在公司代理主体的相关理论和规则。比较法上的不同立法例在公司内部均设置股东会、董事会、管理者等组织机构,并由这些组织机构分别行使不同职权。对于公司代理主体的界定,也应从这些组织机构的职权和关系中寻找。上文已经说明本书研究的公司代理行为是公司内部主体实施的使公司承受法律效果的行为,在对比较法的分析中也应遵循上述限制,即应分析各立法例中公司内部不同主体的职权,界定有权实施公司代理行为的主体。

一、比较法上公司组织机构的设置及职权

在比较法上,存在两种不同立法例,一种是不设专门的监督机构,只设股东会、董事会和管理者的规范方式,另一种是设置监事会等专门的监督机构的规范方式。在这两种立法例中,虽然部分组织机构的名称相同,但在不同的规范方式中,相同组织机构的功能存在明显区别,有必要对不同立法例中的组织机构设置及职权进行说明。在下文的分析中,笔者选取美国法作为不设专门监督

机构立法例的代表,德国法和韩国法作为设置专门监督机构立法例的代表,说明在两种不同的立法例中,公司内部组织机构的职权和关系,具体说明如下:

1. 不设专门监督机构的立法例分析

在美国法上,法定的组织机构包括股东会、董事会和管理者,[①]其职权的具体内容如下:

(1)股东会的职权。理论上认为,股东会拥有最终决策权,[②]股东会是公司的最高权力机构。[③] 具体而言,股东会在以下情形发挥作用:①董事会或管理者的过高报酬、股票期权或类似的补偿计划等被认为是造成公司浪费的决定,应由股东会批准;[④]②股东会有权选举、罢免,或拒绝重新选举管理不善、行为不当或自我交易的董事;[⑤]③批准章程或细则的修订;[⑥]④批准出售实质上的所有资产、解散等基本和特别的变更。[⑦]

(2)董事会的职权。理论上认为,董事会是公司常规管理业务的原始和最高权力机构,[⑧]其职权为管理公司,制定公司政策和挑选执行其政策的管理者。[⑨] 具体而言,董事会的职权包括以下方面:①监督和审查管理者的绩效;②审查和批准重要的公司计划和行动;③向管理者提出建议;④推荐人选担任董事;⑤审查公司的行为,确保公司行为是遵守法律的。董事会可以将管理日常事务的权力下放给管理者,但必须保留一般的监督、控制和终止管理者职位

---

① See John E. Moye, The Law of Business Organizations (5th ed.), Cengage Learning, 1999, pp. 199-200 .

② See Review Model Business Corporate Act 7. 01(a) (1984).

③ See Bernard S. Black, "Shareholder Passivity Reexamined", Michigan Law Review, vol. 89, 1990, pp. 520, 531.

④ See Michelson v. Duncan, 407 A. 2d 211 (Del. 1979);Professional Management Associates, Inc. v. Coss, 574 N. W. 2d 107 (Minn. App. 1998).

⑤ See, e. g. , Review Model Business Corporate Act 7. 21(a); Delware Code Ann. tit. 8, 141(b).

⑥ See, e. g. , Review Model Business Corporate Act 10. 03, 10. 20(b); Delware Code Ann. tit. 8, 109.

⑦ See William L. Cary and Melvin A. Eisenberg, Cases and Materials on Corporations (7th ed.), Foundation Press, 1995, p. 241.

⑧ See Harold Marsh and Jr. , R. Roy Finkle, Marsh's California Corporation Law (3rd ed.), Aspen Law & Business, 1990, p. 9.

⑨ See John Charkham, Keeping Good Company: A Study of Corporate Governance in Five Countries, Revue Internationale De Droit Comparé, 1994, p. 191.

的职权。① 董事个人应了解公司的活动和财务状况,并合理参与董事会和董事会所属委员会的正式和非正式活动。②

董事会只能通过出席会议的多数董事投票而采取行动,不能通过董事个人而单独行动。③ 其发挥作用的方式和情形如下。首先,一般监督方式的具体情形是由独立董事组成的委员会监督审计人员的工作。④ 其次,披露方式的具体情形:①在董事会得知一名董事的不当行为后,应向公司予以披露。⑤ ②当董事就股东会诉讼请求与各股东沟通时,应全面、公平地披露其控制范围内与上述请求有关的所有重要事实。③在股东进行涉及股权转让的交易时,董事应披露公司账簿或财务报告中没有的任何特殊信息。⑥ 最后,批准方式的具体情形:①由独立董事组成的委员会批准利益冲突交易。⑦ ②由无利益董事组成的薪酬委员会决定董事会报酬。③批准公司合并计划。⑧

(3)管理者的职权。理论上认为,董事会不需要熟悉所有细节,由董事会亲自进行管理是不切实际的,而管理者在实践中更熟悉公司事务,适合协调公司的运行和董事会的职能。⑨ 所以,董事会的大部分职权通过立法的形式授予管理者,⑩后者的职权为负责公司的日常经营管理。⑪ 具体而言,管理者发挥作用

---

① See In re Walt Disney Co. Derivative Litig. , 907 A. 2d 693, 762 (Del. Ch. 2005); 9 Business Organizations with Tax Planning § 108. 02 [2022−12−21]. http://gffgh6c3f7f88ff754d67snov0pxqbpxwn66c6. fycz. oca. swupl. edu. cn/search/? pdmfid = 1000516&crid = 986a7698 − a2e9 − 43b2 − b33c − 7d4e2ba743db&pdsearchterms = 9+Business+Organizations+with+Tax+Planning+%C2%A7+108. 02&pdstartin = hlct% 3A1% 3A1&pdcaseshlctselectedbyuser = false&pdtypeofsearch = searchboxclick&pdsearchtype = SearchBox&pdqttype = or&pdquerytemplateid = &ecomp = tc5mk&prid = 65345393 − f423 − 4d65 − 81c2 − 1099fdd77487,.

② See New Jersey:Francis v. United Jersey Bank, 87 N. J. 15, 432 A. 2d 814, 822 (1981).

③ See, e. g. , California Corporate Code 307(a)(8) (1990).

④ See Sarbanes−Oxley Act 301(m)(2), (3), 15 U. S. C. 78j−1(m)(2),(3).

⑤ See Indiana:Dotlich v. Dotlich, 475 N. E. 2d 331 (Ind. App. 1985).

⑥ See Hobart v. Hobart Estate Co. , 26 Cal. 2d 412, 159 P. 2d 958 (1945).

⑦ See N. Y. Stock Exchange Listed Company Manual 307. 00 (2015).

⑧ See Smith v. Van Gorkom, 488 A. 2d 858 (Del. 1985); Martin Lipton, "Corporate Governance in the Age of Finance Corporatism", University Pennsylvania. Law Review, vol. 136, 1987, p. 51.

⑨ See Harold Koontz, The Board of Directors and Effective Management, McGraw−Hill,1967, pp. 201−206.

⑩ See Elliot Goldstein, "Future Articulation on Corporation Law", Business Law, vol. 39, 1984, pp. 1541−1545.

⑪ See John Charkham, Keeping Good Company:A Study of Corporate Governance in Five Countries, Revue Internationale De Droit Comparé, 1994, p. 191.

的情形如下:①管理者有权对内管理公司事务,对外代表公司;①②管理者应在每一年度或季度报告中证明报告的准确性,通过建立和维持内部控制机制,确保通报重要信息,并对上述控制机制的有效性进行评估;③管理者还应向审计委员会报告内部控制的任何缺陷。②

2. 设置专门监督机构的立法例分析

在德国法上,公司内部组织机构包括股东会、董事会、监事会和经理、代办人。在韩国法上,公司内部组织机构包括股东会、董事会、代表董事和审计委员会。③ 这些组织机构职权的具体内容如下:

(1)股东会的职权。在德国法上,理论上认为,社员大会的作用是决定社团的内部事务,即社团和社员的关系,以及设置并监督董事会等其他社团机关。④ 在立法上,《德国民法典》规定社员大会行使以下职权:①该法第 32 条第 1 款规定,社员大会对董事会或其他组织机构不能处理的事务作出决议;②该法第 27 条第 2 款规定由社员大会选任董事会成员;③该法第 33 条规定,由社员大会修改章程。⑤《德国股份法》规定的股东会职权如下:①该法第 119 条规定,股东会的职权为在法律和章程明确规定的情形下形成决议,具体包括选任监事、决算盈余的使用、董事和监事的免责、选任决算审查人、变更章程、公司解散等。股东会只能在董事会请求时对公司的经营问题作出决议。②该法第 120 条规定,股东会对董事和监事的免责和薪酬体系作出决议。③该法第 52 条第 1 款规定公司与持有十分之一以上股权的股东订立合同,以较高的价格受让生产设备或其他财产,应经过股东会同意。④该法第 142 条第 1 款规定,由股东会选任特别审查人,审查涉及董事或监事免责,以及与董事或监事的诉讼有关的事项。⑤该法第 58 条第 3 款和第 5 款规定,股东会可以在结算盈余的决议中,提取其他款项作为盈余公积金或作为盈余结转,以及决定盈余分配方式。⑥该法第 173 条第 1 款规定,股东会有权确认年度决算。⑦该法第 182 条第 1 款和第 222

---

① See Review Model Business Corporate Act 8.01 (1984).
② See Sarbanes-Oxley Act 302(a), 15 U.S.C. 7241(a)(4),(5).
③ See generally Common Code Book Ⅲ (S. Korea).
④ 参见[德]卡尔·拉伦茨:《德国民法通论(下册)》,王晓晔、邵建东、程建英、徐国建、谢怀栻译,北京:法律出版社 2013 年版,第 211 页。
⑤ 参见陈卫佐译:《德国民法典(第 3 版)》,北京:法律出版社 2010 年版,第 13、15 页。

条第 1 款规定,公司增加或减少注册资本,应经股东会同意。①

在韩国法上,理论上认为,股东被界定为公司的剩余索取权人,其利益高于公司内部其他主体,②但股东会仅在法律和章程范围内保留与设置董事会和与控制公司相关的有限权力。③ 具体而言,股东会的职权内容如下:

①选任董事,罢免不当行为的董事。④ ②对以下重要事项作出决议:修改公司章程,减资,公司的收购、合并、延续或解散,免除发起人、董事、法定审计师的责任,改变公司的组织结构。⑤

(2)董事会的职权。在德国法上,理论上认为,董事会负责对内处理日常社团管理方面的事务,对外代表社团。⑥ 社员大会的决议由董事会执行。⑦ 在立法上,董事会行使以下职权:①《德国股份法》第 76 条第 1 款规定,董事会负责经营公司,该法第 82 条第 2 项规定,董事会是公司的常设机构,负责公司的业务经营和管理。⑧《德国股份法》第 83 条第 2 款规定,董事会有义务执行股东会在其职权范围内作出的决议。⑨ ②《德国民法典》第 26 条和《德国股份法》第 78 条第 1 款规定,董事会有权代表公司,具有法定代理人地位,代理权的范围应受章程限制;董事会由一人以上组成的社团由董事会成员多数代表。⑩ ③《德国民法典》第 27 条第 3 款规定,董事会的业务执行准用关于委托合同的规定。⑪ ④《德国股份法》第 78 条第 2 款和第 3 款规定,在章程没有其他规定的情况下,

---

① 参见胡晓静、杨代雄译:《德国商事公司法》,北京:法律出版社 2014 年版,第 85—86、89、123、139、151、156、170 页。

② See Common Code art. 538 (S. Korea).

③ See Jooyoung Kim and Joongi Kim, "Shareholder Activism in Korea: A Review of How PSPD Has Used Legal Measures to Strengthen Korean Corporate Governance", Journal of Korean Law, vol. 1, 2001, pp. 51, 54.

④ See Common Code art. 369, 385 (S. Korea).

⑤ See Sang Hyun Song, Introduction to the Law and Legal System of Korea, Kyung Mun Sa Publishing Company, 1983, pp. 855-858.

⑥ 参见[德]迪特尔·梅迪库斯:《德国民法总论》,邵建东译,北京:法律出版社 2013 年版,第 841 页。

⑦ 参见[德]汉斯·布洛克斯、[德]沃尔夫·迪特里希·瓦尔克:《德国民法总论(第 41 版)》,张艳译,杨大可校,冯楚奇补译,北京:中国人民大学出版社 2019 年版,第 323 页。

⑧ 参见[德]托马斯·莱塞尔、吕迪格·法伊尔:《德国资合公司法(第 6 版)》,高旭军等译,上海:上海人民出版社 2019 年版,第 24 页。

⑨ 参见胡晓静、杨代雄译:《德国商事公司法》,北京:法律出版社 2014 年版,第 102 页。

⑩ 参见陈卫佐译:《德国民法典(第 3 版)》,北京:法律出版社 2010 年版,第 12—13 页;胡晓静、杨代雄译:《德国商事公司法》,北京:法律出版社 2014 年版,第 100 页。

⑪ 参见陈卫佐译:《德国民法典(第 3 版)》,北京:法律出版社 2010 年版,第 12—13 页。

全体董事只能共同代表公司;章程可以规定由个别董事单独或与经理共同代表公司。⑤该法第 90 条第 1 款规定,董事会应向监事会报告以下内容:经营政策,公司的盈利,经营进展情况,对公司利润和流动资金有重要影响的情况。①

在韩国法上,理论上将董事会界定为管理公司常规事务的最高权力机构。②关于董事会职权的具体内容如下:①召集股东会;②批准董事或第三人与公司的交易;③批准公司的财务报告和业务报告。③

(3)监督机构的职权。在德国法上,监督机构为监事会。理论上认为,监事会的作用是监督董事会的活动并向社员大会报告。④《德国股份法》规定的监事会职权如下:

①该法第 111 条规定监事会的职责和权利包含以下内容:监督公司经营,审查公司的账簿、文件以及财产标的;为了公司利益的需要,提请召开股东会;业务经营权不得交由监事会;监事会的职权不得交由他人行使。②该法第 84 条第 1 款和第 3 款规定,由监事会选任董事,监事会也可以撤销董事会的选任和对董事长的任命。③该法第 87 条规定,监事会有权决定董事会的薪酬和根据情况对薪酬进行调整。④该法第 89 条第 1 款和第 115 条第 1 款规定,公司为董事或监事提供贷款,应经监事会同意。⑤

在韩国法上,监督机构为由一名或多名法定审计师组成的审计委员会。⑥该委员会的主要职权为监督公司会计事项和董事的管理行为。⑦ 审计委员会职权的具体内容如下:①法定审计师有权查阅公司的记录和报告,要求董事对公司的经营情况进行说明,并调查公司的财产状况。②法定审计师负责审查董事会在股东大会上提交的所有拟解决事项和文件。如果上述部分或全部文件违

---

① 参见胡晓静、杨代雄译:《德国商事公司法》,北京:法律出版社 2014 年版,第 105—106 页。

② See Hyun Yoo, To Form a Stock Corporation in Korea: A Comparative Study with American Law, Business Laws in Korea,(2d ed.), Chan-Jin Kim, pp. 317, 323.

③ See Common Code art. 447 (S. Korea).

④ 参见[德]卡尔·拉伦茨:《德国民法通论(下册)》,王晓晔、邵建东、程建英、徐国建、谢怀栻译,北京:法律出版社 2013 年版,第 217 页。

⑤ 参见胡晓静、杨代雄译:《德国商事公司法》,北京:法律出版社 2014 年版,第 104、120 页。

⑥ See Kon Sik Kim," Corporate Governance in Korea", Journal of Comosition Bussiness & Capital Market Law, vol. 8, 1986, pp. 21, 26-27.

⑦ See Jooyoung Kim and Joongi Kim, "Shareholder Activism in Korea: A Review of How PSPD Has Used Legal Measures to Strengthen Korean Corporate Governance", Journal of Korean Law, vol. 1, 2001, pp. 290-292.

反章程或严重不公平,法定审计师有权在会议上发表意见。③如果董事的行为可能对公司造成无法弥补的损害,法定审计师有权要求董事停止其违反法律或公司章程的行为。④法定审计师有权代表公司对董事提起诉讼。①

(4)管理者的职权。在德国法上,实施公司代理行为的职权分为经理权和代办权:其一,《德国商法典》第49条第1款规定,经理权是通过授权而产生,其内容为实施由营业经营产生诉讼上和诉讼外的一切法律行为;该法第48条第1款规定,经理权由营业所有人或其法定代理人以明示的意思表示授予;该法第50条第1款规定,经理权范围的限制无法对抗第三人。② 理论上认为,经理权是全权代理的特殊形式,设置代理权的作用是保护商业交易的安全。③《德国股份法》规定的经理权的具体内容如下:①该法第78条第3款规定,个别董事有权单独或与经理人共同代表公司;②该法第269条第3款规定,章程或其他主管机关可以规定,个别清算人有权单独或与一个经理人共同代表公司。④ 其二,《德国商法典》第54条第1款规定,代办权为实施特定商业营利行为的权限。代办权的范围包括实施上述事项通常产生的一切法律行为。该法第53条规定,相对人知道或应当知道代办权的限制,才需要受到该限制的约束。⑤ 理论上认为,代办权可由经理权的授予主体和经理人授予。⑥

在韩国法上,董事会可以将部分权力授予代表董事。⑦ 代表董事通常由董事会在董事中选出,也可以根据公司章程规定,由股东会选任。⑧ 代表董事不仅有权负责公司内部业务,而且有权代表公司,其代表公司的权力涉及所有公司事务,包括司法事务和司法事务以外的事务。⑨ 代表董事在做出行为前应存在

---

① See Common Code art. 394,412 (S. Korea).

② 参见杜景林、卢谌译:《德国商法典》,北京:中国政法大学出版社2000年版,第23页。

③ 参见[德]C. W.卡纳里斯:《德国商法》,杨继译,北京:法律出版社2006年版,第366页。

④ 参见胡晓静、杨代雄译:《德国商事公司法》,北京:法律出版社2014年版,第100、195页。

⑤ 参见杜景林、卢谌译:《德国商法典》,北京:法律出版社2010年版,第26页。

⑥ 参见迟颖:《职务代理权的类型化研究——〈民法典〉第170条解释论》,载《法商研究》2023年第1期。

⑦ See Joongi Kim, "Recent Amendments to the Korean Commercial Code and Their Effects on International Competition", University of Pennsylvania. Journal of International Law and Economic Law, vol. 21, 2000, pp. 273, 290.

⑧ See Dong-Yoon Chung, Corporate Law (7th ed.), Hoesabob, 2001, p.410; Common Code art. 389 (1) (S. Korea).

⑨ See Common Code art. 209(1), 389(3) (S. Korea).

有效的董事会决议,①在不存在董事会决议的情况下,不能对抗第三人。②

3. 比较法上控制股东的法律地位

有观点认为,股东会的作用并不普遍,其履行职权高度依赖于公司的所有权结构,由于大多数公司拥有集中所有权结构,在此情形下,股东会无法发挥作出决策的作用,其功能被控制股东取代,公司治理面临的主要问题是规制控制股东滥用权利。③

控制股东可能将公司作为实现其个人利益的工具,从而对公司和其他股东造成损害。④ 侵害少数股东的情形:解除少数股东雇佣合同;⑤通过各种方式排除少数股东;⑥以损害少数股东的方式出售控制权;⑦篡夺公司商业机会;⑧采取不同方式排除少数股东参与公司管理;以不合理的价格转让公司资产等。⑨

二、比较法上公司代理主体的界定

不同立法例中公司组织机构的设置和职权存在区别,应分析各立法例中公司组织机构的关系,分别界定其公司的代理主体。具体说明如下:

第一,在美国法上,股东会、董事会和管理者的关系如下:1. 股东会被界定为公司的权力机构,且其职权为批准利益冲突交易、选任董事、修改公司章程等,上述职权均需对公司重要事项形成决议,所以,股东会的作用是对特定事项作出决策。2. 虽然董事会被界定为负责公司的常规业务管理,但其主要职权内容是挑选执行公司事务的管理者和评价这些管理者的表现,与上述界定不符。

---

① See Dong-Yoon Chung, Corporate Law (7th ed.), Hoesabob, 2001, pp. 416-417.

② See South Korean Supreme Court Decision of March 24, 1998, 95 Da 6885.

③ See Maria Isabel Sáez, "Corporate Governance and the Shareholders' Meeting: Voting and Litigation", European Business Organization Law Review, vol. 14, 2013, pp. 343,390.

④ See Levy v. American Beverage Corp. , 265 A. D. 208, 38 N. Y. S. 2d 517 (1942).

⑤ See Delware Code Ann. tit. 8, § 354 (2003).

⑥ Cfr. , Francesco Giovine, La Business Judgement Rule: Un' Analisi Comparatistica, Diritto Privato Comparato, Cedam, 2017, p. 198.

⑦ See Stephen M. Bainbridge. Corporate Law (2nd ed.), Foundation Press,2009, p. 172.

⑧ See Singer v. Creole Petroleum Corp. , 297 A. 2d 440, 455 (Del. Ch. 1972).

⑨ Cfr V. A. Pomelli, "Delisting di Società Quotata tra Interesse dell' Azionista di Controllo e Tutela degli Azionisti di Minoranza, Rivista delle Società", Giuffrè, Milano, vol. 2, 2009, p. 45.

因董事会的职权内容为监督和审查管理者绩效等,其采用一般监督、披露、批准等方式,以会议的形式行使职权,上述职权范围均指向监督内容和监督方式,所以,董事会的作用应被界定为监督管理者。3. 管理者有权对内管理公司事务和对外代表公司,其对内职权范围和对外代表权完全统一。因管理者的职权内容包含实施公司代理行为,将其界定为公司的代理主体应不存在障碍。因此,在美国法上,对于组织机构的划分基本是按照职权的内容进行的,其中,股东会行使决策权,董事会行使监督权,管理者行使执行权。管理者拥有对外代表公司的职权,应被界定为公司的代理主体。

第二,德国法和韩国法上,不同的公司组织机构的职权存在区别,具体说明如下:1. 在德国法上,股东会以决议形式行使职权,其具体职权包括选任监事,决议修改公司章程、减资、利润分配,确定财务决算,批准利益冲突交易等内容,上述内容均属于对公司重大事项进行决策。在韩国法上,股东会的职权为选任董事,对修改章程、减资、改变公司组织结构、免除董事或法定审计师的责任等进行决议。这些内容也属于对公司重大事项的决策权。所以,虽然德国法与韩国法上股东会的职权内容有部分不同,但在两国立法中,股东会均属于公司的决策机构。2. 在德国法上,如果公司设置董事会,监事会的职权为选任董事,决定董事薪酬,对公司财务和董事的经营管理行为进行监督等。这些内容均属于监督的不同事项,且德国法明确要求公司的业务经营权不能交由监事会。所以,德国法上的监事会为公司的监督机构。在韩国法上,审计委员会的职权包括:要求董事报告经营情况,审查董事提交的文件,请求董事停止违反法律或公司章程的行为,对董事提起诉讼。上述内容均属于行使监督权的不同方式,所以,韩国法上的审计委员会也应被界定为监督机构。3. 在德国法上,董事会的职权范围包括对内经营和对外代表公司。董事会代表公司的方式为由董事单独或共同向公司以外的相对人作出意思表示。所以,德国法上的董事会对内和对外的职权范围完全统一,应被界定为公司的代理主体。在韩国法上,董事会的职权包括批准利益冲突交易,批准业务报告和财务报告等,上述职权均属于对公司事项进行决议的范畴,所以,韩国法上的董事会为公司的决策机构,而非公司的代理主体。4. 在德国法上,经理的职权来源于董事会的授予,其权限内容限于实施公司对外法律行为。由于公司对经理权的限制无法对抗相对人,使经理在规范层面拥有实施公司代理行为的职权,应被界定为公司的代理主体。

在韩国法上,代表董事为董事会成员,经董事会授权而拥有对内管理公司和对外代表公司的职权,这说明代表董事可以实施公司代理行为,也应被界定为公司的代理主体。5. 在德国法上,代办人的职权由董事会或经理授予,在相对人信赖的职权范围内,与第三人形成法律关系。所以,代办人为立法特别规定的公司代理主体。因此,在德国法上,公司的组织机构基本按照不同职权的内容进行划分,即股东会为决策机构,监事会为监督机构,董事会和由其授权的经理为执行机构,代办人为立法特别规定的公司代理主体。其中,董事会、经理和代办人为公司的代理主体。而在韩国法上,不同组织机构的职权内容存在一定交叉,即股东会和董事会为不同层面的决策机构,审计委员会为监督机构,由董事会授权的代表董事为执行机构和公司代理主体。

第三,目前,比较法理论上侧重于分析控制股东侵害少数股东的具体行为方式,而没有将控制股东滥用权利的规制与公司代理主体的界定相联系。在控制股东侵害少数股东的不同行为类型中,存在利用公司意思形成的方式滥用权利的情形,但也仅能得出控制股东可以作出侵害少数股东的公司意思,而无法确定这些公司意思是否能够由控制股东实现。所以,在比较法上,控制股东是否应被界定为公司的代理主体仍无法确定。

综上所述,通过分析美国法、德国法和韩国法这些不同立法例中公司不同组织机构的职权和关系可知,在美国法上,管理者为公司的代理主体。在德国法上,董事会、经理和代办人为公司的代理主体。在韩国法上,代表董事为公司代理主体。控制股东能否作为公司代理主体尚不确定。

第四节　公司代理主体的确定

上文已经完成比较法上公司代理主体的分析,笔者认为,比较法上界定公司代理主体的方式可以带来以下启示:首先,与现行法中法定代表人、董事会、经理执行公司决议的职权存在冲突不同,虽然比较法上有的立法例中不同组织机构的职权存在交叉,但实施公司代理行为职权的归属是明确的,即美国法上的管理者,德国法上的董事会、经理和代办人,韩国法上的代表董事。其次,在比较法上注重公司机构对内管理权和对外代表权的统一或要求实施公司代理行为应获得授权,其中,美国法上的管理者、德国法上的董事会和韩国法上的代表董事均具备对内管理公司事务和对外代表公司的职权。虽然德国法上的经理权和代办权仅为对外代表公司的职权,但该立法例在采用时,要求两者在行使职权时,前者应获得董事会的授权,后者应获得董事会或经理授权,使公司内部的授权和对外代表权相一致。再次,比较法上的公司代理主体均以单个主体或数个主体行使职权,而非以会议的形式行使职权。在美国法上,管理者通常指首席执行官,[①]其作为唯一的行使职权的主体。在韩国法上,代表董事的人数可以是一人或数人,在后一种情形,行使职权应取得代表董事的一致同意。[②] 在德国法上,对外代表公司的职权由数名董事共同行使,或者根据公司章程的规定由一名董事或由一名董事和一名经理行使,代办人则可在职权范围内实施公司代理行为。在上述数人行使职权的情形中,行使职权属于由多数人作出意思表示的共同法律行为,[③]而非决议行为。所以,虽然在德国法规范层面上,董事会为公司代理主体,但将公司代理主体界定为具体实施公司代理行为的董事或经理则更准确。最后,在比较法的不同立法例中,规定公司代理主体的部分还涉及越权行为法律效果的问题,例如,德国法上规定的公司对经理权的限制不能对抗第三人,授权行为对代办人职权范围的限制不能对抗第三人,韩国法上规定的董事会决议对代表董事职权的限制不能对抗第三人,说明公司代理主体与公司代理行为法律效果的归属存在紧密联系,即通过设置公司代理主体弥补公司无法亲自实现公司意思的不足,其目的是将对外法律行为的法律效果归属于公司。上述四个方面对于笔者确定公司代理主体具有重要意义,接下来应在此基础上对公司代理主体的判断标准进行说明。

一、公司代理主体确定的标准

按照上述比较法,公司代理主体是明确且特定的公司组织机构,或立法特别规定的行为人,即仅包括管理者、董事会和经理、代办人、代表董事,由于上述

---

① See Harold Koontz, The Board of Directors and Effective Management, McGraw-Hill, 1967, pp. 201-206.

② See Common Code art. 389(3) (S. Korea).

③ 参见[德]维尔纳·弗卢梅:《法律行为论》,迟颖译,北京:法律出版社 2012 年版,第 160 页。

公司代理主体的职权与其他机构的职权不存在冲突,且其享有的职权在公司内外是一致的,公司以外的相对人在与公司形成法律关系时有理由将上述主体作为公司的代理主体,并在这些主体超越公司意思的限制时可能会产生越权行为法律效果的归属问题。然而,管理者、董事会和经理、代办人或代表董事以外的主体因无法作为公司的代理主体,自然无权实施公司代理行为,不会获得公司以外的相对人的信赖,不涉及越权行为法律效果归属的问题。所以,根据比较法的规范方式,可以根据立法对公司组织机构进行划分,即基于相关主体具有管理者、经理、代办人、代表董事等身份,直接将其界定为公司的代理主体,这样做完全可以满足将公司代理行为的法律效果归属于公司的要求。笔者认为,形式标准适用于对公司代理权限的归属规定明确,且代理主体特定的立法例。反观现行法,不能采用形式标准界定公司的代理主体,原因在于:1.法定代表人的特征是法定性和唯一性,且其享有概括的公司代表权,使得其职权与董事会、经理的职权明显存在冲突;2.法定代表人拥有广泛的对外代表权,但并无对内管理公司事务的职权,其对内和对外的职权范围并不统一,在没有获得授权的情况下,对外代表权的范围明显大于对内职权;3.虽然现行法涉及对董事会的职权限制不能对抗善意第三人的内容,但现行法没有明确规定董事会和经理是否有权对外代表公司,上述主体能否作为公司代理主体是不明确的;4.在规范层面上,董事会、经理、法定代表人均被界定为公司决议的执行机构,这种规范方式使得公司代理主体的设置是多重的,而非特定的。

笔者认为,应采用实质标准界定公司代理主体,具体说明如下:

首先,采用形式标准的目的是将公司代理主体界定为特定主体,以满足法律效果归属的要求。由于在现行法中,组织机构的职权存在冲突且公司的执行机构和公司代理主体设置是非特定的,除法定代表人和职务代理人外,无论将其他何种主体界定为公司代理主体,均可能产生界定不准确,职权在不同代理主体之间划分不明确等问题。鉴于现行法的规范方式,即使将某个或某些主体界定为公司代理主体,在上述主体以外的公司内部主体以公司名义对外作出意思表示的情形下,仍然需要根据具体的公司代理行为情况判断是否会产生第三人的信赖,确定法律效果归属,所以,采用形式标准进行界定是不现实的,公司代理权无法归属于特定主体,现行法的规范方式决定了只能采用实质标准进行公司代理主体界定。

其次,公司代理主体的界定应服务于将公司代理行为的法律效果归属于公司和确定越权情形下的责任承担。在现行法下,只有采用实质标准才能符合上述要求。

再次,笔者所述的实质标准可以概括为不预先界定公司的代理主体,而是根据公司对外法律行为的具体情形确定公司代理主体,该标准的具体内容如下:1. 笔者所指公司代理主体为公司内部的主体,因为根据笔者对公司代理行为的限定,公司章程、公司决议等公司意思应作为确定公司代理主体权限范围、判断公司代理行为法律效果和越权情形下应否承担责任的依据。由于上述公司意思仅能约束股东、管理者、董事、狭义的公司工作人员等公司内部主体,而公司基于公司意思订立的委托合同中的受托人应根据上述合同的约定履行义务,其行为虽可对公司产生法律效果,但因其不能直接受到公司意思的约束,故其不能作为本书意义上的公司代理主体。2. 根据公司意思的内容确定。如果公司意思中规定由何种主体执行,该公司意思中规定的主体为公司代理主体。因为此时在具体情形中公司对于公司代理权的授予是明确的。在此情况下,无论第三人是否知晓公司意思的内容或是否为善意均不影响上述界定,因为在成功与第三人形成法律关系的情形中,说明第三人认可与其交易的主体为公司代理主体,此时,实施公司代理行为的主体对内和对外的职权相统一。如果公司意思中规定的主体按照公司意思的内容作出意思表示,应将公司代理行为的法律效果归属于公司。而如果公司意思中规定的主体没有按照公司意思的内容与第三人形成法律关系,应承担越权违反公司意思的责任。3. 在公司意思没有规定公司代理主体的情况下,应根据第三人是否可能产生信赖进行判断。需要说明的是,此处第三人信赖的内容为行为人是公司代理主体,而非公司代理主体有权与第三人形成法律关系。即在实质标准下,只有在第三人对公司代理主体产生信赖的情况下,才可能涉及后续的公司代理行为法律效果归属的问题,以防止第三人任意与公司形成法律关系。所以,应采用理性第三人标准,在第三人无法产生行为人可以实施任何公司代理行为的信赖的情形下,不能将后者界定为公司代理主体。而第三人对公司代理主体职权范围的信赖涉及第三人善意与否的判断,在确定公司代理行为法律效果归属时发挥作用。需要说明的是,第三人能否产生属于公司代理主体的信赖也应在公司对外法律行为实施的具体情形中进行判断,公司内部各主体,如法定代表人、董事、经理、控制股东、狭义的公司工作人员等均可能作为公司代理主体,而不应将某类主体预先排除在公司代理主体的范围之外。

复次,公司代理主体不能采用会议的形式,具体说明如下:1. 上文已经说明,在比较法上的不同立法例在规范层面上将公司代理主体规定为单个或数个主体,或在规范层面上将公司代理主体界定为董事会,但在公司意思实现的具体规则中要求公司代理行为由单个主体作出或数个主体共同作出,即在比较法上没有采用会议的方式界定公司代理主体。2. 现行法上股东会、董事会、监事会等会议形式的公司组织机构作出意思表示的方式是形成公司决议,将上述组织机构直接界定为公司代理主体,会产生为实现一个公司意思而产生一个新的公司意思,新作出的决议不属于按照公司意思的内容作出在公司与相对人之间形成法律关系的法律行为,且仍然存在需要由公司代理行为实现的问题,在此情形下,公司意思的内容没有得到实现。3. 公司决议的形成方式为表决权人对提案作出赞成、反对或弃权的意思表示,会议通常无法修改提案的内容,一个完整的公司决议形成过程可以表述为:由经理拟订提案并交由董事会决议,该决议为董事会制订的应向股东会提交的提案,股东会表决通过该提案形成决议,再重新交由经理执行。在上述过程中,只有股东会作出的决议才是具有约束力且能够作为公司代理行为范围依据的公司意思。由于决议形成存在多个环节,可以确保在形成过程中使决议的内容尽可能完整,在最初提案时也应提出完整的内容,以避免在执行过程中出现争议,所以,通常情况下,公司决议中本身就包含有关执行的具体内容,不需要经过会议进一步具体化。上文所述股东会作出的"经营方针和投资计划"和董事会作出的"经营计划和投资方案"的关系存在两种解释,即后者是前者的提案,后者是前者的具体化。按照上述公司决议的形成过程,通常情况下采用第一种解释更为合理。如果决议的内容不完整,还需要进行补充,则该补充是将上述决议的内容具体化以形成新的公司决议,而非执行决议或实施公司代理行为,此时作为执行依据的是经过补充后的决议。值得注意的是,《修订草案》第54条第1款第1项规定,股东会有权决定公司的经营方针和投资计划,该规定与《公司法》第37条第1款第1项相同,但《修订草案》第62条第1款对董事会职权采用概括规定的方式,而不存在《公司法》第46条第3项规定的由董事会决定公司的经营计划和投资方案的表述。《修订草案二审稿》第59条第1款和第67条第2款采用不完全列举的方式规定股东会和董事会的职权,但删除了《公司法》规定的决定经营方针、投资方案等内容。采用《修订草案》和《修订草案二审稿》的规范方式,即不存在因《公司法》第 37 条第 1 款第 1 项和第 46 条第 3 项对经营方针、经营计划等内容的定义不明确而产生的争议。因此,在规范层面上将会议界定为公司代理主体虽不存在问题,但本书所采用的标准为实质标准,应根据公司意思实现的具体情形确定公司代理主体,将实际作出对外法律行为的单个主体或数个主体界定为公司的代理主体更为合理。公司代理行为是按照公司意思在公司与第三人之间形成法律关系,公司代理主体只能为单个主体或数个主体,不能以会议的形式发挥作用。

最后,笔者所述的实质标准不应将以下内容作为确定公司代理主体的考量因素:1. 实施公司代理行为的方式包括代表和代理,有观点认为,代表和代理在构造上和实际意义上不存在区别。① 公司代理主体界定的目的是确定公司代理行为法律效果的归属和因越权产生的责任承担,无论采用何种方式,只要能将法律效果归属于公司,即应被界定为公司代理主体。所以,不能将法律效果归属于公司的名义作为确定公司代理主体的考量因素。2. 上文已经说明,德国法上的经理和韩国法上的代表董事根据董事会的职权授予取得对外代表权,德国法上的代办人应根据董事会或经理的授权实施公司代理行为。笔者认为,按照权力来源界定公司代理主体只适用于形式标准,因为立法上对公司代理权限的规定是明确的且公司代理主体是特定的,可以根据授权的内容直接从立法上判断职权是否来源于规范层面的公司意思形成主体,进而对是否属于公司代理主体进行界定。但现行法上关于公司内部组织机构职权的规定存在冲突,授权主体本身是否有权授予公司代理权尚存疑问,无法追溯权力来源,不能对公司代理主体作出界定。所以,权力来源标准不适用于现行法,即无论董事、经理、狭义的公司工作人员等公司内部主体是否获得股东会或董事会授权,只要能通过公司代理行为将法律效果归属于公司,即能被认定为公司代理主体。如果公司代理主体的行为没有获得授权,应属于越权行为,在判断第三人的善意和法律效果的归属过程中发挥作用。

因此,确定公司代理主体的标准为实质标准,采用该标准是由于现行法关

---

① 参见蔡立东:《论法定代表人的法律地位》,载《法学论坛》2017 年第 4 期。

于公司组织机构职权的规则在规范层面上存在冲突而必然作出的选择。按照实质标准,应根据公司代理行为的具体情形进行判断。实质标准的具体内容为根据公司意思的内容确定和第三人是否对属于公司代理主体产生信赖,判断公司内部主体能否被界定为公司代理主体。公司代理主体只能为单个或多数主体,而不能采用会议的形式。公司代理行为的法律效果归属于公司的方式和公司代理权的来源不能作为实质标准的考量因素。

二、典型的公司代理主体

上文已经说明应采用实质标准界定公司代理主体,依此标准,应根据公司代理行为的具体情形确定公司的代理主体,而不应根据现行法预先进行界定,但在此对典型的公司代理主体进行说明并非不重要,原因在于:1. 提出公司代理主体的确定标准并非分析的终结,界定的目的是为了使公司代理行为的效果归属于公司和确定越权违反公司意思的责任。由于公司代理主体可能存在多种类型,笔者不可能一一涉及,而分析法律效果归属和越权行为责任必须结合具体的公司代理主体,即应基于某些典型的公司代理主体加以分析,在此的说明应作为下文分析的基础。2. 由于现行法不存在抽象的公司代理行为规则,公司代理行为的法律效果和违反公司意思的责任承担等内容需通过越权代表、越权担保、职务代理、信义义务等内容来进行规定。所以,现行法的具体规则的对象为部分特定的公司代理主体,整合这些规则需要明确典型的公司代理主体。对典型的公司代理主体进行说明将有助于以此为基础分析针对这些主体的具体规则,明确现行法欠缺的内容。因此,为了便于下文的分析和相关规则的完善,有必要对典型的公司代理主体进行说明。

笔者认为,典型的公司代理主体具体包含以下情形:1. 上文已经说明法定代表人拥有对内对外的概括代表权。《修订草案》第 11 条和《修订草案二审稿》第 11 条规定,公司承受法定代表人行为的法律效果,公司章程或者股东会对法定代表人职权的限制不得对抗善意第三人。上述规定为规范法定代表人的越权行为,在确定法定代表人行为法律效果的归属时加以适用。所以,法定代表人为公司代理主体。2.《修订草案》第 62 条第 1 款采用原则上不受限制的规范方式规定董事会职权,以公司名义对外作出法律行为也应属于上述职权范围。

该草案第 62 条第 2 款规定,公司章程对董事会权力的限制不得对抗善意相对人。因只有在与公司以外第三人形成法律关系时才涉及善意与否的判断问题,上述规定可以被解释为公司代理行为法律效果的归属规则。在实践中,法院认为,执行决议是董事的法定职责范畴,董事可以直接依据董事会决议与第三人订立租赁合同。[①] 需要说明的是,公司意思无法以会议的方式实现,应被具体界定为公司代理主体的行为人为单个或数个董事,将《修订草案》第 62 条第 2 款规定的内容解释为对"董事"以公司名义作出法律行为权力的限制不得对抗善意相对人似乎更为合理。3.《修订草案》第 69 条第 2 款和《修订草案二审稿》第 74 条第 2 款规定,经理根据董事会的授权行使职权。根据上述规定,经理的职权范围根据董事会授权的内容来确定。由于董事会拥有实施公司代理行为的职权,经理可以因授权取得上述职权,第三人可以信赖经理作为公司代理主体。所以,在与第三人形成法律关系的情况下,无论经理是否有相关职权,均可作为公司的代理主体。在经理的权限受到限制的情形下,经理与第三人形成法律关系应适用越权规则进行规范。4.《民法典》第 170 条规定的职务代理规则可以作为"将公司代理行为的法律效果归属于公司"的判断依据,公司代理与执行工作任务不存在矛盾,所以,执行法人工作任务的人员可以作为公司代理主体。职权范围的限制为第三人善意的考量因素,在判断公司代理行为法律效果归属的过程中发挥作用。5. 上文已经说明根据现行法无法得出控制股东是否属于公司代理主体,从比较法上控制股东侵害少数股东的各类行为中,也无法直接明确其能否作为公司代理主体。在实践中,控制股东可以直接代理公司与第三人订立合同。[②] 在这些案例中,因公司承受上述合同的法律效果,控制股东发挥公司代理主体的作用。笔者认为,有必要将控制股东界定为公司代理主体,原因在于:控制股东实际行使股东会和董事会的职权,在公司中具有重要地位,公司以外的第三人有理由相信控制股东可以作为公司代理主体;《修订草案》第 191 条和《修订草案二审稿》第 191 条规定,控股股东指示董事和管理者损害公司利益,应承担连带责任。而控制股东采用上述规定以外的行为侵害公司或其

[①]　参见北京市第二中级人民法院(2014)二中民终字第 04052 号民事判决书。在该案中,订立合同的董事非法定代表人、董事长和股东。

[②]　参见河南省洛阳市中级人民法院(2017)豫 03 民终 952 号民事判决书;江苏省常州市钟楼区人民法院(2016)苏 0404 民初 2275 号民事判决书等。关于控制股东滥用权利的规制,详见下文的分析。

他股东利益,应如何承担责任? 存在疑问。关于控制股东直接采用越权违反公司意思的方式侵害公司或其他股东利益应如何处理,在现行法中并无相关规则,由于现行法对于控制股东越权行为责任的规定有所欠缺,有必要对控制股东采用越权行为侵害公司或其他股东利益的规制进行完善。

三、公司代理关系产生的原因

上文已经说明了界定公司代理主体的标准和典型的公司代理主体,在此有必要对不同公司代理主体的代理关系产生原因进行明确,具体说明如下:

第一,上文已经说明法定代表人因立法规定取得概括的代表权,所以,法定代表人和公司之间代理关系产生的原因为立法授权。需要说明的是,理论上认为法定代表人行为应被视为公司的行为,在此意义上,公司与法定代表人不属于不同主体,两者的关系不属于代理关系,但法定代表人对外法律行为的法律效果的判断方法与其他公司代理主体行为法律效果归属的判断不存在本质区别,且法定代表人的越权责任与董事、管理者的越权责任也不存在区别。所以,在分析公司代理行为的法律效果和越权情形下的责任承担的层面,法定代表人应作为本书意义上的公司代理主体。

第二,上文已经说明理论上对于职务代理权的来源存在争议,在实践中,法院基于职位本身直接认定公司代理行为的法律效果应由公司承担,而不要求独立的授权行为。所以,将职务代理权的来源界定为职位本身更符合实践中的做法。董事、经理、狭义的公司工作人员分别基于委任合同和劳动合同等取得公司中的特定职位。无论这些公司代理主体取得职位的原因是什么,在公司代理行为法律效果的判断中,应作为考量因素的内容均为根据职位确定的职权范围,将这些公司代理主体与公司的代理关系产生的原因界定为职位授权更为合理。

第三,上文已经说明控制股东在公司治理中具有重要作用,并且在实践中,控制股东可以直接实施由公司承受法律效果的公司代理行为,但立法没有规定控制股东可以代理公司,控制股东在公司中也不具有任何职位,立法和职位授权均不能作为控制股东取得公司代理权的原因。合理的解释应为:控制股东因拥有控制权,甚至发挥实质董事的作用,①而对公司负担信义义务,可以实际实施公司代理行为,即因其作为信义义务主体,取得事实上公司的代理权。②

本章小结

综上,笔者采用实质标准,区分第三人对于是否能够产生作为公司代理主体的信赖和对于具体职权是否受到限制的信赖,在对前者可能产生信赖的情形下,以公司名义作出对外法律行为的主体应被界定为公司的代理主体,而超越公司意思规定的具体职权的限制涉及公司代理行为法律效果归属和越权情形下责任承担的判断。在公司内部,法定代表人、董事、经理、狭义的公司工作人员、控制股东均可作为公司代理主体。其中,法定代表人因立法授权取得公司代理权,董事、经理、狭义的公司工作人员基于职位授权取得公司代理权,控制股东因作为信义义务的主体而取得事实上的公司代理权。可能产生的疑问是,将这些主体界定为公司代理主体将使不同主体均拥有实施对外法律行为的职权,而这样是否会产生冲突。笔者认为,采用实质标准将不同主体确定为公司代理主体不会在不同主体间产生冲突,因为实质标准是根据具体情形进行界定,该标准中的公司代理主体是具体的而非抽象的,将法定代表人、董事、控制股东等界定为公司代理主体仅为说明这些主体具备实施公司代理行为的潜在可能,而在具体的公司代理行为中,公司代理主体是特定且明确的。

---

① 参见刘斌:《重塑董事范畴:从形式主义迈向实质主义》,载《比较法研究》2021 年第 5 期。
② 为完整说明问题,笔者在此对董事、经理、狭义的公司工作人员、控制股东的代理权产生原因进行说明,关于职务代理权的来源、控制股东信义义务的具体解释,详见下文。

第二章　公司代理行为范围的依据

　　上文已经对如何界定公司代理主体进行了分析,根据笔者所采用的实质标准,公司内部的法定代表人、董事、管理者、控制股东、狭义的公司工作人员均可以作为公司代理主体。这些主体实施公司代理行为时,应以公司的意思为依据,并且公司代理主体违反公司意思会产生越权行为法律效果归属的问题,我们有必要对公司意思形成的不同方式进行说明。有观点将公司意思的含义与公司决议相等同。① 《修订草案》第 11 条第 2 款、《修订草案二审稿》第 11 条第 2 款均规定,公司章程或者股东会对法定代表人职权的限制,不得对抗善意相对人。《民法典》第 61 条第 3 款规定,法人章程或者法人权力机构对法定代表人代表权的限制,不得对抗善意相对人。根据《公司法》第 37 条第 1 款,股东会应采用决议的方式行使职权,即其采用形成决议的方式限制法定代表人职权,在这些规定中,采用章程限制和公司决议限制并列的规范方式,说明在公司对外法律行为中,判断公司以外相对人善意的考量因素并非限于公司决议。《民法典》第 170 条第 2 款所采用的表述为公司对职权范围的限制,该规定未明确公司只能采用公司决议的方式进行限制,能否采用其他方式限制职权范围也存在疑问。《公司法》第 16 条第 1 款规定公司担保应根据章程形成决议,该规定也表明公司章程和公司决议同为确定公司担保法律效果的考量因素。所以,上述规定均说明公司代理行为范围的依据并非限于公司决议。上文已经说明本书研究的内容为受公司意思直接约束的主体实施的公司代理行为,基于此,对公司代理行为范围依据的界定等同于分析何种公司意思形成方式能够在判断公司代理行为法律效果的过程中发挥作用。

---

　　① 参见宋雨:《公司代表权体系化配置研究》,西南财经大学 2020 年博士学位论文。

需要说明的是,笔者在公司决议、公司章程、股东协议三种公司内部法律行为之间分析公司代理行为范围的依据是基于以下原因:首先,立法明确规定的公司内部法律行为限于上述三种,虽然立法仅将公司决议和公司章程作为判断公司代理行为法律效果的考量因素,但理论上对于采用一致同意的方式作出决定属于股东会决议或股东协议存在争议,所以,也应分析股东协议是否可以作为公司代理行为范围的依据。其次,上述三种公司内部法律行为可以涵盖下文样本案例中公司代理行为范围依据的全部类型,对这三种法律行为进行分析,即可在此基础上对公司代理行为的法律效果进行分析。最后,理论上有观点认为由全体股东订立的、内容上涉及公司治理、具备涉他效力的股东治理协议不同于股东协议,应属于特殊的股东会决议。[①] 笔者认为,现行法中未明确规定股东治理协议,即使认为《修订草案二审稿》第 83 条规定的全体股东一致同意可以不设监事会属于股东治理协议的范畴,但由于该事项不涉及公司代理行为,不应纳入公司代理行为范围依据进行分析。如果认为公司治理协议属于股东会决议,则应适用于下文关于公司决议分析的结论。所以,笔者在下文不专门讨论股东治理协议。

第一节 公司意思的形成方式之一:公司决议

《民法典》第 134 条第 2 款明确将决议界定为法律行为。但因决议的成立方式与该法第 134 条第 1 款规定的合同或多方法律行为的成立方式存在明显区别,即由于决议形成原则上采用多数决,使得理论上关于决议的性质、制度价值、规则适用、约束力等各方面均存在较大争议。笔者拟梳理有关公司决议理论中的不同观点,说明作为公司代理行为范围依据的公司决议的表现形式和具体类型。

[①] 参见王真真:《股东治理协议与股东会决议关系之辨》,载《清华法学》2023 年第 2 期。

一、公司决议的形成

根据《民法典》第 134 条第 2 款,《公司法》第 42 条和第 43 条第 1 款、该法第 103 条第 1 款和第 2 款、该法第 48 条第 1 款和第 3 款、该法第 111 条,公司决议原则上,即公司章程没有另行规定的有限责任公司股东会决议和董事会决议,以及股份有限公司的股东会决议和董事会决议,采用多数决,其中,股东会决议采用资本多数决,董事会决议采用人数多数决。

1. 公司决议形成的不同阶段

有观点认为,完整的公司决议形成过程分为召集、投票、形成、[①]记载、送达五个阶段。[②] 也有观点认为,召集、表决和记载是股东会决议能够实现其功能和目的的最低要件。其中,召集程序体现了发起的正当性和合法性,表决是形成公司意思的方式,将决议与未开会而伪造的决议区分开。会议记录能够确定投票结果,是决议的形式要求。[③] 关于决议约束力产生时点的判断,有观点认为,决议在作出时产生形式约束力,送达董事和股东后才对董事、股东和公司产生实质约束力。[④] 也有观点认为,公司决议应当以通知或公告为生效要件。[⑤]

笔者认为,上述不同观点完整地说明了公司决议从无到有的不同阶段,但有必要对各阶段的作用进行区分:

首先,程序对公司决议具有重要意义,召集程序启动决议过程。议事和表决程序是会议的主要内容,公司意思在此环节形成。[⑥] 所以,召集、投票和形成三个阶段共同满足《民法典》第 134 条第 2 款规定的成立条件,其主要作用是确保股东的有效参与和将股东的意思归属于公司。[⑦]《最高人民法院关于适用〈中华人民共和国公司法〉若干问题的规定(四)》(以下简称《公司法解释

---

① 该"形成"的含义为作出完整决议,不同于标题中"形成"的含义为公司决议作出的整个过程。
② 参见王湘淳:《股东会决议:内涵界定与理论依托》,载《甘肃政法大学学报》2022 年第 3 期。
③ 参见殷秋实:《法律行为视角下的决议不成立》,载《中外法学》2019 年第 1 期。
④ 参见叶林:《股东会会议决议形成制度》,载《法学杂志》2011 年第 10 期。
⑤ 参见吴飞飞:《〈公司法〉修订背景下公司决议规则重点立法问题探讨》,载《经贸法律评论》2021 年第 5 期。
⑥ 参见王湘淳:《股东会决议:内涵界定与理论依托》,载《甘肃政法大学学报》2022 年第 3 期。
⑦ 参见殷秋实:《法律行为视角下的决议不成立》,载《中外法学》2019 年第 1 期。

（四）》）第 5 条规定决议不成立的情形包括未召开会议，会议未对决议事项进行表决，出席会议的人数或表决权不符合立法或章程规定，表决结果未达到通过比例。根据上述规定，会议的召集、投票、形成等阶段存在严重瑕疵将影响公司决议的效力，导致决议被认定为不成立。上述司法解释通过设置效力瑕疵规则的方式规制以上程序。

其次，公司决议的会议记录应解释为《民法典》第 135 条中的法律规定应采用的特定形式，其为对公司的强制要求，不能加以排除。理由如下：(1)根据《公司法》第 41 条第 2 款、第 48 条第 2 款、第 107 条、第 112 条第 2 款，作出公司决议应形成会议记录。(2)《公司法》第 33 条第 1 款和第 97 条规定，股东有权查阅、复制公司决议；该法第 96 条规定股份有限公司应将会议记录置备于本公司。形成书面的会议记录是适用上述规定的前提，如果上述公司的置备义务无法履行，股东查阅权也就无法实现。所以，公司有义务将表决结果形成书面形式的会议记录。笔者认为，虽然形成书面会议记录为立法的强制规定，违反形成会议记录要求，构成会议记录瑕疵，但不应认定为《公司法解释（四）》第 5 条第 5 项规定的"导致决议不成立的其他情形"，因为作成书面会议记录是对表决结果的当然延续，此过程仅是对表决结果的确认，而未增加任何内容，且由于作成书面记录的主体是相关的公司机构，而非表决权人，如果将未作成书面记录的决议认定为不成立，公司决议是否成立将完全被上述公司机构控制，这对表决权人明显不利。

最后，上述观点认为公司决议产生实质约束力的条件是送达董事、股东等主体。现行法并未要求将决议送达，该观点的作用限于让股东尽快知晓决议的存在和内容，可以依据《公司法》第 22 条第 2 款规定的 60 日除斥期间内撤销决议。上述除斥期间的起算从决议作出之日转换为近似股东知道之日。该做法虽然为股东权利保护提供一定的便利，但一方面该观点在一定程度上改变了上述除斥期间计算规则，也与《公司法》第 33 条第 1 款和第 97 条规定的股东查阅权不相协调。另一方面，从为公司代理行为提供依据的角度来看，在会议记录形成后，并非一定要将决议送达股东或将决议内容进行公告，因为只要公司代理主体知晓决议的存在和内容，即可履行决议设定的具体义务。如果公司决议涉及股东的权利义务，在执行过程中由公司代理主体进行告知，即可实现决议。

因此，在有关决议程序的研究中，已经作出的完整决议应作为公司意思的形成方式,将决议内容送达公司代理主体界定为公司决议产生约束力的条件。为完整分析公司决议的构造,应在梳理公司决议形成过程的基础上,继续深入公司决议内部,分析决议中的意思表示。

2. 公司决议中的意思表示

《民法典》第 134 条第 1 款规定双方或多方法律行为、单方法律行为分别根据意思表示一致或单独的意思表示而成立;该法第 134 条第 2 款规定,决议依照议事规则和表决方式成立。其中,前者明确规定法律行为成立的基础是意思表示,后者没有规定意思表示,而是强调决议形成程序。上述不一致导致决议行为的意思表示问题不甚明确,决议是否基于意思表示成立,以及由谁作出意思表示,存在疑问。

理论上界定公司决议的侧重点有所区别。有观点将决议的主体界定为组织成员,且突出决议由意思表示形成;[1]也有观点将决议的主体界定为组织成员,但侧重于形成决议的程序;[2]还有观点将决议的主体界定为组织本身,并将决议视为意思形成的结果。[3] 上述争议将产生以下疑问:公司决议是否由意思表示形成;公司决议中的意思表示是由股东或董事作出还是由公司作出;股东或董事的意思与公司的意思存在何种关系。

(1)投票行为的性质。在投票阶段,投票行为是股东行使投票权,为表达意思,参与并影响决议形成的方式。[4] 在公司决议形成过程中,股东或董事表达其意思的唯一方式就是投票,所以,应对投票行为本身的性质进行分析。

有观点认为,股东投票是股东针对议案,以格式化的形式作出的单个意思表示。[5] 该观点直接将投票行为界定为意思表示。也有观点认为,法律行为旨在创设法律效果的意思表示。投票是法律行为,表决瑕疵可能使投票无效,导

---

① 参见黄薇:《中华人民共和国民法典总则编解读》,北京:中国法制出版社 2020 年版,第 434 页。
② 参见王雷:《论民法中的决议行为——从农民集体决议、业主管理规约到公司决议》,载《中外法学》2015 年第 1 期。
③ 参见[德]卡尔·拉伦茨:《德国民法通论(下册)》,王晓晔、邵建东、程建英、徐国建、谢怀栻译,北京:法律出版社 2013 年版,第 433 页。
④ 参见王湘淳:《股东会决议:内涵界定与理论依托》,载《甘肃政法大学学报》2022 年第 3 期。
⑤ 参见王湘淳:《股东会决议:内涵界定与理论依托》,载《甘肃政法大学学报》2022 年第 3 期。

致投票程序也可能有瑕疵。① 该观点将法律行为与意思表示等同,其将投票界定为法律行为,说明投票的性质为表决权人的意思表示。还有观点认为,决议成立的过程具有法律行为性质,行为意思是表意人出席会议以及表决的内心意思。表示行为是指实际出席会议和投票表决行为。决议作为表示行为,主要是对公司内部的相关主体所为表示。② 该观点根据传统上将意思表示拆分为行为意思、表示行为、效果意思的理论,③将投票行为界定为作为意思表示一部分的表示行为。笔者认为,该观点区分行为意思与表示行为的作用是解决表决瑕疵的效力问题,并且其将从事表决行为界定为内心意思,即完整的投票行为由进行表决的意思和投票行为本身构成,所以,该观点与将投票界定为意思表示并不矛盾。

虽然上述不同观点的理由不尽相同,但这些观点将投票行为界定为表决权人的意思表示较为一致。

笔者赞同公司决议形成阶段的投票行为为股东或董事的意思表示,理由如下:首先,意思表示是为了产生法律效果而通过行为将内心意思表达于外的行为。④ 意思表示中的意思是指设立、变更、终止法律关系的内心意图,表示是指将内心意图以适当的方式表示出来的行为。⑤ 虽然意思表示中包含法律效果,但其与法律行为的法律效果存在根本区别。前者存在于表意人的内心意思中,仅为某种意图,无法在当事人之间直接产生权利义务关系。而法律行为中的法律效果是设立、变更、终止民事法律关系,其最终结果是让民事主体具体享受民事权利,承担民事义务。⑥ 所以,《民法典》第137至139条规定不同意思表示的生效应解释为产生不能随意改变的约束力,而非直接设定权利义务关系。投票行为符合意思表示的特征:①投票具有发生法律效果的意图。投票的目的是形成决议,而决议形成后会产生由公司分配利润、变更法定代表人手续、修改公司

---

① 参见[德]迪特尔·梅迪库斯:《德国民法总论》,邵建东译,北京:法律出版社2013年版,第142-143、843-844页。

② 参见蒋大兴:《公司组织意思表示之特殊构造——不完全代表/代理与公司内部决议之外部效力》,载《比较法研究》2020年第3期。

③ 参见朱庆育:《意思表示与法律行为》,载《比较法研究》2004年第1期。

④ 参见黄笑媛:《伪造签名公司决议效力研究》,天津商业大学2021年硕士学位论文。

⑤ 参见黄薇:《中华人民共和国民法典总则编解读》,北京:中国法制出版社2020年版,第443页。

⑥ 参见黄薇:《中华人民共和国民法典总则编解读》,北京:中国法制出版社2020年版,第430页。

章程等具体义务。可以说,虽然单个股东或董事的投票不能直接产生权利义务,但均具有为公司设定上述义务的意图。②《民法典》第137条和第139条规定意思表示可以采用对话、非对话、公告等方式作出,上述规则仅列举规定意思表示的形式,但并未限制意思表示的内容,也未要求意思表示的内容应由表意人确定。虽然投票行为的意思表示方向是一致的,针对已经提交的议案,以格式化的形式表示同意或反对,①但上述特点不影响将其界定为意思表示。③《民法典》第161条第1款规定,民事主体可以通过代理人实施民事法律行为。理论上认为,代理的范围限于为意思表示和受领意思表示。② 根据《公司法》106条,投票行为可以由代理人作出,所以,将投票界定为意思表示也符合代理规则的要求。

因此,公司决议形成过程中投票行为是股东、董事等表决权人作出的意思表示。

(2)公司意思的形成。股东或董事个人进行投票的意思表示无法形成公司决议,决议能否成立取决于所有表决人意思表示的结果。上文已经对投票行为性质进行了分析,下文将在此基础上分析公司意思的形成。

理论上均认为公司意思是由表决权人的意思转化而来,但对公司意思的形成方式存在争议。有观点区分了投票与决议的形成过程,但未说明表决权人的意思如何转化为公司意思。③ 也有观点认为,所有表决权人作出意思表示后,其投票结果直接拟制为公司意思。④ 还有观点认为,表决权人个体的表决结果首先形成公司机关的意思,再将股东会或董事会的意思拟制为公司意思。⑤

笔者认为,在完成投票后,所有表决权人的意思表示生效,应将符合多数决要求的表决结果立即直接拟制为公司的意思表示,具体说明如下:首先,虽然在分析表决权人意思表示瑕疵时涉及第三人欺诈中相对人信赖利益的判断等问题,可以将其他表决权人作为投票意思表示的相对人,⑥但在公司决议成立的判

① 参见叶林:《股东会会议决议形成制度》,载《法学杂志》2011年第10期。
② 参见王泽鉴:《民法总则》,北京:中国政法大学出版社2001年版,第441、443页。
③ 参见王湘淳:《股东会决议:内涵界定与理论依托》,载《甘肃政法大学学报》2022年第3期。
④ 参见叶林:《股东会会议决议形成制度》,载《法学杂志》2011年第10期。
⑤ 参见周淳:《组织法视阈中的公司决议及其法律适用》,载《中国法学》2019年第6期。
⑥ 参见马强:《论决议行为适用意思表示瑕疵的规则——以公司决议中表决人意思瑕疵为考察重点》,载《华东政法大学学报》2021年第1期。

断中,应将公司作为表决权人的相对人。原因在于:①如果决议为表决权人创设权利,公司为相对于表决权人的执行义务人,例如,《公司法解释(四)》第13条第1款规定,股东请求公司分配利润案件,应当列公司为被告。②根据《公司法解释(四)》第3条第1款规定的请求确认公司决议效力瑕疵,应当以公司为被告,公司也是股东因表决瑕疵行使撤销权的相对人。将公司界定为表决权人的相对人符合上述规则中股东行使权利的方式,较为合理。③在投票完成后,须将不同表决权人的意思表示进行汇总以确定表决结果,将公司作为相对人也有助于明确决议形成的义务主体。其次,表决权人个体的意思表示无法直接创设权利义务,只有将个体意思表示转化为一个整体的意思表示,才具有执行可行性,且由于公司为表决权人意思表示相对人,所以,有必要将表决权人的个体意思表示拟制为公司意思表示。再次,《公司法》将股东会和董事会规定为公司的组织机构,这些组织机构依照现行法的规定行使职权,但无法以组织机构的形式承担责任,并且《公司法》中不存在抽象的公司决议,只有具体的股东会决议或董事会决议,这些决议类型与公司意思等同,没有必要先将表决权人个体的意思表示转化为股东会或董事会的意思表示,再拟制为公司的意思表示。最后,拟制为公司意思的时点为所有表决权人投票完成时,即无论是否完成表决结果的计算,均应以所有表决权人意思表示生效时作为公司意思表示形成的时间,因为投票完成时决议是否成立已经能够确定,表决结果的计算和形成书面的决议是投票行为的当然延续。如果以表决结果的统计完成甚至形成书面决议作为公司意思的形成条件,在上述程序完成前,由于公司决议未成立,表决权人请求执行决议将缺少依据。公司意思形成与否也可能被会议召集人等主体操纵,不利于表决权人的利益。

因此,表决权人的相对人为公司,从有利于公司决议内容实现的角度,投票完成时,表决权人的意思表示应立即拟制为公司的意思表示,公司决议由此成立。采用上述解释方法,既可以说明能够作为公司代理行为范围依据的公司决议的含义为投票行为完成后形成的公司意思表示,也能够说明因投票完成后,股东的意思表示通过拟制转化为公司的意思表示。所以,公司决议是典型的公司意思的形成方式。

二、公司决议的约束力

上文已经将公司决议界定为可以作为公司代理行为范围依据的公司意思形成方式，接下来应在此基础上分析公司决议的约束力，明确公司决议在公司内部发挥作用的方式，即其如何作为公司代理行为范围的依据。

理论上在说明公司决议的约束力时，通常的表述如下：决议对没有表示同意的人也能产生约束力；[1]决议不但对参与形成决议的主体有约束力，而且对公司及全体成员有约束力；[2]决议对公司及股东具有约束力；[3]决议对公司法调整的本公司民事主体有约束力，对公司以外的他人没有约束力；[4]会议作出决议时，产生形式约束力，送达董事和股东以后，对董事、股东和公司产生实质约束力。[5] 笔者认为，虽然理论上不同观点对公司决议约束力的表述有所区别，但这些观点的具体内容基本相似，可归结为如下两点：首先，上述不同观点仅说明受公司决议约束的主体，包括公司、董事、股东等，但没有说明公司决议约束力的含义，即公司决议可以产生何种约束力，以及其对不同主体产生的约束力是否相同，存在疑问；其次，从上述不同观点的表述可知，理论上没有赋予公司决议约束力以独立地位，其通常在分析公司决议的形成、性质、效力时，被附带提及，用以说明决议的特殊性或意思表示瑕疵规则的适用等问题。由此可以反映出，公司决议的约束力仅被作为论述其他问题的理由而存在，即目前理论研究更加重视决议的性质、效力等问题，而忽视对公司决议中权利义务的实现等问题的研究。因公司决议的约束力的含义与经由公司代理行为实现决议权利义务密

---

① 参见［德］迪特尔·梅迪库斯：《德国民法总论》，邵建东译，北京：法律出版社 2013 年版，第 167 页。

② 参见［德］卡尔·拉伦茨：《德国民法通论（下册）》，王晓晔、邵建东、程建英、徐国建、谢怀栻译，北京：法律出版社 2013 年版，第 433 页；王雷：《论民法中的决议行为——从农民集体决议、业主管理规约到公司决议》，载《中外法学》2015 年第 1 期。

③ 参见宋燕妮、赵旭东：《中华人民共和国公司法释义（最新修正版）》，北京：法律出版社 2019 年版，第 38 页；瞿灵敏：《民法典编纂中的决议：法律属性、类型归属与立法评析》，载《法学论坛》2017 年第 4 期。

④ 参见杜万华主编：《最高人民法院公司法司法解释（四）理解与适用》，北京：人民法院出版社 2017 年版，第 150 页；王雷：《论我国民法典中决议行为与合同行为的区分》，载《法商研究》2018 年第 5 期。

⑤ 参见叶林：《股东会会议决议形成制度》，载《法学杂志》2011 年第 10 期。

切相关,所以,在本研究中有必要赋予其独立意义,分析公司决议约束力对不同主体的含义。需要说明的是,笔者在此分析的内容是公司代理行为范围的依据,即仅说明公司决议对公司及其内部各主体的约束力,公司决议对第三人的约束力将在下文关于公司代理行为的法律效果的分析中进行说明。

虽然理论上有观点分别说明公司决议对公司、股东、董事等主体的约束力,但没有清晰说明约束力的含义和具体内容。有观点认为,公司决议对不同主体的约束力如下:公司决议是股东之间的自治性规范,是对法律、法规的补充,能够对公司产生约束力,在决议作出后,公司应依据决议进行经营管理;公司决议采用多数决形成,股东受其约束,必须遵从表决结果;董事应受到公司决议的约束,受到约束是董事的信义义务内容之一;管理者作为董事会的执行机构,负责公司经营管理,应受到决议约束。①

笔者认为,在上述观点中,除仅说明具有约束力的表述外,公司决议约束力的含义似乎包含以下内容:首先,公司应依据公司决议实施对外法律行为,说明该约束力的含义为公司履行决议设定的义务;其次,董事会及其董事成员不得违反公司决议,说明上述主体应接受决议的结果,不得随意改变。在公司决议对公司和董事约束力的分析中,上述观点均未根据决议的内容说明其约束力含义的依据。最后,上述观点仅说明公司决议对股东具有约束力,且解释对股东产生约束力的原因,但未说明对股东约束力的内容。由于上述不同观点分析的目的不是说明公司决议约束力的内容,而仅是说明公司决议对何种主体具有约束力,从这些观点中无法明确公司决议约束力的含义,由此可见,目前理论上的不同观点对受公司决议约束的主体形成一致,但似乎认为公司决议约束力的内容不需要加以解释。由于从有关公司决议的研究中无法得出公司决议对不同主体产生的约束力的具体内容,有必要分析公司法和民法关于约束力的基本理论,并以此为基础解释公司决议约束力。

《公司法》中没有明确规定公司决议的约束力,该法第 11 条规定了公司章程的约束力。有观点认为,公司章程是公司的行为准则,应约束董事、监事、管理者,同时,公司章程应具有合同性质,体现了股东的共同意思,股东也应受其

---

① 参见徐冬冬:《〈公司法〉上的决议效力分析》,华东政法大学 2016 年硕士学位论文。

约束,上述主体必须遵守和执行公司章程。① 笔者认为,在上述观点中,分析的主要内容仍侧重于公司章程对哪些主体具有约束力以及为何具有约束力,没有明确说明公司章程约束力的具体内容,而是将不同主体的约束力统一归结为遵守和执行公司章程。有观点认为,理论上对公司章程约束力的分析无法澄清公司章程应产生何种约束力。② 所以,由于理论上对公司章程约束力含义的界定并不明确,有必要进一步考察民法理论关于约束力的不同观点。

《民法典》中关于法律行为约束力的具体规则如下:该法第 119 条规定,依法成立的合同,对当事人具有法律约束力;该法第 280 条第 1 款规定,业主大会或者业主委员会的决定,对业主具有法律约束力。理论上认为,《民法典》第 119 条规定的合同的法律约束力是指当事人应按照合同约定履行义务,非依照法律规定或者取得对方同意,不得擅自变更或解除合同。③ 根据上述界定,合同约束力的含义应包含两个层面:1. 履行合同设定的义务;2. 不得变更和解除合同,即应承认合同的内容。由于《民法典》第 280 条第 1 款规定的"法律约束力"与第一编总则第 119 条保持一致,所以《民法典》第 280 条第 1 款规定的约束力的含义应与该法第 119 条的规定相同,同样为履行业主大会决议设定的义务和承认业主大会决议的内容。除法律行为的约束力外,民法理论上还存在有关意思表示约束力的分析,主要表现为对要约约束力的争议。理论上认为,要约对要约人的约束力问题为要约人发出要约后能否变更、撤回或撤销的问题。在不同法系中,要约的发出导致不同的法律后果。在普通法系中,要约没有约束力,不是损害赔偿责任的依据。在罗马法系中,在要约有确定期限的情况下,要约提起撤回导致损害赔偿责任的承担。在德国法系中,每个要约都不可撤回,撤回声明没有法律效果,除非要约人排除约束力。④ 根据上述观点,由于要约仅为一项意思表示,不能直接创设权利义务,要约的约束力仅表现为不能变更、撤回要约,即承认意思表示的内容这一层面。所以,现行法中约束力的含义不存在本质区别,应根据行为能否设定义务,确定约束力的含义。法律行为,如合同、

---

① 参见安建:《中华人民共和国公司法释义》,北京:法律出版社 2005 年版,第 31 页。

② 参见吴飞飞:《论公司章程的决议属性及其效力认定规则》,载《法制与社会发展》2016 年第 1 期。

③ 参见黄薇:《中华人民共和国民法典总则编解读》,北京:中国法制出版社 2020 年版,第 379 页。

④ 参见李先波:《论要约的约束力》,载《法商研究》2000 年第 2 期。

业主大会决议等,可以设定义务,其约束力为履行义务和承认行为的内容。要约等意思表示无法设定义务,其约束力应限于承认行为的内容。

笔者认为,公司决议为基于表决权人的意思表示形成的法律行为,应按照上述方法界定其约束力的内容,在分析公司决议对不同主体约束力的含义时,关键在于判断其能否直接设定权利义务:

其一,公司决议可以直接为公司设定义务,其对公司的约束力内容应包括上述两个层面。例如,利润分配决议可以使公司承担向股东支付具体数额利润的义务,公司也应根据决议承担与相对人订立合同等义务。所以,决议对公司的约束力包括履行义务和不得随意改变决议内容两个层面。

其二,公司决议对公司代理主体的约束力也应包括上述两个层面,虽然公司决议可能不包含公司代理行为实施的内容,但公司为法人,公司决议的实现必须依靠公司代理行为,公司代理主体以公司决议为依据履行义务应为公司决议约束力的应有之意。

其三,公司决议对股东的约束力的内容可能存在疑问。上文已经说明,理论上认为公司决议对包括反对决议的股东和不参加会议的股东在内的全体股东具有约束力。笔者认为,该观点中的约束力只能解释为股东应承认决议的内容,原因在于:

首先,公司决议与公司章程、业主大会决议不同,后两者可以直接为股东或业主设定义务,较为明确:公司章程为股东履行出资义务的依据,《公司法》第25条第5项规定,公司章程应载明股东的出资方式、出资额和出资时间,该法第28条第1款规定,股东应依照章程规定缴纳其所认缴的出资额,且实践中存在修改公司章程中的缴纳期限来改变股东出资义务的情况。[①] 所以,认缴出资即能取得股东地位,在没有足额缴纳出资的情况下,股东出资是公司章程直接设定的义务。需要说明的是,虽然修改章程中的股东出资期限应通过股东会决议完成,但该决议的约束力限于设定修改公司章程的义务,而不限于股东的出资义务。公司章程对股东的约束力应包括履行义务和承认章程两个层面。《民法典》第278条第1款第5项和第6项规定,使用和筹集建筑物及其附属设施的维修资金由全体业主共同决定。根据上述规定,业主大会决议可以直接为业主

---

① 如山东省威海市中级人民法院(2014)威执二复字第21号执行裁定书。

设定支付建筑物及其附属设施维修资金的义务。由于业主大会可以为业主直接设定义务,该决议约束力的内容也应包括履行义务和承认决议的结果两个层面。

其次,公司决议对已经完成出资的股东的约束力有必要进行说明。股东的地位明显具有特殊性。股东履行出资义务后,即不对公司承担义务。① 在《公司法》中只有关于股东权利的规定,而不存在已履行出资义务的股东对公司承担义务的明确规定。所以,股东可以选择不出席股东会议,甚至不过问公司经营情况等与公司有关的任何事项。对已经履行出资义务的股东,除非股东同意,例如,股东选择优先认购股权,在其未参加股东会议或反对公司决议的情况下,公司决议不能直接为股东设定义务。当然,公司决议可能对股东权利产生影响,例如,股东会通过决议选任某股东反对的人担任董事或决议分配利润的数额不符合股东的期望,在上述情形中,前者通过已选任董事的经营行为对公司财务状况和公司发展产生的后果间接影响股东的利益,后者也只影响股东权利实现的范围,而没有设定任何义务。上文已经说明应以公司决议是否直接设定义务作为区分标准,虽然这些公司决议影响股东权利,但其约束力的内容不包含履行义务。

再次,有观点认为,社团可以因成员对章程的同意,对成员施以罚款和开除等处罚。② 该处罚权应受到限制,在公司章程未作规定的情况下,公司无权处罚股东。在公司章程授权的情况下,只规定处罚事由,而缺少处罚标准,也不符合社团罚职权发挥作用的方式,社团罚不能随意损害股东自益权。③ 根据上述观点,如果公司章程能够较为自由地设定处罚的事由,股东则可以因公司决议将处罚权具体化,承担支付罚款的义务。笔者认为,在现行法上,公司章程不能随意设定处罚权,因为公司章程与合同不同,后者必须经过当事人意思表示一致才能成立,合同中的违约金约定发生作用以双方当事人均同意为前提,而前者

---

① 参见叶林:《股东会会议决议形成制度》,载《法学杂志》2011 年第 10 期;广东省广州市中级人民法院(2022)粤 01 民终 11628 号民事判决书。
② 参见[德]迪特尔·梅迪库斯:《德国民法总论》,邵建东译,北京:法律出版社 2013 年版,第 142—143 页。
③ 参见王雷:《〈民法总则〉中决议行为法律制度的力量与弱点》,载《当代法学》2018 年第 5 期。

具有决议属性,[①]股东仅在公司成立时,可以选择是否明确同意公司章程的内容,在公司成立后,修改公司章程设定处罚权,可对未同意的股东产生约束力。在立法没有明确规定公司章程可以授权处罚的情形下,这种未经同意设定责任的方式的正当性本身存在疑问,并且根据《最高人民法院关于适用〈中华人民共和国公司法〉若干问题的规定(三)》(以下简称《公司法解释(三)》)第18条第1款,采用股东会决议解除股东资格的情形限于未履行出资义务。理论上认为,股东除名行为是严厉措施,目的是使股东尽快出资,保证公司资本充足。股东除名导致该股东丧失股东资格,应满足严格的条件和程序。[②] 所以,根据上述规定,公司以股东会决议解除该股东的股东资格限于未出资或抽逃全部出资,且除名应受到严格限制。如果允许公司章程约定其他除名条件,明显与上述规定相违背。

复次,除《公司法解释(三)》第18条第1款规定的股东除名规则外,关于股东承担责任的规定还有以下内容:《公司法》第28条第2款和第83条第2款规定,不按规定缴纳出资应向已经履行出资义务的股东承担违约责任;根据《公司法解释(三)》第17条,股东承担违约责任和权利受到限制的条件均为未完成履行出资义务,这些规定既说明了其他情形中不存在公司法层面上的股东责任,公司章程或股东会决议不能将其他情形作为股东承担责任的前提,又说明了股东承担责任的方式限于违约责任和权利受到限制,公司章程或股东会决议也不能设定上述方式以外的责任。所以,除现行法明确规定的以股东未完成出资义务为条件,承担赔偿或被除名等责任外,公司章程或决议不能设定其他处罚。

最后,根据以上分析可知,在公司法层面上,公司决议能否直接为股东设定义务应以股东是否完成出资义务作为区分,对未完成出资义务的股东,公司可以通过决议设定赔偿甚至除名等义务,此时公司决议对股东的约束力为履行义务和承认决议结果两个层面。而对已经完成出资义务的股东,承担义务应以股东同意为前提,例如,控制股东按照公司决议的规定作为公司代理主体,应受到公司决议的约束。除此之外,公司决议不能直接为股东设定义务,公司决议对

---

①　参见吴飞飞:《论公司章程的决议属性及其效力认定规则》,载《法制与社会发展》2016年第1期。

②　参见人民法院出版社编:《司法解释理解与适用全集·公司卷》,北京:人民法院出版社2018年版,第915—916页。

股东的约束力仅表现为股东应承认决议的结果、不能随意改变决议。

因此,笔者不排除公司决议能够直接为股东设定义务,但理论上将公司决议对不同主体的约束力一视同仁则明显不准确,即公司决议对公司和公司代理主体的约束力为履行义务和承认决议的结果,公司决议对股东的约束力则应根据具体情况进行分析。具体而言,约束力的内容原则上限于承认决议的结果,只有在股东未履行出资义务和股东同意承担义务等情形,根据具体决议的内容,将公司决议的约束力界定为履行义务和承认决议的结果。

三、作为公司代理行为范围依据的公司决议类型

《公司法》第 37 条第 1 款和第 46 条采用列举的方式规定股东会和董事会职权,上述规定的内容同时为公司决议的事项。此外,《公司法》及司法解释还对公司决议的具体事项进行特别规定,有必要结合这些规定,说明能够作为公司代理行为范围依据的公司决议类型。具体说明如下:

第一,现行法在具体条文中对决议事项进行特殊规定,通常具有设置具体义务的内容。这些决议包括:1.《民法典》第 69 条第 2 项和《公司法》第 180 条第 2 项规定的决议解散;《民法典》第 72 条第 2 款和《最高人民法院关于适用〈中华人民共和国公司法〉若干问题的规定(二)》(以下简称《公司法解释(二)》)第 15 条第 1 款规定的处理清算后财产和决议确定清算方案。2.《公司法》第 16 条第 1 款和第 2 款规定的向他人提供担保。3.《公司法》第 133 条规定的发行新股。4.《公司法》第 166 条第 3 款规定的提取任意公积金;《公司法解释(四)》第 14 条规定的向股东分配利润。5.《公司法》第 121 条规定的上市公司购买或出售重大资产。6.《最高人民法院关于适用〈中华人民共和国公司法〉若干问题的规定(五)》(以下简称《公司法解释(五)》)第 3 条第 1 款规定的解除董事职务。7.《公司法》第 142 条第 2 款规定的收购本公司的股份。8.《公司法解释(三)》第 17 条和第 18 条第 1 款规定的决议限制未完成出资义务的股东的权利或决议将未出资的股东除名。这些规则均是针对具体的决议事项设置的,立法对某些决议的适用条件和内容规定进行了详细的要求或设置了明确的时间限制,例如,《公司法解释(三)》第 17 条和第 18 条第 1 款明确规定了限制权利和除名的适用条件;《公司法》第 133 条规定发行新股的决议应包含新股

的种类及数额、新股发行价格等内容；《公司法解释（五）》第 4 条第 1 款明确规定了分配利润的期限，上述规定使具体决议具有较强的可执行性。在这些决议事项中，处理清算后的财产和确定清算方案、发行新股、对外提供担保、购买或出售重大资产等内容需要通过公司对外法律行为来实现，应作为公司代理行为范围的依据，而决议向股东分配利润、由董事会成员兼任经理、解除董事职务、收购本公司股份，仅在公司与股东之间或公司与董事、管理者之间产生权利义务关系，其法律效果仅发生在公司内部，不涉及根据相对人善意判断公司代理行为法律效果归属的问题，不属于本书所讨论的公司代理行为范围依据的范畴。

第二，现行法在股东会与董事会职权中规定的决议事项有必要进行区分：

其一，在《公司法》第 37 条规定的股东会职权中的决议类型：

首先，设置具体义务的决议类型。该类决议包括《公司法》第 37 条第 2 项规定的选举和更换董事、监事；该法第 37 条第 6 项规定的审议批准公司的利润分配方案和亏损弥补方案；该法第 37 条第 7 项规定的增加或减少注册资本；该法第 37 条第 8 项规定的发行债券；该法第 37 条第 9 项规定的合并等事项；该法第 37 条第 10 项规定的修改公司章程。上述决议均为设定特定义务，内容较为明确，且指向公司的具体行为，可以由执行行为实现，这些决议具有可执行性。①在上述决议事项中，决议内容为利润分配和亏损弥补方案，增加或减少注册资本，修改公司章程的权利义务仅发生在公司内部，不属于公司代理行为范围的依据。决议内容为发行债券这需要公司对外法律行为来实现，可以作为公司代理行为范围的依据。决议内容为选举和更换董事、监事，合并等事项，这里需要区分不同情形并进行判断：如果被选任的董事、监事为公司股东等内部主体，法律效果仅发生在公司内部，决议不能作为公司代理行为范围的依据；如果被选任的主体为公司以外相对人，则需要通过公司代理行为与相对人订立委任合同并将其任命为董事或监事，决议应作为公司代理行为范围的依据。公司的分立、解散和变更公司形式决议中的权利义务关系都仅发生在公司内部，不能作为公司代理行为范围的依据。公司的合并和清算决议需要通过公司代理行为

---

① 需要说明的是利润分配方案与亏损弥补方案决议属于公司资金运用的计划，但这些决议具有可执行性，因为这些方案涉及股东利润分配请求权的实现，对资金运用的情况也较为明确，且不涉及公司的经营活动，不需要根据具体情况裁量改变，应得到严格执行。

实现,应作为公司代理行为范围的依据。

其次,没有设置具体义务的决议类型。《公司法》第 37 条第 1 项和第 5 项规定,股东会决定公司的经营方针和投资计划,审议批准公司的年度财务预算方案、决算方案。理论上认为,经营方针和投资计划是经营的目标方向和资金运用的长期计划。[①] 年度财务预算方案、决算方案则主要表现为公司资金支出的整体计划。即使上述内容在公司决议中非常明确,也不应认定其具有可执行性,因为这些决议的内容具有计划性质,没有指向公司履行义务的具体行为,且商业无定数,公司管理者必须马上行动,事后总结。[②] 公司完全以事先制订的计划为依据,从事经营活动具有较低的可操作性,如果市场环境发生改变,仍然要求公司按照决议设置的既定计划执行会使公司的行为完全僵化,不利于公司进行经营活动。公司代理主体在实现这些决议时,需要根据实际情况判断是否具有可行性,并对经营方针、预算方案等计划进行调整。所以,上述决议的作用为对公司代理主体的行为提供整体指引,在判断是否违反执行义务时,需要权衡计划的内容和公司代理主体的裁量,这些决议不具有严格的可执行性,执行的情况应根据经营环境发生改变。在上述决议事项中,公司的经营方针和投资计划、年度预算方案和决算方案等内容均需要公司代理行为实现,虽然公司代理主体拥有裁量权,可以变更公司决议的内容,但是否应赋予公司代理主体裁量权仅影响越权行为的责任承担问题,不能改变该类公司决议作为公司代理行为范围依据的界定。

最后,根据具体情形判断的决议类型。《公司法》第 37 条第 3 项和第 4 项规定的股东会职权为审议批准董事会的报告,与审议批准监事会或者监事的报告。上述内容没有规定具体决议事项的内容,审议批准的决议是否具有可执行性,应以董事会或监事会报告的内容为依据进行判断。如果董事会或监事会报告的内容为上一年度的工作总结,审议批准的决议则不具有可执行性。如果报告的内容为《公司法》第 46 条第 5 项至第 7 项规定的利润分配方案与亏损弥补方案,增加或者减少注册资本方案等,或《公司法》第 53 条第 2 项规定的监事会

---

① 参见安建:《中华人民共和国公司法释义(最新修正版)》,北京:法律出版社 2013 年版,第 72 页。

② 参见[美]弗兰克·伊斯特布鲁克、丹尼尔·费希尔:《公司法的经济结构(中译本第二版)》,罗培新、张建伟译,北京:北京大学出版社 2014 年版,第 94—95 页。

对董事、高级管理人员的罢免建议,审议批准这些方案既可以认定为股东会行使《公司法》第 37 条第 3 项和第 4 项规定的审议批准董事会或监事会报告的职权,也可以认定为股东会行使该法第 37 条第 2 项、第 5 项至第 9 项规定的各项职权,应具有可执行性。在上述决议事项中,如果审议批准的内容不需要经过执行来实现,就不能作为公司代理行为范围的依据,而审议批准的内容具有可执行性,决议事项均可落入有关股东会其他职权的规定中,应适用笔者上述有关特定决议能否作为公司代理行为范围依据的观点判断。

其二,关于董事会职权中规定的决议事项。《公司法》第 46 条规定的董事会职权中的决议事项存在以下情形:

首先,设置具体义务的决议类型。该类决议包括《公司法》第 46 条第 8 项规定的决定公司内部管理机构的设置;该法第 46 条第 9 项规定的决定聘任或者解聘公司经理及其报酬事项;该法第 46 条第 10 项规定的制定公司的基本管理制度。这些内容的决议应具有可执行性。在上述决议事项中,决定公司内部管理机构的设置、制定公司的基本管理制度和解聘经理的权利义务仅发生在公司内部,不能作为公司代理行为范围的依据。如果决议聘任的经理为公司以外相对人,该决议可以作为公司代理行为范围的依据。

其次,不具有可执行性的决议类型。《公司法》第 46 条第 4 项至第 7 项规定以"制订"方式作出决议的内容为应提交股东会表决的议案,只有经过股东会表决通过后转化为股东会决议才具有可执行性。《公司法》第 102 条第 1 款规定,董事会应在股东会召开 20 日前将审议事项通知股东,并在股东会上进行表决。根据上述规定,将采用"制订"方式作出的董事会决议提交股东会是现行法设定的义务,与董事会决议的内容无关。所以,这类决议不具有可执行性,不能作为公司代理行为范围的依据。

最后,《公司法》第 46 条第 3 项规定董事会决定公司的经营计划和投资方案,如果将上述内容解释为股东会的议案,不具有可执行性,不能作为公司代理行为范围的依据。如果将经营计划和投资方案解释为落实股东会经营方针和投资计划作出的决议,这项决议的内容可以根据实际经营情况进行调整,不具有严格的可执行性,但应由公司对外法律行为来实现,可以作为公司代理行为范围的依据。

因此,公司决议应被界定为作为公司代理行为范围依据的公司意思形成方式,但并非所有的公司决议均可作为公司代理行为范围的依据,能够作为公司代理行为范围依据的公司决议类型为具有可执行性,且需要公司对外形成法律关系来实现的公司决议。

第二节　公司意思的形成方式之二:公司章程

上文已经对公司决议进行分析,并说明应作为公司代理行为范围依据的公司决议类型。公司章程在性质、形成方式、功能、规定事项等方面,与公司决议存在明显区别,其能否作为公司代理行为范围的依据,需要进行分析。笔者将首先对有关公司章程的理论进行说明,再在此基础上分析公司章程作为公司代理行为范围依据的可行性。

一、公司章程的性质与形成

理论上有关公司章程的定义并不统一,有观点认为,公司章程是公司内部的自治规则。[1] 也有观点认为,公司章程为股东身份分化后所缔结的契约。[2] 存在不同定义方法的原因在于,公司章程存在不同侧面,从不同角度进行界定,得出的定义也不同。为明确说明问题,有必要对理论上有关公司章程性质和特征的不同观点进行梳理,并以此为基础说明可以作为公司代理行为范围依据的"公司章程"的含义。

1. 公司章程的性质

理论上对公司章程的性质存在不同观点,具体说明如下:

第一,合同说。有观点认为,公司章程的性质为合同,公司章程由发起人制定并对发起人产生约束力。[3] 也有观点认为,公司章程是在公司与其股东、董

---

① 参见赵旭东主编:《公司法学(第四版)》,北京:高等教育出版社 2015 年版,第 122 页。

② 参见石纪虎:《公司法·公司章程·股东大会决议——三者效力关系的"契约论"解读》,载《法学杂志》2010 年第 2 期。

③ 参见赵旭东主编:《公司法学(第四版)》,北京:高等教育出版社 2015 年版,第 122—123 页。

事、高管之间以及这些个人之间订立的合同。① 还有观点认为,公司章程是公司与股东之间以及股东之间所订立的合同。原因在于,合同说的理论来源为公司合同理论,该理论认为公司是股东等参与成员之间订立的一份长期关系合同,公司法是合同的范本、公司合同的漏洞补充机制,公司章程是与公司法相对应的外部规则,也应被视为合同。② 笔者认为,合同说内部各种观点均认为公司章程的法律性质为合同,但这些不同观点存在以下区别:(1)对合同当事人的界定存在区别,具体包括发起人,公司与股东、董事、高管,股东、董事、高管之间,限于公司与股东之间,限于股东之间。(2)将公司章程界定为合同的依据不同:强调当事人意思和约束力;没有说明具体依据;界定为合同的原因为公司章程来源于公司合同理论。所以,合同说内部的不同观点存在较大争议,采用合同说,除可以明确公司章程的法律性质应被界定为合同外,在不同观点中无法得出将公司章程的法律性质界定为合同的具体作用。

第二,自治法说。有观点认为,公司章程为公司内部的自治规则,③是公司自己的法律,对公司内部主体具有约束力。④ 也有观点认为,章程不仅约束发起人,也约束公司机关和新加入公司的股东,具有自治法性质。⑤ 还有观点认为,公司章程是规定公司内部组织及活动等根本规则的自治法,⑥对公司、股东、董事、监事、管理者等主体均具有法律约束力。⑦ 自治法说内部不同观点虽有区别,但本质上不存在差异,即均认为公司章程是自治规则,且将公司章程界定为自治法规的目的是说明章程的约束力,包括公司章程的约束力主要发生于公司内部,受约束的主体包括公司、股东、董事、管理者等。笔者认为,自治法说认为公司章程对公司内部各主体具有约束力,较好地解决了合同说需要说明合同当事人的情况且存在对当事人的认定不一致的问题。在此意义上,相较于合同

① 参见王军:《中国公司法(第二版)》,北京:高等教育出版社 2017 年版,第 236 页。
② 参见吴飞飞:《论公司章程的决议属性及其效力认定规则》,载《法制与社会发展》2016 年第 1 期。
③ 参见林飞君:《论公司章程的约束力》,对外经济贸易大学 2007 年硕士学位论文。
④ 参见吴飞飞:《论公司章程的决议属性及其效力认定规则》,载《法制与社会发展》2016 年第 1 期。
⑤ 参见赵旭东主编:《公司法学(第四版)》,北京:高等教育出版社 2015 年版,第 123 页。
⑥ 参见柯芳枝:《公司法论》,北京:中国政法大学出版社 2004 年版,第 78 页。
⑦ 参见王军:《中国公司法(第二版)》,北京:高等教育出版社 2017 年版,第 236 页。

说,自治法说更为明确且符合现行法的规定。但自治法说也存在问题:自治法的含义本身不明确,仅为说明公司章程对相关主体具有约束力,直接适用《公司法》第 11 条即可,没有必要引入自治法规的概念来界定公司章程的性质。所以,自治法说没有通过界定法律性质对公司章程的作用赋予新的内容,更多的是仅作出一种符合现行法的解释。

有观点认为,虽然不同理论的侧重点不同,但均强调公司章程具有自治性和约束力。① 在此意义上,不同观点的区别仅在于从不同侧面界定公司章程的法律性质,但对于公司章程的功能及约束力的含义,均不存在本质区别。笔者认为,对公司章程法律性质不同观点的考察能够明确公司章程的特点和其作为公司意思的形成方式,但无法明确公司章程能否作为公司代理行为范围的依据。所以,应进一步分析公司章程的形成过程以及公司章程约束力的含义等内容。

2. 公司章程的形成:公司章程的制定、修改与公示

完整的公司章程形成过程应包含公司章程的制定、修改和公示,现行法对以上程序存在不同规则,具体说明如下:

第一,关于公司章程制定的相关规则。根据《公司法》第 23 条第 3 项、第 76 条第 4 项,公司章程由公司的股东共同制定,或由公司发起人制定,并由创立大会通过。由于公司章程为设立公司的必要条件(《公司法》第 11 条),且申请设立公司应提交公司章程,公司章程的制定与公司意思的形成的关系如下:其一,制定公司章程的主体为发起人,且公司章程的制定发生于公司设立登记之前,所以,在制定公司章程时,公司尚不存在,此时,公司章程不能作为公司意思的形成方式。其二,根据《公司法》第 6 条,公司因登记取得法人资格,因公司章程在公司完成设立登记后才能对公司等主体产生约束力,公司章程因登记转化为公司意思的形成方式。笔者所讨论的公司章程的含义应被界定为由发起人制定并经登记转化为公司意思的公司章程。

第二,关于公司章程修改的相关规则。根据《公司法》第 37 条、第 43 条第 2 款、第 103 条第 2 款,公司章程采用股东会决议的方式进行修改,修改公司章程

---

① 参见赵旭东主编:《公司法学(第四版)》,北京:高等教育出版社 2015 年版,第 123 页;王军:《中国公司法(第二版)》,北京:高等教育出版社 2017 年版,第 237 页。

的股东会决议为公司意思形成方式,公司章程修改后,经股东会决议的内容转化形成的公司章程内容,也应属于公司意思的形成方式。公司章程的修改发生在公司设立后,经过修改的公司章程能否作为公司代理行为范围的依据,也属于本书应分析的范畴。

第三,关于公司章程公示的相关规则。上文已经说明公司章程的制定发生在公司设立登记前,但公司章程在登记后对公司等主体产生约束力。从公司意思形成方式界定的角度,公司章程经登记而生效。[①]

《中华人民共和国市场主体登记管理条例》(以下简称《市场主体登记管理条例》)第24条规定,市场主体变更登记事项,应当自决议或决定作出之日起30日内申请变更登记。《民法典》第65条规定,法人的实际情况与登记事项不一致的,不得对抗善意相对人。根据上述规定,章程修改后仅在公司内部发生效力,产生在法定期限内申请变更登记的义务由于公司章程登记仅产生对抗效力,在公司设立登记后,公司章程的公示采用登记对抗主义。所以,经过修改的公司章程无论是否登记,均应作为公司意思的形成方式。

因此,对公司章程的制定、修改和公示等公司章程形成过程进行分析,可以得出,公司章程能否作为公司代理行为范围依据的分析对象:在公司设立登记后,由发起人制定并经设立登记转化为公司意思的公司章程和经过修改的公司章程。在公司设立后,公示产生对抗效力,仅影响相对人善意的判断,而对公司章程能否作为公司意思的形成方式不产生影响。

二、公司章程作为公司代理行为范围依据的可行性分析

上文已经对能够作为公司意思形成方式的公司章程的含义进行了界定,接下来应在此基础上分析公司章程能否作为公司代理行为范围的依据。

1. 公司章程的约束力

上文已经说明《公司法》第11条对公司章程的约束力进行了规定,但理论上没有明确说明公司章程约束力的含义,为说明公司章程如何对公司代理主体

---

① 不能简单地认为公司章程采用登记生效主义,公司章程在公司设立登记前的约束力,将在下文进行分析。

发生效力,有必要分析公司章程约束力的含义。

第一,公司设立登记前公司章程的约束力。《公司法》第 29 条和第 83 条第 3 款规定,发起人应认足公司章程规定的出资。笔者认为,上述内容应为公司章程约束力的具体表现,理由如下:(1)根据上述规定,公司章程的内容为发起人认缴出资的依据。(2)出资为向公司履行交付财产等义务,[①]认缴出资则为承诺在公司设立后向公司出资,不属于出资的范畴。(3)《公司法》第 198 条至第 200 条分别针对虚报注册资本,虚假出资或未履行出资义务、抽逃出资规定责令改正和罚款等法律责任。出资义务为股东的法定义务。但上述规定均针对股东未履行移转财产等义务设置法律责任,而非针对发起人未认缴出资的法律责任。所以,认缴出资并非发起人的法定义务。(4)《公司法》第 83 条第 2 款规定,发起人不履行缴纳出资义务应按照发起人协议承担违约责任。根据上述规定,发起人承担违约责任的条件也为不履行缴纳出资义务,而非没有认缴出资,即发起人并不存在根据发起人协议强制认缴出资的义务。(5)发起人不认缴出资不会承担法定或约定的责任,认缴出资不属于法定义务或发起人协议约定的义务,未认缴出资产生的法律效果应为无法取得股东资格或者因没有认足公司章程规定的出资额,不能申请设立登记。在此情形下,公司章程约束力并非设定义务,该约束力的实现方式是使不履行义务的主体无法取得相关资格。所以,在公司设立登记前,公司章程的约束力不包括履行特定义务。

第二,公司设立登记后公司章程的约束力。笔者认为,在公司设立后,公司章程约束力的含义为相关主体按照公司章程的内容履行义务,具体说明如下:其一,根据《公司法》第 28 条第 1 款和第 2 款、第 83 条第 1 款、第 93 条第 1 款规定的股东出资义务和违反出资义务的责任,公司设立登记后,股东认缴出资的义务转变为按照公司章程规定的期限转移财产的义务。由于公司章程是股东或发起人履行出资义务的依据,其对股东约束力的含义包括按照章程的规定履行义务。其二,根据《公司法》第 25 条第 1 款第 6 项、第 46 条第 1 项、第 39 条第 2 款、第 149 条,公司章程应作为董事会召开股东会的依据,董事会不按照公司章程的规定召集股东会议,应因违反章程向公司承担法律责任。所以,公司章程对董事会约束力的含义也为按照公司章程的规定履行义务。

---

① 参见赵旭东主编:《公司法学(第四版)》,北京:高等教育出版社 2015 年版,第 190 页。

因此,与公司设立前不按照公司章程规定的内容履行义务不承担责任不同,在公司设立后,股东、董事会等主体违反公司章程设定的义务应承担法律责任,在此情形下,公司章程约束力的含义为按照公司章程规定的内容履行义务。按照上述方式界定公司章程约束力含义,判断公司章程能否作为公司代理行为范围依据的关键问题是,确定公司章程能否对公司代理的相关事项进行规定。对于此问题,有必要分析公司章程事项和公司决议事项的关系,以及公司章程的授权方式。

2. 公司章程应作为公司代理行为范围的依据

笔者认为,公司章程应当被界定为公司代理行为范围的依据,具体说明如下:

第一,上文已经说明公司决议是修改公司章程的方式,公司章程的修改实质是将公司决议的内容转化为公司章程。在此情形下,如果公司决议的内容涉及公司代理行为,且公司通过修改章程的方式进行授权,公司章程应作为公司代理行为范围的依据。

第二,除公司决议作为公司章程的修改方式外,《公司法》规定的公司章程和公司决议还存在以下关系,具体说明如下:(1)根据《公司法》第25条第1款,公司章程为判断公司决议形成的依据。(2)根据《公司法》第22条第2款,公司章程为判断公司决议效力的依据。(3)根据《公司法》第112条第3款,公司章程为判断公司决议主体承担责任的依据。(4)根据《公司法》第37条第1款第11项、第46条第11项和第53条第7项,公司章程可以规定公司组织机构的其他职权,应作为规定决议事项的依据。

从上述《公司法》关于公司章程和公司决议关系的规定中,无法得出公司章程能够作为公司代理行为范围的依据,原因在于:公司章程用于确定公司决议的形成程序、效力等,仅涉及判断公司决议是否形成或生效;公司章程另行规定公司决议的事项,也表明公司章程规定的内容需要通过公司决议实现,此时,公司代理行为范围的依据为公司决议而非公司章程。

第三,根据《公司法》第25条第1款,公司章程应当载明公司名称、注册资本等事项。在上述规定中,明确列举的事项均不涉及公司代理行为,不属于为公司代理行为提供依据的范畴,但股东会可以在公司章程中规定立法未列举的其他事项,在另行规定的内容涉及实施公司代理行为的情形下,公司章程应作为公司代理行为范围的依据。

第四,《公司法》第50条第2款规定,执行董事的职权由公司章程规定。上述规定没有采用列举的方式规定执行董事的职权,而是将其职权来源限定为公司章程。在董事职权中,必然包含实施公司代理行为的内容。所以,公司章程应作为执行董事实施公司代理行为的依据。

因此,公司章程应作为公司代理行为范围的依据,但这类公司章程条款具有特殊性:其一,根据上述界定,从立法明确规定的内容中,均无法得出公司章程可以作为公司代理行为范围的依据。笔者得出公司章程可以作为公司代理行为范围依据的主要原因在于《公司法》规定的股东会可以对公司章程事项进行另行规定。其二,《公司法》第39条第1款规定,股东会会议的类型包括定期会议和临时会议。该法第100条和第110条第1款分别规定,股东会每年召开一次会议,董事会每年至少召开两次会议。根据上述规定,在公司经营过程中,股东会或董事会可以通过至少每年一次或两次的会议,甚至通过临时会议对各种事项作出决议,即公司决议可以为特定的公司代理事项提供依据,而公司章程仅能通过修改的方式进行变更,所以,公司章程的内容保持相对稳定,无法直接作为特定的公司代理行为范围的依据,其作为公司代理行为范围依据的方式对公司代理行为的相关内容进行概括规定。

三、公司章程授权和立法授权的关系

通过上文的分析可知,公司章程通过概括规定的方式作为公司代理行为范围的依据,有必要进一步分析在章程未规定且仅有法律规定的情况下,公司代理行为范围的依据应如何确定。

《公司法》和公司章程何者应作为公司代理行为范围依据存在争议的情形主要存在于现行法关于经理职权的规定,具体说明如下:《公司法》第49条第1款采用列举的方式规定经理决定聘任或者解聘除应由董事会决定聘任或者解聘以外的负责管理人员。该法第49条第1款第8项规定经理行使董事会授予的其他职权。该法第49条第2款规定公司章程可以另行规定经理的职权。理论上认为,《公司法》采用列举方式规定经理职权的原因如下:虽然经理由董事会选聘并对董事会负责,不同公司的经理的实际权限并不完全相同,但为了使公司能够有效率地持续运营,从实践中总结提炼经理的一般职权,并在立法上进行规定。① 根据上述观点,《公司法》第49条第1款第8项规定经理行使董事会另行授予的职权,不能表明该规定所列举的其他职权应以董事会的明确授予为前提,结合《公司法》第49条第2款,《公司法》中规定的经理的职权并非仅来源于董事会决议、公司章程等公司意思,明确列举的职权来源于立法的直接授权。

关于公司章程和公司立法的关系,理论上存在不同观点:有观点认为,公司章程是对公司法规则的具体化,其作用在于股东根据本公司的具体情况,为股东讨论、决策公司事项提供议事规则,为公司管理者的经营管理行为提供行为准则。② 也有观点认为,在立法者制定相关规范时,站在当事人的立场考虑哪种方案最有可能被选择,并以此为基础制定的默认规则,即公司立法的功能是在公司章程没有规定时进行补充,其主要表现形式是在立法中设置允许公司章程另行规定的缺省性规范。③ 上述不同观点从不同侧面界定公司章程和公司立法的关系,如果认为公司章程是立法的具体化,则立法可以直接作为公司代理行为范围的依据,而如果认为立法为公司章程未进行规定情形下的补充,则应将立法的相关规则转化为公司意思发挥作用,此时立法规则应被界定为公司章程的内容,作为公司代理行为范围依据的是公司章程,而非立法。

笔者认为,在仅存在立法规定的情形下,也应将公司章程界定为公司代理行为范围的依据,理由如下:其一,公司代理涉及的问题是公司代理行为法律效果的归属和公司代理主体越权的责任承担,在该法律关系中,利益受到影响的主体包括公司、公司代理主体、公司以外第三人,在此情形下,立法仅涉及提供代理依据,不存在立法通过规定职权内容为特定主体提供保护的问题,且《公司法》第49条第2款规定,公司可以另行规定经理的职权,即该法第49条第1款规定的内容可以被公司章程改变,关于经理职权的列举为任意性规定,所以,应说明是将立法直接作为公司代理行为范围依据,还是将立法转化吸收为公司章

---

① 参见赵旭东主编:《公司法学(第四版)》,北京:高等教育出版社2015年版,第307页。

② 参见石纪虎:《公司法·公司章程·股东大会决议——三者效力关系的"契约论"解读》,载《法学杂志》2010年第2期。

③ 参见吴飞飞:《公司章程"排除"公司法:立法表达与司法检视》,载《北方法学》2014年第4期。

程的内容作为公司代理行为范围的依据,这两者哪个更为合理需要进行判断。其二,理论上认为,公司章程具有法定性和自治性。① 笔者认为,公司章程的法定性表现为公司章程应具备立法要求规定的事项,但对于立法要求事项的具体内容和另行规定的事项及内容,均属于由公司自行决定的范畴,所以,公司章程不应作为立法规则的具体化,对允许公司另行规定的内容,将立法界定为公司章程的补充,更为合理。其三,理论上认为,法定代理人是基于法律规定能够以他人名义独立与第三人实施法律行为的主体。设定法定代理人的作用是为弥补无行为能力人因无法作出意思表示而无法进行交易,或无法履行交易的法律效果等的不足。② 在法定代理中,代理行为的授权方式可以概括为"立法授权—代理行为"。公司代理与无行为能力人的法定代理存在明显区别:现行法明确规定公司具有股东会、董事会等意思形成机构和公司决议、公司章程等意思形成方式,不存在无法作出意思表示的问题,无须通过立法授权为公司代理行为提供依据。如果承认立法可以作为公司代理行为范围的依据,公司代理行为的授权方式将由"公司意思授权—代理行为"转变为"立法授权—代理行为",明显与公司能够作出意思表示不符,仅将公司章程界定为公司代理行为范围的依据,符合公司代理法律关系的规范逻辑。其四,虽然立法可以为公司代理行为提供内容较为明确的依据,但用立法取代公司章程作为公司代理行为范围的依据,实质上不存在公司意思的形成,如果允许经理根据立法授权直接实施公司代理行为,经理将作为公司的"法定代理人",与理论上将经理定位为负责公司日常经营管理的业务执行机构也不相符。

《修订草案》第 69 条第 2 款和《修订草案二审稿》第 74 条第 2 款取消了《公司法》第 49 条第 1 款列举的经理职权,规定经理应依照公司章程规定或董事会授权行使职权。上述规定改变了《公司法》第 49 条第 1 款的规范方式,经理行使职权必须以董事会决议、公司章程等公司意思形成方式为前提,在此情形下,立法不能直接成为经理实施公司代理行为范围的依据,仅公司章程等公司意思应被界定为公司代理行为范围的依据,使公司代理行为范围依据的确定更为明确与合理。

---

① 参见赵旭东主编:《公司法学(第四版)》,北京:高等教育出版社 2015 年版,第 124—125 页。
② 参见最高人民法院民法典贯彻实施工作领导小组主编:《中华人民共和国民法典总则编理解与适用(上)》,北京:人民法院出版社 2020 年版,第 146—147 页。

因此,公司章程可以规定对公司和公司代理主体有约束力的公司代理事项和内容,为上述主体设定实施公司代理行为的义务,属于公司意思的形成方式,能够采用概括规定的方式作为公司代理行为范围的依据,其可以作为公司代理行为范围依据的内容源于公司对章程作出另行规定。在仅有立法规定职权内容的情形下,应当认定为立法的内容被公司章程吸收,公司章程仍应作为公司代理行为范围的依据。

第三节　股东协议能否作为公司代理行为范围的依据

通过上文对可以作为公司代理行为前提的公司意思形成方式进行分析,笔者将公司决议和公司章程界定为公司代理行为范围的依据。在公司的设立和运营过程中,存在采用股东协议的方式进行公司治理的情形。[①] 由于股东协议能够在公司治理中发挥作用,有必要对股东协议能否为公司组织机构设定义务,以及是否应将其界定为公司代理行为范围的依据进行分析。理论上对股东协议存在争议,笔者在下文将首先对股东协议的含义、性质和功能进行明确,并在此基础上分析股东协议是否可以作为公司代理行为范围的依据。

一、股东协议含义的界定

《公司法》没有对"股东协议"这一概念进行规定,该法第 83 条第 2 款规定了发起人协议规则以及该法第 37 条第 2 款规定了采用不召开股东会的方式形成决议。根据上述规定,股东协议的含义是否应限于发起人协议,以及采用书面形式一致同意的方式作出决定是否应被理解为股东协议,均存在疑问。由于《公司法》没有对股东协议的含义进行明确规定,有必要梳理理论上的不同观点和现行法中的具体规则,合理界定股东协议的含义。

---

① 参见陈群峰:《认真对待公司法:基于股东间协议的司法实践的考察》,载《中外法学》2013 年第 4 期。

理论上有关股东协议的含义存在不同观点,具体说明如下:有观点认为,股东协议的缔约主体仅限于发起人。① 股东协议是在公司设立过程中,由发起人订立的关于公司设立事项的协议。② 也有观点认为,公司应属于股东协议的缔约主体,股东协议是界定股东与股东之间以及股东与公司之间关于公司内部权力分配和行使、公司事务的管理方式、股东之间的关系等事项的合同。③《公司法》第 37 条第 2 款规定的采用全体股东一致同意,不召开股东会的方式,采用股东协议对公司事项作出决定。④ 还有观点认为,股东协议的缔约主体仅为股东,即股东协议是关于股东之间权利义务的合同。⑤

理论上关于股东协议含义的不同观点将股东协议的主体分别界定为发起人、股东、股东与公司,但这些观点均没有说明界定股东协议的理由,所以,从上述观点中无法得出应如何确定股东协议的含义。由于《公司法》没有明确规定股东协议的含义,为明确界定股东协议,有必要对《公司法》和相关立法涉及股东协议的规则进行解释。

笔者认为,将股东协议界定为由股东订立的合同较为合理,具体说明如下:

首先,根据《公司法》第 83 条第 2 款,应将发起人协议界定为股东协议,理由如下:发起人承担违约责任的条件为不按照公司章程的规定移转财产进行出资,因在公司设立阶段,仅产生发起人认缴出资的义务,而实际履行出资义务的前提为公司已完成设立登记,所以,上述规定中的"发起人"在承担违约责任时已成为公司股东。由于出资并非仅存在于公司设立阶段,理论上有关发起人协议是公司设立事项协议的界定并不准确。发起人协议的效力并不限于公司设立阶段,在公司设立后,股东应继续按照发起人协议履行义务。既然《公司法》规定的发起人协议同时属于股东间协议,将股东协议的含义界定为股东订立的合同,符合《公司法》规定的发起人协议的特点。

其次,在现行法关于股东协议的具体规则中,股东协议的当事人也仅限于股东。例如,《公司法》第 106 条规定的股东委托协议,《公司法解释(五)》第 5

---

① 参见陆苹:《民法典背景下团体性股东协议制度研究》,载《湖南社会科学》2021 年第 2 期。
② 参见赵旭东主编:《公司法学(第四版)》,北京:高等教育出版社 2015 年版,第 123 页。
③ 参见陆苹:《民法典背景下团体性股东协议制度研究》,载《湖南社会科学》2021 年第 2 期。
④ 参见刘昶:《有限责任公司股东协议"双重属性"论》,载《南方金融》2020 年第 12 期。
⑤ 参见陆苹:《民法典背景下团体性股东协议制度研究》,载《湖南社会科学》2021 年第 2 期。

条第 2 项规定的由其他股东受让股权。

再次,《公司法》第 74 条第 2 款规定,股东与公司应在公司决议作出之日起达成股权收购协议。根据上述规定,股东和公司作为双方当事人的协议为通过公司代理行为实现公司决议而订立的,与《公司法》关于股东协议的规定明显存在区别。所以,公司和股东订立的协议与股东之间订立的协议是两种完全不同的协议类型,不能将两者归为一类。

复次,由于股东协议为股东之间订立的协议,该协议的权利义务主体仅为股东,公司不能通过股东协议为公司设定义务。即使公司通过股东协议分配控制权,因股东协议取得控制权的控制股东也不能依据股东协议直接为公司设定义务,而应以行使控制权形成公司决议或公司章程的方式约束公司。

最后,根据股东协议为股东订立的合同的界定,《公司法》第 37 条第 2 款规定的采用全体一致同意,不召开股东会会议的方式进行决定,应被解释为股东会决议的特殊形态,而非股东协议。因为如果将上述规定中的情形解释为股东协议,公司决议将被股东协议取代,不符合笔者关于股东协议的界定。即使公司章程另行规定不按照出资比例行使表决权,甚至规定采用协议的方式作出决定,此时公司章程规定的性质也已超出笔者界定的股东协议的范畴,应被解释为规定形成公司决议的特殊形式,而非股东协议。

二、股东协议的功能和性质

通过上文的分析,笔者将股东协议的含义界定为股东订立的合同,采用此种界定方法,是否会对股东协议的功能及性质产生影响,存在疑问,有必要结合理论上的不同观点进行分析。

1. 股东协议的功能

有观点认为,股东协议在公司运行过程中具有重要作用,在公司实践中,股东协议甚至成为股东行使权利和参加公司治理的主要方式,存在"以协议代替治理"的现象。股东协议涉及公司设立、股权转让、出资、对公司治理进行具体安排、解决公司僵局等各个方面。① 也有观点认为,在公司设立、股东退出、扩张或让渡股东权利方面,应允许采用股东协议的方式决定《公司法》治理制度的适用,以达到尊重股东意思自治的目的。②

具体而言,股东协议在以下领域发挥作用:股东协议均可以改变立法关于按出资比例行使表决权的规定,股东协议可以作为授予投票代理权的依据,通过股东协议转让股权,通过股东协议限制董事的职权范围,③采用股东协议进行委托持股,采用股东协议对公司机关之间的权力运行进行配置,采用股东协议为股东设定购买公司产品、向公司提供劳动等义务。④

笔者认为,理论上主要强调股东协议在公司治理方面的重要作用,为明确股东协议的功能,有必要对现行法中股东协议适用的事项进行梳理。

在现行法中,股东协议具有以下作用:《公司法》第83条第2款规定,发起人不履行出资义务应根据发起人协议承担违约责任。该法第106条规定股东可以委托代理人出席股东会会议并行使表决权。《公司法解释(五)》第5条第2项规定,当事人可以采用其他股东受让股权的方式解决有限责任公司重大分歧。《企业国有资产产权登记管理暂行办法》第3条第2款规定,实际控制权为通过股东协议、公司章程、董事会决议等控制企业的情形。《最高人民法院关于人民法院强制执行股权若干问题的规定》第14条规定,公司章程、股东协议等可以对股权转让进行限制。根据上述规定,股东协议可以设置出资义务,规定表决权代理,分配公司控制权,转让股权和限制股权转让。

根据立法关于股东协议的相关规定,股东协议的作用存在于公司设立、运行和治理的各个层面,有些规则将股东协议与公司章程、公司决议并列,说明股东协议在这些领域中和公司章程、公司决议发挥相同作用。但现行法明确规定的股东协议规则均仅与股权、表决权等股东个体权利相关,且均未明确将股东协议作为公司代理行为范围的依据,股东协议能否被界定为公司对外法律行为的依据,需要结合理论上关于股东协议与公司决议、公司章程的区别,对股东协

① 参见陈群峰:《认真对待公司法:基于股东间协议的司法实践的考察》,载《中外法学》2013年第4期。
② 参见刘昶:《有限责任公司股东协议"双重属性"论》,载《南方金融》2020年第12期。
③ 参见朱锦清:《公司法学(上)》,北京:清华大学出版社2017年版,第471、481、485、494页。
④ 参见陈群峰:《认真对待公司法:基于股东间协议的司法实践的考察》,载《中外法学》2013年第4期。

议的性质进行分析。

2.股东协议的性质

(1)关于股东协议性质的争议。理论上关于股东协议的性质存在不同观点,具体说明如下:有观点认为,股东协议的性质是与股东或公司有关的合同。[1]也有观点认为,股东协议具有合同与组织双重性质。首先,股东协议为合同行为,因为股东协议由股东意思表示一致形成,原则上只约束缔约股东。其次,股东协议的组织属性表现在部分股东协议在内容上具有公司法中组织规范的功能和特性。[2] 股东协议是在没有召开股东会,由全体股东同意简化会议程序情形下的公司意思的形成机制。[3] 股东协议经过全体股东一致同意,其通过标准更能体现公司意志,股东协议、股东决议和公司章程并无本质区别。[4]

在上述观点中,第一种观点根据股东协议的含义直接将股东协议的性质界定为合同,但没有说明具体理由。第二种观点根据股东协议的特点及其在公司治理中的作用,认为股东协议具有双重属性。

(2)股东协议与公司章程、公司决议的关系。理论上关于股东协议与公司章程、公司决议的联系与区别存在不同观点,具体说明如下:

第一,股东协议与公司章程的关系。有观点认为,发起人协议和公司章程的目标高度一致,均为设立公司,但两者存在以下区别:①发起人协议作为当事人之间的合同,根据当事人的意思表示形成,体现当事人的意志和要求,需要遵守合同法的一般规定。公司章程是要式法律文件,立法明确规定章程的内容,体现立法的强制性要求,章程必须按照公司法的规定制定。②发起人协议具有相对性,因其由全体发起人订立,只在发起人之间具有约束力。而制定章程时的股东和章程生效后加入公司的股东,都受章程约束。[5] 也有观点认为,有限责任公司的章程在很大程度上具有股东间协议的性质,即公司章程本质上是股东协议,因为章程是在股东协议的基础上起草的,股东协议可以补充章程的不足,

①　参见陆苹:《民法典背景下团体性股东协议制度研究》,载《湖南社会科学》2021 年第 2 期。

②　参见刘海东:《有限责任公司股东协议的效力认定研究》,吉林大学 2019 年博士学位论文。

③　参见王真真:《中美股东治理协议制度的精细化比较》,载《东北大学学报(社会科学版)》2022年第 2 期。

④　参见刘昶:《有限责任公司股东协议"双重属性"论》,载《南方金融》2020 年第 12 期。

⑤　参见赵旭东主编:《公司法学(第四版)》,北京:高等教育出版社 2015 年版,第 123 页。

调解公司内部的权力结构和利益关系。①

笔者认为,根据上述观点,采用不同性质界定股东协议,会得出股东协议和章程存在不同关系,即如果认为股东协议为合同,在比较股东协议和公司章程时侧重强调两者的区别,经过上述从形成方式、约束力等方面的比较,股东协议和公司章程的差异较为清晰。而如果以股东协议具有双重法律属性为前提,则侧重说明股东协议和公司章程发挥相同作用。

第二,股东协议与公司决议的关系。有观点认为,从表现以及形式上看,股东协议和公司决议存在以下区别:①股东协议需要订立协议的所有股东意思表示一致,而公司决议采用多数决,而非形成合意。②股东协议的订立无程式要求,公司决议的形成应遵循法定的议事规则和表决程序。③股东协议的主体为股东,而公司决议的主体为表决权人和公司。④股东协议只约束订立协议的股东,不能约束后加入公司的股东。而决议不仅约束公司内部成员,在具体情形下对公司以外相对人也能具有对抗效力。也有观点认为,从核心层面而言,股东协议和公司决议的区别如下:①法益目标标准。合同属于个人法行为,决议属于团体法行为。合同的核心理念在于每个人可且仅可自由处分自己的权利,包含意思自治和相对性两层含义。决议行为的法益目标则包含确保团体目标最大化和确保少数股东不被不公平压制两项内容。根据合同与决议法益目标的不同进行区分,股东自益权的行使和处分可采用股东协议,公司治理中的公益性事项应采用公司决议的方式。②功能偏好标准。合同的功能偏好侧重于资源的交换和分配,具有交易功能。决议的功能是多重的,即决议自身具有资源分配功能、社会组织功能、增量创造功能。公司治理中的分配性事务,如利润分配,较适宜采用股东协议的方式处置,而决策性事务指向增量创造过程,应采用决议的方式。

笔者认为,上述观点分别采用不同标准比较股东协议和公司决议的区别,形式标准采用股东协议的法律性质为合同的观点,从形成方式、程序、主体、约束力等方面对股东协议和公司决议进行比较。通过此种比较,我们可以明确股东协议和公司决议是两种性质不同的行为。而采用法益目标和功能偏好为标准是基于股东协议的作用进行比较,区分的目的是确定股东协议与公司决议各

---

① 参见朱锦清:《公司法学(上)》,北京:清华大学出版社 2017 年版,第 466 页。

自适用的领域,只能得出股东协议和公司决议在公司治理的不同方面发挥作用,无法对股东协议的性质进行明确。

因此,从股东协议与公司章程、公司决议区别的不同观点中,差异的具体内容与对股东协议法律性质的界定密切相关,对采用形式标准比较股东协议与公司章程、公司决议差异的观点进行梳理,可以得出股东协议与后两者是完全不同的行为类型。

(3)股东协议的性质为合同。笔者认为,根据上文对股东协议含义的解释,股东协议的性质为合同,应不存在疑问。有观点根据股东协议具有合同属性和组织属性的双重性质,将股东协议界定为公司意思明显存在问题,具体说明如下:

其一,在股东协议与公司章程、公司决议的区别的不同观点中,上述行为的差异包括行为主体与约束力的范围。即理论上均认为股东协议的主体为股东,虽然股东协议在公司治理中发挥作用,但公司并非股东协议的当事人。此外,理论上认为,受股东协议约束的主体限于股东,而不包括公司,公司章程和公司决议约束的主体则包括公司、股东、管理者、公司代理主体等。这些区别反映出股东协议根据股东意思表示一致形成且仅约束股东的特点,与合同的特征完全相符。

其二,《公司法》第83条第2款规定的向发起人承担违约责任,说明股东协议的约束力限于股东之间。现行法关于股东协议的不同规则中,公司也均非股东协议的主体。采用全体一致同意的方式作出决定及公司章程对表决权行使作出特别规定,属于公司决议形成的特殊形态。在现行法中,股东无法通过股东协议直接为公司设定义务。股东协议与公司章程、公司决议明显不同,不能混淆。

其三,不能因为股东协议的功能与公司决议或公司章程具有相似性,就用来界定股东协议的性质。上文已经说明股东协议在公司的各个领域均发挥作用,但立法中规定的股东协议的内容仅与股东的个人权利相关,所以,股东协议的作用并非采用形成公司意思的方式,为公司设定义务,即股东协议的作用是间接的,即使以股东协议在股东之间设置公司控制权,也并不表明可以以该股东协议直接为公司设定义务,公司承担的义务为通过行使控制权形成公司章程或公司决议设定的。所以,股东协议需要与其他行为结合,才能在公司治理中发挥作用,其与公司章程或公司决议的功能明显不同,不能根据股东协议在公司治理中具有作用为依据,就认为股东协议具有组织属性,进而界定股东协议具有章程或决议性质。股东协议组织属性的含义应限于其可以对公司治理的事项进行约定。

其四,笔者采用的界定法律性质的方法是根据股东协议的含义直接得出,即首先对股东协议所包含的内容加以明确,再以此为基础直接得出股东协议的性质为合同。采用此种界定方法的优势在于:既能够明确股东协议的范围,又可以避免采用功能作为标准,导致对股东协议性质的界定模糊、不清晰。

因此,基于股东协议的含义、主体、约束力对股东协议性质的界定,可以得出股东协议的性质为合同。

三、股东协议作为公司代理行为范围依据的可行性分析

上文已经对股东协议的含义、性质和功能进行说明,接下来应在此基础上分析股东协议能否作为公司代理行为范围的依据。

笔者认为,股东协议不应作为公司代理行为范围的依据,理由如下:

第一,上文已经说明股东协议的法律性质为合同,基于此界定,股东协议的主体为订立合同的股东,其直接约束力仅存在于合同当事人之间,即虽然股东协议在公司内部发挥重要作用,但协议只能约束当事人股东,不能约束其他股东,也不能约束公司。[①] 股东可以通过股东协议处分其个体权利,不存在问题,但公司是非股东协议的主体,其无法通过股东协议直接为公司设定义务。股东在股东协议中约定公司的义务,属于为第三人设置义务,需要公司通过形成公司意思表示同意,才能使其受到约束。公司代理的法律关系为由公司代理主体通过实施公司代理行为实现公司意思,与第三人形成由公司承受法律效果的法律关系。在该法律关系中,公司代理主体为具体实现公司意思的行为人,而公司则为因公司意思直接承担实施公司对外法律行为义务的主体。所以,公司代理行为范围的依据必然为公司设定义务,股东协议不符合公司代理行为范围依据的特点。

---

① 参见朱锦清:《公司法学(上)》,北京:清华大学出版社 2017 年版,第 495 页。

第二,股东协议并非公司意思的形成方式。上文已经说明公司章程和公司决议为公司意思的形成方式,这些行为的形成过程中均存在法律拟制将股东等表决权人的意思转化为公司的意思表示,即虽然公司章程与公司决议由股东等表决权人的意思形成,但这些行为实质上均为公司意思。相反,股东协议由股东意思表示一致形成,在这类协议中,仅存在股东的意思,而不存在经过转化的公司意思,所以,股东协议不属于公司意思的形成方式。由于公司代理行为范围的依据应以构成公司意思的形成方式为前提,将股东协议界定为公司代理行为范围的依据,明显不合理。

第三,从外部视角看,股东协议不属于公司以外相对人善意判断的考量因素。上文已经说明公司代理涉及的主要问题为公司代理行为法律效果的归属,即在公司代理主体越权违反公司意思的情形下,判断应由何者承受法律效果。所以,作为公司代理行为范围依据的公司意思应同时作为判断相对人善意的考量因素,如果某行为在公司代理行为法律效果归属的判断中无法发挥任何作用,不宜作为公司代理行为范围的依据。《民法典》第 61 条第 3 款规定,公司章程或股东会决议限制代表权,不得对抗善意相对人。《公司法》第 16 条第 1 款规定,公司对外担保的前提是依照章程作出决议。《九民纪要》第 17 条、第 18 条第 2 款和《担保制度解释》第 7 条第 1 款和第 3 款规定,应以相对人在订立合同时是否对公司决议进行审查,判断能否构成善意。根据上述规定,公司章程和公司决议为判断公司代理行为法律效果归属的重要考量因素,应为公司代理行为范围的依据。[①] 而现行法没有规定股东协议与相对人善意判断的关系,股东协议并非判断公司代理行为法律效果归属的考量因素,即由于股东协议的存在与否与内容对确定公司代理行为法律效果的归属不产生任何影响,不能作为公司代理行为范围的依据。

[①] 在现行法中,公司代理行为法律效果归属判断的考量因素限于公司章程和公司决议。以对外担保为例,如果公司章程对公司决议的表决方式作出另行规定,或股东采用全体一致同意的方式作出决定,应认为公司章程规定的内容与作为特殊形态的公司决议相结合,构成公司代理行为范围的依据。上述情形未超出《公司法》第 16 条第 1 款规定的公司决议的范畴,不存在公司章程与股东协议相结合,作为相对人善意的考量因素。

本章小结

综上,公司决议和公司章程为公司意思的形成方式,可以作为公司代理行为范围的依据,在确定公司代理行为的法律效果和越权违反公司意思的责任承担中发挥作用。股东协议并非公司意思的形成方式,也不属于判断相对人善意的考量因素,不能作为公司代理行为范围的依据。

上文已经完成了对公司代理行为范围依据的界定,即公司代理行为范围的依据为公司决议和公司章程,在具体分析公司代理行为的法律效果和越权责任前,有必要结合公司代理法律关系对公司代理行为范围依据的含义作进一步说明:首先,在因委托合同等产生的代理法律关系中,存在基础法律关系和独立的授权行为,其中,授权行为是指本人对代理人授予代理权的单方意思表示。[①] 该行为是需要受领的意思表示,可以向代理人或相对人作出,授权行为仅使被授权人享有权利而非承担义务,不需要被授权人承诺。[②] 其次,在公司代理法律关系中,不同公司代理主体基于委任合同、劳动合同或拥有股权取得法定代表人、董事、管理者、狭义的公司工作人员、控制股东等地位,且因立法授权、职位本身授权、承担信义义务等原因取得公司代理权。在具体的公司与第三人中,公司代理主体通过公司代理行为实现公司决议或公司章程规定的内容。再次,在该法律关系中,授权行为是不同公司代理主体取得代理权的原因,公司代理行为范围的依据类似于委托代理中的基础法律关系,具体说明如下:1. 上文已经说明公司决议和公司章程的功能为规定公司代理的事项和内容,与作为基础法律关系的委托合同规定委托代理的事项和内容相符。2. 与委托代理法律关系中通过委托合同约定代理相关的全部内容不同,公司代理的相关内容根据公司决议和公司章程等公司意思规定,其具体内容在公司的存续过程中不断形成,并根据公司经营的实际情况进行调整,而委任合同、劳动合同等仅使公司代理主体取得相关法律地位,不涉及具体公司意思的实现,不能作为具体公司代理行

[①] 参见梁慧星:《民法总论(第四版)》,北京:法律出版社 2011 年版,第 224 页。

[②] 参见[德]汉斯·布洛克斯、[德]沃尔夫·迪特里希·瓦尔克:《德国民法总论(第 41 版)》,张艳译,杨大可校,冯楚奇补译,北京:中国人民大学出版社 2019 年版,第 243、247 页。

为中的基础关系。3. 通常情形下,公司代理行为范围依据的约束力仅发生在公司内部,除立法特别规定的公司对外担保等情形外,公司代理主体在实施行为的过程中无须将公司意思的内容告知相对人,不属于由相对人受领的意思表示,不应被界定为该类授权行为。4. 公司代理行为范围的依据也不属于由代理人受领的授权行为,因为公司代理主体存在多种类型,在公司决议或公司章程中仅规定公司代理的事项和内容,而未规定具体实施行为的公司代理主体的情形下,也应认定为其对公司产生约束力,公司意思得以形成,此时在公司意思中并不包含公司将代理权授予特定主体的内容。5. 公司代理主体越权违反公司意思应向公司承担责任,不符合授权行为仅使代理人享有权利而不承担义务的特点。最后,公司代理行为范围依据的含义为公司决议和公司章程两种公司意思形成方式规定应通过公司代理行为实现的事项和内容。由于公司决议包含不具有严格可执行性的决议类型、公司章程采用概括规定的方式发挥作用、公司代理主体可以根据实际情况对公司意思的内容进行调整等原因,公司意思仅在一定程度上约束公司代理行为,其发挥作用的方式是为公司代理行为的实施提供合理的行为范围。

第三章　公司代理行为的法律效果

上文已经说明公司代理的含义:公司内部主体以公司名义对外形成法律关系,并将法律效果归属于公司的各类法律行为。根据上文采用的实质标准,应将具体实施公司代理行为的主体界定为公司代理主体。所以,应选取基于不同身份实施公司代理行为且较为典型的公司代理主体,分析这些主体所实施的公司代理行为的法律效果,并以此为基础比较不同类型公司代理行为法律效果的判断方法。此外,上文已经说明公司决议和公司章程为公司代理行为范围的依据,这些公司意思形成方式是判断相对人善意的考量因素,进而影响公司代理行为法律效果的归属。在分析时,应明确不同公司代理行为中公司决议和公司章程对法律效果归属的影响。

基于以上界定,笔者将分析以下内容:1. 选取法定代表人和职务代理人作为应加以分析的公司代理主体;2. 选取公司担保和立法没有作出特别规定的公司代理行为作为确定法律效果的分析对象。分析上述内容的原因如下:1. 虽然不同公司代理主体的行为均可以归结为以公司名义对外实施法律行为,并由公司承受法律效果,但上文已经说明,在规范层面上法定代表人为现行法规定的能够以代表方式对外形成法律关系的唯一主体,职务代理人则可以基于代理关系以公司名义对外实施法律行为。①《民法典》第 61 条第 2 款、第 3 款和第 170条,分别规定了公司内承受法定代表人和职务代理人行为的法律效果,公司对代表权的限制和对职权范围的限制,不得对抗善意相对人。选取法定代表人和职务代理人作为公司代理主体,既能分析具备法定代表人身份和不具备法定代

---

① 笔者在本章所使用的"公司代表"与"公司代理"是规范层面意义上的,公司代表为法定代表人的行为,公司代理为法定代表人以外的工作人员的行为。

表人身份的两种情形以及公司代理行为法律效果的区别,又能使司法实践中案例的检索和分析更具有针对性和可操作性。2. 笔者选取公司担保和不存在法定限制的其他公司代理行为作为分析对象是基于以下原因:《公司法》第 16 条对公司担保明确作出规定,理论上和实践中针对公司担保的法律效果也存在不同观点,对公司担保的法律效果进行分析具有可操作性;公司担保的法律关系是公司代理主体以公司的名义作出为第三人的债务提供担保的行为,由公司承受其行为的法律效果。该法律关系符合公司代理行为的特点,所以,公司担保为特殊的公司代理行为,同样存在相对人善意和判断法律效果归属等问题;《公司法》第 16 条规定,公司担保必须以形成公司意思为前提。根据上述规定,法律效果的判断涉及债权人对公司决议和公司章程的审查。分别分析上述两类行为,可以区分存在法律规定应以作出公司意思为前提和法律未作特定限制的情形下的公司代理行为的法律效果。所以,在下文的分析中,公司代理行为的法律效果将转化为法定代表人行为的法律效果、职务代理人行为的法律效果、公司对外担保的法律效果三个问题,并以分析上述三个问题为基础,确定不同公司代理行为法律效果的判断方法。需要说明的是,笔者将公司代理行为区分为公司代表与公司职务代理是以现行法的不同规定为基础进行划分的,区分的目的是分析法定代表人行为与职务代理人行为的区别,这一分类并不表明笔者赞同应区分代表和代理,或反对统一适用代理规则,法定代表人与职务代理人是否存在区别及如何适用法律,应在分析理论上和实践中的不同观点后再明确。

因此,笔者将公司代理行为法律效果的分析转化为公司代表的法律效果、公司职务代理的法律效果和公司担保的法律效果三个问题,为对比不同情形的区别,笔者将分别对上述三个问题的理论争议进行梳理和对这些问题的司法实践现状进行实证分析,并以此为基础确定判断公司代理行为法律效果的法律适用方法。需要说明的是,理论上有观点认为,公司代理行为是公司代理主体以公司名义实施的行为。① 笔者采用上述界定,本书中的公司代理行为是公司代理主体实施的行为,而非公司实施的代理行为。

---

① 参见殷秋实:《法定代表人的内涵界定与制度定位》,载《法学》2017 年第 2 期。。

第一节　关于公司代理行为法律效果的理论争议

理论上关于公司代表、职务代理和公司担保法律效果有很多研究,主要针对法定代表人越权行为的效力、职务代理行为的效力、公司越权担保的效力、公司担保的规范适用、相对人的审查义务等问题。这些研究均与笔者所论述的问题密切相关,为明确理论上的争议,有必要对理论上相关研究中的不同观点以公司代表的法律效果、公司职务代理的法律效果、公司担保的法律效果三个问题为基础分别进行梳理。

一、关于公司代表法律效果的理论争议

理论上认为,法定代表人的地位决定了其具有概括性的代表权,[①]即法定代表人的权限范围只受公司章程或公司决议明确规定的限制。在法定代表人不超越权限的情况下,其实施的公司代理行为的法律效果由公司承受。而在法定代表人超越权限的情况下,如何解释《民法典》第 61 条第 2 款和第 3 款、该法第504 条中的"善意第三人"与"相对人知道或者应当知道其超越权限",则存在疑问。所以,应重点分析法定代表人越权行为的法律效果。理论上存在不同观点,具体说明如下:

第一,有观点认为,法定代表人越权行为的效力判断应适用代理规则,代理权具有无因性,仅在公司证明构成代理权滥用的情况下,认定法定代表人的行为无效。[②]

第二,有观点认为,应适用表见代理规则确定法律效果归属,相对人不负有审查公司章程的义务,应被推定为善意,公司不承受法律效果的情形限于相对

---

① 参见迟颖:《法定代表人越权行为的效力与责任承担——〈民法典〉第 61 条第 2、3 款解释论》,载《清华法学》2021 年第 4 期。

② 参见迟颖:《法定代表人越权行为的效力与责任承担——〈民法典〉第 61 条第 2、3 款解释论》,载《清华法学》2021 年第 4 期。

人明知超越权限,举证责任应由公司承担。[①]

第三,有观点认为,已登记的公司章程属于相对人应当知道的事项,法定代表人超越章程规定,相对人不构成善意。公司决议无须登记,法定代表人超越公司决议规定的权限,应推定相对人为善意。[②]

第四,有观点明确说明公司决议不影响法定代表人越权行为的效力,相对人不负有审查义务,应由公司承担举证责任。[③]

第五,有观点认为,越权代表的规范依据为公司内部关系与外部关系区分,应推定相对人善意,公司欲不承受法律效果,应由其证明相对人为非善意。[④]

笔者认为,理论上关于法定代表人越权行为法律效果的争议具有以下特点:

首先,理论上均认为,在相对人非善意的情况下,公司不应承受越权代表的法律效果,但不同观点的实现路径存在区别:有观点适用代理权的无因性和认定构成代理权滥用进行判断;有观点认为应适用无权代理和表见代理规则;有观点则认为越权行为是有权代表,不应适用表见代理,应适用内部关系和外部关系区分理论。采用不同标准对相对人注意义务的要求存在区别:《最高人民法院关于适用〈中华人民共和国民法典〉总则编若干问题的解释》(以下简称《总则编解释》)第 3 条第 2 款规定,行为人以损害他人合法权益为目的行使民事权利,应当认定构成滥用民事权利。根据上述规定,构成滥用权利,应具备行为人在主观上存在恶意。[⑤]《民法典》第 172 条规定的表见代理规则要求相对人对行为人有代理权形成合理信赖,相对人主观上是善意、无过失的,即相对人不

---

① 参见蔡立东:《论法定代表人的法律地位》,载《法学论坛》2017 年第 4 期;高圣平:《再论公司法定代表人越权担保的法律效力》,载《现代法学》2021 年第 6 期。

② 参见黄薇:《中华人民共和国民法典总则编解读》,北京:中国法制出版社 2020 年版,第 181、194—195 页;蒋大兴:《超越商事交易裁判中的"普通民法逻辑"》,载《国家检察官学院学报》2021 年第 2 期。

③ 参见徐银波:《法人依瑕疵决议所为行为之效力》,载《法学研究》2020 年第 2 期;蒋大兴:《公司组织意思表示之特殊构造——不完全代表/代理与公司内部决议之外部效力》,载《比较法研究》2020 年第 3 期。

④ 参见朱广新:《法定代表人的越权代表行为》,载《中外法学》2012 年第 3 期。

⑤ 参见王利明:《论禁止滥用权利——兼评〈总则编解释〉第 3 条》,载《中国法律评论》2022 年第 3 期。

知道或不应知道,且这种不知道或不应知道不是因为其大意造成。[①] 所以,相较于表见代表规则,禁止权利滥用原则对相对人构成主观上非善意的要求较高,后者更加侧重于相对人权利的保护。笔者认为,《民法典》第 61 条第 3 款仅规定善意,没有明确相对人的主观标准。该法第 504 条将相对人的主观状态规定为知道或者应当知道其超越权限,适用表见代理规则与上述规定的文义更为相符。该标准是否能够有效发挥作用,以及法定代表人与职务代理人实施公司代理行为情形下,相对人善意的判断标准是否相同,均存在疑问。

其次,不同观点均认为相对人应被推定为善意,证明不承受法律效果的举证责任由公司承担。由于公司决议无法通过登记公示,不同观点均认为相对人对公司决议的限制不负有审查义务。

最后,对公司章程是否存在审查义务则存在不同观点,有观点认为相对人应审查已登记的公司章程,也有观点认为相对人不负有审查公司章程的义务。笔者认为,《民法典》第 61 条第 3 款没有明确规定相对人对公司章程的审查义务,采用不同方法解释公司章程限制和善意的含义会得出不同结论,即如果将该规定中的公司章程限制解释为未经登记的公司章程限制,已登记的公司章程内容属于相对人应当知道的事项,相对人具有审查公司章程的义务,未审查公司章程不构成善意,而如果严格按照《民法典》第 61 条第 3 款的文义,该规定中的章程限制应被解释为均不得对抗相对人,章程的内容不属于相对人应当知道的事项,则相对人不负有审查义务。

因此,理论上关于法定代表人越权行为法律效果归属的依据(相对人非善意)、举证责任和对公司决议的审查义务的观点较为一致,但对判断相对人非善意的标准及对公司章程是否负有审查义务则存在争议。笔者认为,由于理论上存在不同观点和现行法规则之间存在冲突,导致法定代表人越权行为法律效果归属的认定存在争议,有必要梳理司法实践中的不同观点,进一步分析法定代表人行为法律效果的归属。

[①] 参见黄薇:《中华人民共和国民法典总则编解读》,北京:中国法制出版社 2020 年版,第 526 页。

二、关于公司职务代理法律效果的理论争议

《民法典》第170条规定,执行公司工作任务的人员,就其职权范围内的事项,以公司名义实施的法律行为,对公司发生效力。公司职务代理人职权范围的限制,不得对抗善意相对人。理论上关于职务代理行为法律效果的判断存在不同观点,具体说明如下:

第一,有观点认为,相对人信赖的判断取决于根据职务性质确定的职权范围,并适用代理规则确定职务代理人越权的法律效果,根据相对人是否为善意,分别认定为无权代理和表见代理。[1]

第二,有观点认为,应根据相对人是否善意确定职务代理人越权行为的法律效果。相对人善意判断的依据是职务代理权登记和法律的直接规定,所以,公司章程应进行登记,其内容可以作为认定善意的依据,但公司决议因无须登记,不能作为认定的依据。在公司无法证明相对人知道职务代理人的行为超越公司决议规定的情况下,应由公司承受法律效果。[2]

第三,有观点认为,应根据商事习惯,基于职位确定的职权范围,界定对外代理权,《民法典》第170条第2款规定的职权范围应限定为公司内部明确规定的限制,职务代理人的行为符合职位特点但违反公司内部限制的情形下,推定相对人构成善意,职务代理行为有效。[3]

第四,有观点认为,职务代理权的范围应根据立法和商事习惯确定,运用代理权无因性和代理权滥用理论,判断相对人是否构成善意,确定越权行为的法律效果。[4]

第五,有观点认为,确定职权范围的依据包括工商登记、公章等权力凭证、

---

[1]　参见黄薇:《中华人民共和国民法典总则编解读》,北京:中国法制出版社2020年版,第553页。

[2]　参见杨秋宇:《融贯民商:职务代理的构造逻辑与规范表达——〈民法总则〉第170条释评》,载《法律科学》2020年第1期。

[3]　参见徐涤澄:《〈民法总则〉职务代理规则的体系化阐释——以契合团体自治兼顾交易安全为轴心》,载《法学家》2019年第2期。

[4]　参见李建伟、李欢:《论商事职务代理的代理权来源》,载《云南大学学报(社会科学版)》2022年第5期。

交易习惯等,相对人无须审查公司意思。①

笔者认为,理论上均认为职权范围限制的含义为公司意思明确规定的限制,应以相对人善意为标准,确定职务代理行为的法律效果,且相对人不负有审查公司决议的义务,但对于是否应审查公司章程,存在争议。关于职务代理人越权行为法律效果的判断方法存在以下观点:1. 根据相对人是否构成善意适用无权代理和表见代理规则;2. 适用代理权无因性和代理权滥用原则确定法律效果的归属。上文已经说明在法定代表人越权行为法律效果的认定中,根据相对人知道或应当知道和适用代理权滥用原则对相对人的主观上构成善意的要求不同,该问题在职务代理人越权行为法律效果归属判断标准的争议中仍然存在,应采用何种标准,也存在疑问。

因此,能够作为规制职务代理人越权行为法律效果的规则为《民法典》第170条第2款,②该问题在规范层面上不存在冲突。但该规定没有明确职权范围限制的含义和相对人是否负有审查义务,也未说明善意的认定标准,需要通过实证研究进一步分析,加以明确。

三、关于公司担保法律效果的理论争议

《担保制度解释》第7条第1款和《九民纪要》第17条规定,应以相对人善意与否作为担保合同能否对公司发生效力的判断标准,但《担保制度解释》第7条第3款将《九民纪要》第18条第2款规定的形式审查改为合理审查。上述规则的不一致,使相对人善意判断的具体标准不明确,理论上关于越权担保的效力、相对人的审查义务存在争议,具体说明如下:

1. 公司越权担保合同效力的判断方法

理论上关于公司越权担保合同效力的判断方法存在不同观点,具体说明如下:

第一,有观点认为,公司越权担保规则仅规范公司内部的法律关系,而不影

---

① 参见冉克平:《论商事职务代理及其体系构造》,载《法商研究》2021年第1期。
② 该款规定:"法人或者非法人组织对执行其工作任务的人员职权范围的限制,不得对抗善意相对人。"

响对外担保合同效力,越权担保的法律效果为公司向非善意的相对人行使抗辩权。①

第二,有观点认为,公司决议效力瑕疵会使公司对外担保合同的效力受到影响,并以相对人善意作为担保合同有效的条件,应由相对人承担举证责任,但没有说明认定公司对外担保合同效力的具体依据。②

第三,有观点认为,公司对外担保合同效力的判断依据为代理规则,且不支持相对人对公司章程、公司决议等内容的审查义务。③

第四,有观点认为,公司对外担保合同效力的判断依据为表见代理规则,同时支持相对人承担审查义务。④

第五,有观点将公司对外担保法律效果的判断区分为确定行为效果是否归属于公司和确定对外担保合同效力两个阶段,但仍然以相对人善意作为判断标准,并将无权代理规则作为认定依据。⑤

第六,有观点认为,越权担保规则属于效力性强制性规定,违反《公司法》第16条将导致对外担保合同无效,但在相对人善意的情况下,对外担保合同有效。实质上仍是根据相对人是否尽到审查义务判断越权担保合同的效力。⑥

第七,有观点侧重于维护交易安全,认为公司章程的规定不能对抗相对人,且不能类推适用代理规则,而应将公司不承担法律效果的情形限缩为代表权滥用和恶意串通。⑦

---

① 参见邹海林:《公司代表越权担保的制度逻辑解析——以公司法第16条第1款为中心》,载《法学研究》2019年第5期。

② 参见李建伟:《公司非关联性商事担保的规范适用分析》,载《当代法学》2013年第3期。

③ 参见曾大鹏:《公司越权对外担保的效力研究——基于法律解释方法之检讨》,载《华东政法大学学报》2013年第5期。

④ 参见最高人民法院民事审判第二庭编著:《〈全国法院民商事审判工作会议纪要〉理解与适用》,北京:人民法院出版社2019年版,第180页;甘培忠、马丽艳:《公司对外担保制度的规范逻辑解析——从〈公司法〉第16条属性认识展开》,载《法律适用》2021年第3期。

⑤ 参见高圣平、范佳慧:《公司法定代表人越权担保效力判断的解释基础——基于最高人民法院裁判分歧的分析和展开》,载《比较法研究》2019年第1期。

⑥ 参见刘俊海:《公司法定代表人越权签署的担保合同效力规则的反思与重构》,载《中国法学》2020年第5期。

⑦ 参见吴越:《法定代表人越权担保行为效力再审——以民法总则第61条第三款为分析基点》,载《政法论坛》2017年第5期。

2. 相对人的善意和审查义务

理论上关于相对人善意的判断和审查义务的内容存在不同观点,具体说明如下:

第一,有观点认为,审查的内容包括公司章程和公司决议,审查的范围限于上述文件是否符合法定形式,不包括对真实性和有效性的审查,由相对人承担其构成善意的举证责任。[①]

第二,有观点认为相对人善意不足以发现公司决议效力瑕疵的事由,似乎表明相对人除对公司章程、公司决议是否符合法定形式进行审查外,还应审查公司决议的有效性。[②]

第三,有观点认为,审查的内容包括公司章程和公司决议,审查的标准为合理审查,而非形式审查。[③]

第四,有观点认为,构成非善意除未审查公司章程和公司决议外,还应包括主观上的明知或重大过失,由公司承担证明相对人非善意的举证责任。[④]

第五,有观点认为,审查的内容为公司章程和公司决议,但形式审查标准应包含对公司决议的真实性和有效性进行审查。[⑤]

第六,有观点侧重于保护公司利益,采用理性人标准和主观标准相结合的方式,为债权人设定较高的注意义务,且认为应由相对人承担举证责任。[⑥]

笔者认为,理论上关于公司越权担保法律效果存在以下争议:

---

① 参见罗培新:《公司担保法律规则的价值冲突与司法考量》,载《中外法学》2012年第6期;梁上上:《公司担保合同的相对人审查义务》,载《法学》2013年第3期;高圣平、范佳慧:《公司法定代表人越权担保效力判断的解释基础——基于最高人民法院裁判分歧的分析和展开》,载《比较法研究》2019年第1期;最高人民法院民事审判第二庭编著:《〈全国法院民商事审判工作会议纪要〉理解与适用》,北京:人民法院出版社2019年版,第182、184页。

② 参见李建伟:《公司非关联性商事担保的规范适用分析》,载《当代法学》2013年第3期。

③ 参见甘培忠、马丽艳:《公司对外担保制度的规范逻辑解析——从〈公司法〉第16条属性认识展开》,载《法律适用》2021年第3期;高圣平:《再论公司法定代表人越权担保的法律效力》,载《现代法学》2021年第6期;刘贵祥:《担保制度一般规则的新发展及其适用——以民法典担保制度解释为中心》,载《比较法研究》2021年第5期。

④ 参见邹海林:《公司代表越权担保的制度逻辑解析——以公司法第16条第1款为中心》,载《法学研究》2019年第5期。

⑤ 参见冉克平:《论公司对外担保合同的效力——兼评〈公司法〉第149条第3款》,载《北方法学》2014年第2期。

⑥ 参见刘俊海:《公司法定代表人越权签署的担保合同效力规则的反思与重构》,载《中国法学》2020年第5期。

　　首先,理论上关于公司越权担保情形下合同效力判断方法的不同观点如下:(1)越权担保不影响合同效力,而产生公司向非善意相对人的抗辩权;(2)根据相对人善意与否判断合同效力,相对人善意的,担保合同有效,相对人非善意导致担保合同无效;(3)适用无权代理和表见代理规则,在不构成表见代理的情况下,担保合同效力待定;(4)《公司法》第16条为效力性强制性规范,违反该规定导致担保合同无效;(5)在代理权滥用和恶意串通情形下,担保合同对公司不发生效力。在上述观点中,公司越权担保且相对人非善意的情况下,担保合同效力分别为有效、无效、效力待定。判断合同效力依据的规则分别为《公司法》第16条、无权代理和表见代理规则、代理权滥用原则和恶意串通规则。根据上述梳理可知,理论的不同观点均根据相对人善意与否判断合同效力,但对于善意认定的标准和合同效力的形态存在较大争议。

　　其次,理论上关于相对人善意和审查义务的内容存在以下不同观点:(1)相对人不负有审查义务;(2)审查的内容为公司章程和公司决议,审查的范围为是否符合法定形式,不包括对真实性和有效性的审查,举证责任由相对人承担;(3)审查的内容为公司章程和公司决议,审查的范围为法定形式和有效性;(4)审查的内容为公司章程和公司决议,审查的标准为合理审查;(5)构成非善意需要满足未审查公司章程和公司决议,以及主观上的明知和重大过失,由公司承担举证责任;(6)审查的内容为公司章程和公司决议,审查的范围包括法定形式、真实性和有效性;(7)采用理性人标准和主观标准相结合的注意义务标准审查公司章程和公司决议,举证责任由相对人承担。

　　在上述认为相对人应负担审查义务的不同观点中,均认为审查的内容包括公司章程和公司决议,但存在以下争议:

　　(1)审查的标准分为形式审查和合理审查,形式审查为确定符合法定形式、有效性和真实性。(2)有观点认为举证责任应由相对人承担,也有观点认为举证责任应由公司承担。(3)关于相对人构成非善意的标准存在以下争议:相对人主观上故意或重大过失,不构成善意;相对人的注意义务为一般注意义务;采用理性人标准和主观标准相结合的方法判断相对人是否履行注意义务。所以,理论上关于相对人善意的判断和审查义务的内容、范围、标准也存在较大争议。

　　笔者认为,理论上关于公司越权担保合同效力的判断方法、相对人善意的判断和审查义务存在争议的部分原因是立法的改变,有必要结合现行法的具体

规则进行分析,具体说明如下:

其一,《公司法》第 16 条第 1 款没有规定越权担保的合同效力,也未对确定法律效果归属的方法、相对人善意和审查义务等内容进行规定,应由其他规则或司法裁判对上述问题进行填补,但该规定说明授权公司对外担保的方法,即依照公司章程作出公司决议,该内容可以表明公司章程和公司决议是公司对外担保法律效果认定中的重要考量因素。

其二,根据《九民纪要》第 17 条和《担保制度解释》第 7 条第 1 款,判断担保合同效力的依据为相对人在订立合同时是否善意,相对人善意,担保合同有效。在相对人非善意的情况下,《九民纪要》第 17 条规定合同无效,《担保制度解释》第 7 条第 1 款第 2 项规定担保合同对公司不发生效力,笔者认为,这两个规定中合同效力的含义应作相同解释,即上述规定中的无效是对公司相对无效,但后者的表述更为准确,原因在于:《九民纪要》第 17 条规定,确定法律效果的规范基础是《民法典》第 504 条,该规则规定越权代表行为有效的法律效果是对公司发生效力,采用反对解释,相对人非善意的法律效果是对公司不发生效力;《民法典》第 504 条仅从正面角度规定相对人善意时对公司发生效力,没有类似《民法典》第 171 条第 3 款规定的无权代理未被追认情形下应由行为人履行债务,说明《民法典》第 504 条规定的内容并非无权代理规则,不应由公司追认确定合同效力,而认定担保合同的效力形态是效力待定;《担保制度解释》第 7 条第 1 款第 2 项规定应参照该司法解释第 17 条的有关规定,《担保制度解释》第 17 条第 1 款规定的赔偿责任的适用条件为担保合同无效,所以,相对人非善意情形下参照的规则为担保合同无效的法律效果,说明该司法解释中对公司不发生效力与无效两种表述所包含的法律效果相同;相对人非善意情形下的具体法律效果为《担保制度解释》第 17 条规定的担保人承担不超过债务人不能清偿部分二分之一的责任等内容。根据上述规定,债权人非善意情形下法律效果的内容是明确的,不会因规则中无效的表述,而认定应适用《民法典》第 157 条规定的法律行为无效的法律效果。所以,在准确适用法律的情况下,《九民纪要》第 17 条规定的无效与《担保制度解释》第 7 条第 1 款第 2 项规定的对公司不发生效力的含义不存在本质区别,两者的区别仅为后者的表述更为准确,为保持现行法中法律概念含义的一致,通常情况下,无效的含义应以《民法典》第 153 条和第 157 条中规定的无效为准,将《九民纪要》第 17 条规定的无效解释为对公司不发生效力,更为合理。所以,现行法中公司担保合同效力的判断依据(相对人善意)和合同效力形态均较为明确。

其三,根据《九民纪要》第 18 条第 1 款,[①]举证责任由相对人承担较为明确。有观点认为,上述规定中的公司决议的内容符合公司章程,表明为相对人设置审查公司章程的义务。[②] 但《九民纪要》第 18 条第 1 款同时规定公司证明债权人明知公司章程明确规定决议机构,不构成善意。笔者认为,综合考察上述规则,可以得出相对人不负有审查公司章程的义务,因为如果认为相对人应审查公司章程,相对人必然知道公司章程关于公司担保的规定,无须由公司证明相对人明知公司章程规定的担保决议机构,认定不构成善意,所以,《九民纪要》第18 条第 1 款应解释为相对人对公司决议进行审查,且在决议中规定该决议为依照章程作出,更符合上述规则体系。《担保制度解释》第 7 条第 3 款规定,相对人证明对公司决议的内容进行合理审查,应认定为构成善意。根据上述规定,应由相对人承担举证责任,明确规定的审查内容同样为公司决议。《九民纪要》第 18 条第 1 款与《担保制度解释》第 7 条第 3 款关于举证责任和审查内容的规定较为一致。上文已经说明,理论上的不同观点均认为相对人审查的内容应包含公司章程和公司决议,与现行法的不同规定明显不一致,如何界定债权人的审查内容,存在疑问。

其四,《九民纪要》第 18 条第 2 款规定,债权人的审查标准为形式审查,审查的内容不包括公司决议的有效性和真实性。笔者认为,上述审查标准较为明确,应将形式审查的含义界定为限于审查是否符合法定形式,理论上认为形式审查应包含有效性,或有效性和真实性。《担保制度解释》第 7 条第 3 款规定,相对人的审查标准为合理审查,其规定的应由公司证明决议是伪造、变造,说明相对人无须审查公司决议的真实性,由于伪造变造的决议应根据《公司法解释(四)》第 5 条第 1 项认定为决议不成立,所以,相对人也不承担审查该情形的有效性,但相对人是否负有审查其他情形导致的效力瑕疵,则存在疑问。根据上述规范分析可知,现行法将相对人善意作为判断合同效力的标准,对合同的效

---

① 该款规定:"只要债权人能够证明其在订立担保合同时对董事会决议或者股东(大)会决议进行了审查,同意决议的人数及签字人员符合公司章程的规定,就应当认定其构成善意,但公司能够证明债权人明知公司章程对决议机关有明确规定的除外。"

② 参见高圣平:《再论公司法定代表人越权担保的法律效力》,载《现代法学》2021 年第 6 期。

力形态规定较为一致和明确,对举证责任和审查内容的规定也较为一致,但关于审查内容的规定与理论上的不同观点存在差异,关于审查标准的规定也明显存在冲突。

因此,我们通过分析现行法的不同规则可以对公司担保合同的效力、形式标准的内容、举证责任、相对人应负担审查义务等理论上存在争议的问题进行明确,但对于如何确定审查内容、审查标准等问题,仍然存在疑问。这些问题均有必要进一步通过实证分析进行明确。

第二节　公司代理行为法律效果的实证分析

上文已经完成了对法定代表人越权行为的法律效果、职务代理人越权行为的法律效果、公司越权担保行为的法律效果三个问题的理论研究进行梳理,并明确了理论上不同观点的争议和现行法不同规则的冲突,接下来应在此基础上分别对实践中法院对上述问题的不同观点进行梳理,笔者在下文将继续按照上文的分析顺序依次对公司代表、公司职务代理、公司对外担保法律效果的司法实践现状进行整理。

在下文的分析中,笔者以法律规则为依据检索案例,并对样本案例进行整理和统计,采用实证研究方法的依据如下:首先,法院认定的公司代理主体和公司代理行为存在多种类型,对一定规模的样本案例进行完整考察,可以总结出实践中法院认定的公司代理主体范围和公司代理行为。其次,对样本案例进行整理和统计,能够全面梳理实践中法院采用的法律效果认定方法。而仅列举部分典型案例则无法达到上述效果。再次,对不同类别的样本案例中法院支持和不支持公司承受法律效果的案例数量进行比较,可以从整体上得出法院采用认定相对人善意标准的宽严程度。最后,在下文的案例整理和分析部分中,笔者将说明涉及不同情形的案例数量。

一、公司代表的法律效果实证分析

笔者以《民法典》第 61 条第 3 款为依据在"北大法宝"网站上检索案例,选取由高级人民法院和最高人民法院审理的民事案件,并排除涉及认定法定代表人越权担保法律效果的案例。经过上述筛选,在样本案例中,法院认定法定代表人行为法律效果的案例有 65 件,其中,法院认定公司承受法定代表人行为法律效果的案例有 61 件,法院认定公司不承受法定代表人行为法律效果的案例有 4 件。[①] 具体说明如下:

1. 公司承受法定代表人行为法律效果案例中的不同观点

在法院认定公司应承受法定代表人行为的法律效果的案例(61 件)中,存在以下不同观点:

第一,法院没有说明公司应承受法律效果的具体理由,直接将法定代表人的行为认定为公司行为,并说明公司应证明相对人非善意(36 件)。包含如下情形:法定代表人与施工方订立合同,支付工程款等法律效果由公司承担;[②]法院认为,法定代表人以公司名义从事民事活动,或以公司名义订立合同并加盖公司印章,公司无法证明相对人非善意,法律效果由公司承受;[③]法定代表人在商品房买卖合同上签名和加盖公司公章的行为是双方当事人的真实意思表示,应由公司履行转让房屋所有权义务;[④]法定代表人以公司名义订立船艇销售合同,法律效果由公司承担;[⑤]法定代表人自认未竣工的原因,或者自认合同或公证书真实,由公司承受法律效果;[⑥]法定代表人在对外分包工程施工合同上签字,应视为公司的意思表示,公司未提交证据证明相对人非善意,应被认定为建

[①]　本书所引用的案例均来源于"北大法宝"网站,网址:https://www.pkulaw.com/law? isFromV5 = 1,该问题检索截止时间:2022 年 10 月 31 日。

[②]　参见河北省高级人民法院(2019)冀民终 485 号民事判决书;甘肃省高级人民法院(2021)甘民终 409 号民事判决书。

[③]　参见甘肃省高级人民法院(2021)甘民申 2705 号民事裁定书;云南省高级人民法院(2018)云民申 951 号民事裁定书;贵州省高级人民法院(2019)黔民终 440 号民事判决书;内蒙古自治区高级人民法院(2019)内民终 215 号民事判决书;中华人民共和国最高人民法院(2020)最高法民申 2370 号民事裁定书;贵州省高级人民法院(2019)黔民终 6 号民事判决书;中华人民共和国最高人民法院(2020)最高法民申 2539 号民事裁定书;中华人民共和国最高人民法院(2020)最高法民再 22 号民事判决书;中华人民共和国最高人民法院(2018)最高法民申 3010 号民事裁定书;新疆维吾尔自治区高级人民法院伊犁哈萨克自治州分院(2022)新 40 民终 344 号民事判决书;福建省高级人民法院(2021)闽民申 3241 号民事裁定书。

[④]　参见甘肃省高级人民法院(2020)甘民终 562 号民事判决书。

[⑤]　参见山东省高级人民法院(2021)鲁民终 1666 号民事判决书。

[⑥]　参见辽宁省高级人民法院(2022)辽民终 374 号民事判决书;北京市高级人民法院(2022)京民申 2332 号民事裁定书;北京市高级人民法院(2020)京民终 248 号民事判决书。

设施工合同的承包人;①法定代表人以公司名义出具欠条,法律效果应由公司承担;②法定代表人在借款人为公司的欠条上签字,且购买的煤炭实际交付给公司,应由公司承受法律效果;③法定代表人在还款计划上签字,对还款时间进行变更,法律效果由公司承担;④法定代表人以公司名义向债权人借款,所借款项用于公司经营,公司应对债权人承担相应的还款责任;⑤行为人以法定代表人身份在合作协议上签字属于履行职责的行为,法律效果应由公司承担;⑥法定代表人与相对人订立商品房买卖等合同,相对人有理由相信法定代表人的行为代表公司;⑦合同的内容为公司继续承担连带保证责任至借款本息全部付清之日,即对公司基于另一合同承担的保证责任加以明确。法院认为,合同虽未加盖公司印章,但法定代表人在合同上签字,相对人有理由相信其行为对公司有约束力;⑧法定代表人签署商铺租赁合同为代表公司从事民事活动,应由公司承担法律效果;⑨法定代表人对合同事项进行结算,由公司承担法律效果;⑩公司没有证明相对人知道或应当知道法定代表人在结算单或授权委托书上签字的行为是代表其个人的行为,法定代表人签字确认的法律效果应由公司承受;⑪法定代表人出具承诺函,内容为按时交付车辆,法院认为,虽然未加盖公司公章,但经法定代表人签字确认,应由公司承受法律效果。⑫

第二,法院认定在特殊情形下公司应承受形式上法定代表人以其个人名义

---

① 参见河北省高级人民法院(2018)冀民申 8903 号民事裁定书。

② 参见新疆维吾尔自治区高级人民法院伊犁哈萨克自治州分院(2020)新 40 民再 50 号民事判决书;新疆维吾尔自治区高级人民法院伊犁哈萨克自治州分院(2019)新 40 民终 1125 号民事判决书。

③ 参见广西壮族自治区高级人民法院(2021)桂民申 418 号民事裁定书。

④ 参见北京市高级人民法院(2021)京民终 18 号民事判决书。

⑤ 参见辽宁省高级人民法院(2020)辽民终 1229 号民事判决书。

⑥ 参见河南省高级人民法院(2019)豫民再 126 号民事判决书。

⑦ 参见甘肃省高级人民法院(2021)甘民申 2710 号民事裁定书;中华人民共和国最高人民法院(2020)最高法民申 2319 号民事裁定书;中华人民共和国最高人民法院(2018)最高法民申 4434 号民事裁定书。

⑧ 参见河北省高级人民法院(2018)冀民终 534 号民事判决书;河北省高级人民法院(2018)冀民终 519 号民事判决书。

⑨ 参见新疆维吾尔自治区高级人民法院(2020)新民申 234 号民事裁定书。

⑩ 参见陕西省高级人民法院(2021)陕民再 152 号民事判决书。

⑪ 参见新疆维吾尔自治区高级人民法院伊犁哈萨克自治州分院(2019)新 40 民终 2065 号民事判决书;新疆维吾尔自治区高级人民法院伊犁哈萨克自治州分院(2020)新 40 民终 428 号民事判决书;新疆维吾尔自治区高级人民法院伊犁哈萨克自治州分院(2020)新 40 民终 37 号民事判决书。

⑫ 参见北京市高级人民法院(2022)京民终 83 号民事判决书。

所为行为的法律效果(2件)。具体说明如下:法定代表人以个人名义与相对人订立民间借贷合同,公司承认该款项用于公司购买生产设备、支付油料款等支出,法院以法定代表人以个人名义与出借人订立民间借贷合同,所借款项用于公司生产经营,公司与法定代表人应承担连带责任为由,认定公司应承担还款义务;①法院认为,认定法定代表人是否以法人名义从事民事活动,不应简单从文字的表述中是否出现法人的名称以及是否加盖法人的公章等方面进行判断,而应从行为本身的内容和性质进行分析判断,本案中与相对人存在建设工程施工关系的主体为公司,再结合法定代表人代表公司与相对人订立合同、通过法定代表人个人账户付款等事实,法定代表人出具对建设工程进行结算的承诺书的法律效果应由公司承受。②

第三,法院明确说明公司章程、公司决议等公司意思的限制不具有对抗第三人的效力,未审查公司内部限制的第三人构成善意(17件)。具体说明如下:公司章程或股东会对法定代表人的代表权的限制,不能对抗善意相对人,法定代表人的行为应被视为公司行为,由公司承担法律效果,法定代表人签字和加盖公司公章的行为,对公司有约束力;③法定代表人与相对人订立合同转让公司股权,法院认为,无论法定代表人是否取得公司授权,公司无法证明相对人非善意,应承受法定代表人行为的法律效果;④借款协议由法定代表人签字并加盖公司印章,相对人对法定代表人的权力外观形成的合理信赖,应当予以保护。涉案借款行为是否需要股东会授权,法定代表人是否超越权限等事项属于公司内部治理问题,不能对抗善意相对人;⑤法定代表人签章合同的内容是公司为控股子公司支付债务,法院认为,虽然公司主张涉案合同未经董事会或股东会同意不产生效力,但债权人有理由相信合同为公司真实的意思表示,在订立合同时已经尽到了注意义务,属于善意相对人;⑥法定代表人在出借人处写明用于公司生产经营,并加盖公司公章,应认定为公司的行为,公司不能以法定代表人的内

---

①　参见云南省高级人民法院(2020)云民终 1360 号民事判决书。
②　参见海南省高级人民法院(2021)琼民申 375 号民事裁定书。
③　参见辽宁省高级人民法院(2019)辽民再 73 号民事判决书。
④　参见中华人民共和国最高人民法院(2019)最高法民申 1783 号民事裁定书。
⑤　参见新疆维吾尔自治区高级人民法院(2020)新民申 317 号民事裁定书。
⑥　参见中华人民共和国最高人民法院(2021)最高法民申 2775 号民事裁定书。

部职权限制对抗善意第三人,其应承担还款责任;①加盖公章并由法定代表人签字的对外借款行为应认定为公司的行为,公司章程关于对外借款应经股东会决议的规定不能对抗善意相对人;②法定代表人签字解除合同的法律效果应由公司承受,因公司无法证明相对人对公司内部的限制性规定知情,其主张法定代表人的行为未得到董事会或股东会的授权,对公司不发生效力,不应得到支持;③法院认为,法定代表人使用的公章与公司备案的公章不符,不足以否定其代表权,审查公章与备案是否一致,已经超越了合理的审查范围,公司以法定代表人未经董事会授权、使用的公章是假章、用个人账户收取款项、所借款项非用于公司经营,主张不承担法律效果,不应得到支持;④法定代表人以公司名义订立借款合同或建设施工合同,公司主张法定代表人加盖的印章为其私刻,但公司无法证明相对人在订立合同时明知法定代表人无权代表或具有重大过失,应承担法定代表人行为的法律效果;⑤法定代表人以公司名义达成调解协议或租赁合同的法律效果由公司承受,公司虽然主张法定代表人的行为违反公司章程和议事规则,或主张法定代表人没有对外订立合同的权限,但无法证明相对人在合同成立时具有恶意,其有理由相信法定代表人有权代表公司订立合同;⑥公司章程规定重大合同的订立应经董事会一致同意,法定代表人超越公司章程规定的权限,但由于董事会决议属于公司内部决策机制,公司无法证明相对人知道法定代表人超越权限,应承受法律效果。⑦

第四,在有些案件中,相对人非向公司直接履行合同义务,法院直接以加盖公章为由认定应由公司承受法律效果(3件)。具有如下情形:法院认为,虽然相对人将借款转入法定代表人的个人账户,法定代表人在借条上加盖公司印章

---

① 参见江西省高级人民法院(2020)赣民申 1043 号民事裁定书。

② 参见江西省高级人民法院(2019)赣民终 63 号民事判决书;江西省高级人民法院(2019)赣民终62 号民事判决书;江西省高级人民法院(2019)赣民终 64 号民事判决书。

③ 参见湖北省高级人民法院(2019)鄂民终 976 号民事判决书;青海省高级人民法院(2020)青民终 147 号民事判决书;中华人民共和国最高人民法院(2021)最高法民申 2126 号民事裁定书。

④ 参见广东省高级人民法院(2019)粤民再 264 号民事裁定书。

⑤ 参见中华人民共和国最高人民法院(2018)最高法民再 302 号民事判决书;广西壮族自治区高级人民法院(2021)桂民终 345 号民事判决书。

⑥ 参见新疆维吾尔自治区高级人民法院生产建设兵团分院(2020)兵民申 19 号民事裁定书;山东省高级人民法院(2020)鲁民申 907 号民事裁定书。

⑦ 参见河南省高级人民法院(2019)豫民终 1110 号民事判决书。

的行为是以公司名义从事民事活动,产生的法律效果应由公司承担,公司以款项未打入其账户不予承担责任的理由,不能得到支持;[①]法定代表人以自己的名义借款,同时在借条上签名,以公司的名义作出担保,并加盖公司公章,法院认为应由公司承担还款责任。[②]

第五,在有些案例中,行为人除表明法定代表人身份外,还出具了公司的委托书(2 件)。例如,法定代表人以公司的名义向相对人借款,并出具借条和委托书,相对人以双方约定的方式将借款汇入指定账户,借贷关系在公司和相对人之间成立。[③]

第六,在有的案例中,法院说明相对人负有根据工商登记信息核实法定代表人身份的形式审查义务(1 件):法院认为,虽然行为人提交虚假材料骗取工商变更登记,以欺骗手段成为公司法定代表人,但工商登记对外具有公示效力,相对方核实工商登记信息即尽到形式审查义务,可认定为善意,应由公司承担还款义务。[④]

2. 公司不承受法定代表人行为法律效果案例中的不同观点

在法院认定公司不应承受法定代表人行为法律效果的案例(4 件)中,存在以下不同观点:

第一,法定代表人向债权人出具的借条中借款人的落款为其个人,在数月之后,法定代表人在借条上增加所借款项用于支付公司因民间借贷产生的利息。法院认为,法定代表人以个人名义代表公司借款,却没有加盖公司印章,代表行为的真实性有待确认,且该借款为法定代表人个人使用。债权人没有证明其在出借过程中尽到审慎核实义务,不能认定为善意相对人;[⑤]法院认为,在借款发生时,法定代表人没有以公司名义借款,也没有加盖公司印章,借款的用途未载明用于公司经营,且法定代表人以个人财产提供担保,不符合由公司承受

---

① 参见新疆维吾尔自治区高级人民法院伊犁哈萨克自治州分院(2022)新 40 民终 1140 号民事判决书;甘肃省高级人民法院(2020)甘民申 524 号民事裁定书。

② 参见陕西省高级人民法院(2020)陕民申 35 号民事裁定书。

③ 参见湖南省高级人民法院(2018)湘民申 2332 号民事裁定书;湖南省高级人民法院(2018)湘民申 2331 号民事裁定书。

④ 参见甘肃省高级人民法院(2020)甘民终 269 号民事判决书。

⑤ 参见重庆市高级人民法院(2019)渝民申 2328 号民事裁定书。

越权行为法律效果的适用条件。① 在上述案件中,法院认定相对人在订立合同时未尽到注意义务,不构成善意,所采用的参考因素包括法定代表人以个人名义借款,借款非用于公司,没有加盖公司印章,法定代表人以个人财产提供担保等(2 件)。

第二,法院认为,债权人主张行为人以法定代表人身份签字,但其在订立合同时未核实公司名称、法定代表人身份等基本信息,数月之后才知道公司的相关信息。情形不合理,也无法认定债权人尽到合理审查。债权人发出的催款函虽然被加盖公司印章签收,但签收人非公司员工,也无证据证明其获得加盖公司印章的授权,催款函是否经公司确认的事实也存疑。上述情形不足以证明公司与债权人达成借款合意。② 在该案中,法院以债权人订立合同时未审查公司情况和催款函被非公司员工加盖公司印章签收等事实,无法证明与公司达成合意为由,认定公司不应承受法定代表人行为的法律效果。笔者认为,在该案中,法院的观点能够反映以下问题:(1)债权人已经证明在当事人的法律关系中,存在法定代表人身份、公司公章等形式要件,而法院认为债权人提供的证据不足以证明其主张,说明其认定善意的举证责任应由债权人承担;(2)法院以签收人非公司员工且未经授权为由认定债权人没有尽到合理审查义务,说明债权人有必要核实行为人与公司之间是否存在授权关系;(3)法院既说明了债权人在订立合同时未尽到合理审查又根据催款函的签收情况说明债权人不构成善意,表明其认为善意的判断应不限于订立合同时。由此产生的疑问是债权人善意判断的时点应为订立合同时,还是应贯穿于合同履行的整个阶段(1 件)。

第三,法院认为,根据债权人提交的对账单显示借款人为法定代表人,而非公司,且债权人向法定代表人催告欠款,法定代表人对贷款的结算是通过其个人账户和其他公司账户进行支付。法定代表人将其他公司债务并入公司结算,已经超出其职权范围,应视为法定代表人的个人行为,不能对公司发生效力。③ 在该案中,法院综合考虑合同的订立和履行情况,以法定代表人以个人名义借款以及还款义务由法定代表人和其他公司实际履行为由,认定法定代表人借款

---

① 参见河南省高级人民法院(2020)豫民申 1102 号民事裁定书。
② 参见四川省高级人民法院(2020)川民再 329 号民事判决书。
③ 参见河南省高级人民法院(2020)豫民申 394 号民事判决书。

行为对公司不发生效力(1件)。

3.关于法院不同观点的分析

笔者认为,法院有关公司代表法律效果认定的不同观点,能够反映出以下问题:

第一,在样本案例中,法定代表人的行为存在多种类型,包括订立建设施工合同、商品房买卖合同、船艇销售合同、租赁合同、借款合同、合作合同、股权转让合同,自认合同或公证书为真实,自认未竣工原因,在欠条、还款计划上签字,确认公司保证责任,结算合同事项,授予代理权,出具承诺函,偿还子公司债务,解除合同,达成调解协议等。在上述不同情形中,法院采用相同的判断方法、认定标准和举证责任,说明除法律明确规定应形成公司担保决议等情形外,法定代表人不同行为法律效果的判断标准相同。

第二,在样本案例中,法院认定法定代表人行为的法律效果应由公司承受的案例有61件,而认定法定代表人行为的法律效果不能归属于公司的案例只有4件,从上述各类样本案例的数量,能够得出:实践中,绝大多数法院倾向于将法定代表人行为的法律效果归属于公司。为明确法院如何进行裁判,应对各类案件中法院的不同观点进行分析。

第三,在法院认定应由公司承受法律效果的案例中,存在以下情形:

其一,有些法院直接说明法定代表人行为的法律效果应由公司承担,虽然部分法院对第三人善意和举证责任进行说明,但没有说明法定代表人的行为是否越权(36件)。笔者认为,《民法典》第504条规定的相对人知道或应当知道的判断,应在法定代表人超越权限的情形下发挥作用,而在法定代表人未越权的情形下,不涉及相对人善意的判断问题,所以,在这些案例中,法院未对越权问题进行说明,应将法院的做法解释为,以法定代表人的行为符合权限为由,认定其行为的法律效果由公司承担,对善意和举证责任进行说明不具有实际意义。

其二,有些法院说明公司章程、公司决议等公司内部限制不能对抗善意相对人(17件)。在这些案例中,公司主张法定代表人的行为超越权限,部分法院对公司章程、公司决议的内容以及备案的公章进行审查,认定法定代表人超越章程、决议规定限制或加盖假的公司印章,但以相对人善意为由,不支持公司的主张。部分法院则在考察后得出公司无法证明存在内部限制,并说明即使公司对法定代表人的权限进行限制,也无法对抗相对人。在前一种情形法院采用认定越权和相对人善意的裁判路径,在后一种情形法院实际上认定不构成越权,说明相对人善意的作用仅为增强裁判结果的说服力。需要说明的是,实践中有些法院认定不能对抗相对人的公司代理行为范围依据为董事会决议,说明法院对股东会决议和董事会决议对法定代表人权力的限制采用相同的认定标准,《民法典》第 61 条第 3 款规定的权力机构对法定代表人代表权的限制,不能对抗善意相对人,也应适用董事会决议。

其三,在大多数案件中,仅表明法定代表人的身份即可产生由公司承担法律效果的作用(60 件),有些法院说明相对人可以信赖法定代表人工商登记(1件)。笔者认为,相对人与工商登记的法定代表人形成法律关系,应由公司承受法律效果,原因在于:根据《民法典》第 65 条、《公司法》第 13 条、《市场主体登记管理条例》第 24 条第 1 款,公司变更法定代表人,应当自决议作出之日起 30日内申请变更登记。根据上述规定,因工商登记公示法定代表人产生对抗效力,在法定代表人变更但未登记的情况下,工商登记的法定代表人与实际的法定代表人不一致。相对人可以信赖工商登记产生的权利外观,应保护相对人的善意,使公司承受法律效果。

其四,有的法院说明法定代表人出具公司授权(2 件)。笔者认为,仅需具备法定代表人身份即可实现由公司承受法律效果,出具授权的作用是对法定代表人的权限范围进行明确。

其五,在有些案例中,法院对加盖公司印章进行说明(3 件),但仅具有法定代表人签字,甚至加盖私刻公章的行为被认定为由公司承受法律效果(58 件),说明法定代表人签字即可构成公司代理行为,加盖印章并非必要。

其六,在多数案例中,法定代表人以公司名义实施公司代理行为(59 件)。在法定代表人以自己名义实施法律行为的案例中,法院根据司法解释的特殊规定,[①]和参考行为的内容和性质,认定由公司承受法律效果(2 件)。笔者认为,上述法院的做法值得支持,以公司名义订立合同的行为均应为公司代理行为,

---

① 《最高人民法院关于审理民间借贷案件适用法律若干问题的规定》第 22 条第 2 款规定:"法人的法定代表人或者非法人组织的负责人以个人名义与出借人订立民间借贷合同,所借款项用于单位生产经营,出借人请求单位与个人共同承担责任的,人民法院应予支持。"

除此之外,法院应根据立法和依照具体情形解释的当事人真实意思表示,将法定代表人以个人名义订立合同的行为解释为行使职权,认定该行为对公司发生效力。

其七,理论上认为法定代表人越权情形下相对人善意的判断时间应为订立合同时。[1] 笔者认为,应以法定代表人与相对人形成法律关系时作为相对人善意的判断时点,原因在于:合同权利义务的内容和当事人应在合同成立时确定,合同的履行仅为合同权利义务的实现方式,在公司代表法律关系中,涉及公司应否承受法定代表人行为的法律效果,如果将合同履行阶段纳入相对人善意的考察范畴,法定代表人和相对人可以通过改变履行方式,使原本因相对人善意应由公司承受法律效果的行为转变为对公司不发生效力,公司也可在履行阶段通过告知相对人法定代表人越权,使其不承担因原本应承受的法律效果,两种情形分别对公司和相对人明显不利。将法定代表人与相对人的法律关系形成时作为后者善意判断的时点则可平衡各方当事人的利益。

在非以公司名义订立合同的情形下,也应根据相对人在订立合同时是否产生由公司承受法律效果的信赖为依据认定善意。例如,在法定代表人以自己名义借款的情形下,法定代表人应明确说明或根据双方当事人的交易习惯可以确定,借款用于公司经营,才能使公司承受法律效果。有些法院将法定代表人以个人名义借款并由其个人账户收取款项,以及法定代表人以个人名义借款并将公司作为保证人的行为认定为对公司发生效力,笔者认为,在上述情形中,相对人订立合同时不具有合理信赖,不应由公司承担法律效果。

第四,在法院认定应由公司承受法律效果的案例中,法院对以下问题进行明确:(1)在法院说明举证责任的案例中,均认定由公司承担举证责任;(2)法院均认定相对人不负有审查公司章程、公司决议、公司公章真假等义务;(3)有些法院说明善意为合理信赖,有些法院说明善意为不具有重大过失。笔者认为,上述判断标准只是表述不同,不存在本质区别,因为从整体上看,法院认定构成善意的要求较低,能够确定以法定代表人身份实施公司代理行为,即被推定为构成善意。

第五,在法院认为不应由公司承受法律效果的案例中,法院对以下问题加

---

① 参见黄薇:《中华人民共和国民法典总则编解读》,北京:中国法制出版社 2020 年版,第 182 页。

以明确:(1)法院认定对公司不发生效力的理由包括法定代表人非以公司名义进行借款,且借款没有用于公司经营;法定代表人仅表明其身份,没有以公司名义行为。上述理由均为根据法定代表人行为本身的特点认定对公司不发生效力,并不涉及审查公司内部意思等确定是否越权的问题。从法院的不同观点中可以得出相对人不负有审查公司章程、公司决议等内容的义务(2件)。(2)有的法院认为举证责任应由相对人承担。(1件)笔者认为,由公司承担相对人非善意的举证责任更为合理,原因在于:《民法典》第504条规定善意为相对人不知道也不应当知道,从上述规定中可以看出,相对人不具有积极证明的内容,只需表明自身不知道即可,由公司证明相对人知道或应当知道,更符合举证责任的特点;越权的含义为超越公司内部的权限规定,在相对人对公司章程、公司决议等内容不负有审查义务的情况下,通常无从知晓权限规定。既然相对人构成非善意的主要方式为由公司告知权限内容,由公司证明其完成告知更容易实现。公司承担举证责任,符合当事人利益的平衡。(3)有的法院将合同履行阶段的情形作为判断善意的依据。(1件)上文已经说明应将合同订立时作为判断善意的时点,法院的上述观点不合适。

二、公司职务代理的法律效果实证分析

笔者以《民法典》第170条第2款为依据,在"北大法宝"网站上检索案例,选取高级人民法院和最高人民法院审理的民事案例,并排除公司对外担保的案例。经过筛选,在样本案例中,涉及法院认定职务代理人法律效果的案例有80件,其中,法院认定应由公司承受法律效果的案例有60件,法院认定不应由公司承受法律效果的案例有20件。[①] 具体说明如下:

1. 法院认定应由公司承受法律效果案例中的不同观点

在法院认定应由公司承受法律效果的案例(60件)中,存在以下不同观点:

第一,在有些案例中,法院说明职务代理人的职位,加盖公司印章,订立合同的目的是用于公司经营,履行职务的具体行为,曾经履行职务的情况等内容,认定公司应承受法律效果,或者,直接说明职务代理人为原法定代表人或根据

---

① 该问题检索截止时间:2022年10月31日。

职务代理人的具体职位,认定公司应承担法律效果(27 件)。包含如下情形:法院认为,行为人是分公司负责人,出具加盖公司公章的借据,并将涉案借款用于偿还分公司的债务,该借款的法律效果应由公司承担;①行为人是公司的现场管理人,与相对人订立劳务合同,应由公司支付报酬;②行为人是公司现场工作人员,签字确认行为是对工程量现场情况的确认,为履行职务的行为,相对人不负有审查职权范围限制的注意义务;③行为人是现场负责人,工作受公司安排,以公司名义达成调解协议,为履行职务的行为,对公司具有约束力;④行为人为公司的市场总监,对外沟通洽谈工作为履行职务,以公司的名义订立策划合同,对公司发生效力;⑤行为人为公司信贷员,出具收条为其职务行为;⑥行为人为项目负责人,借款在其职权范围内,以公司名义实施法律行为构成职务代理,对公司发生效力;⑦行为人为项目负责人,在分包结算书上加盖项目部印章,应由公司支付工程款和利息;⑧行为人为涉案工程的工作人员,在付款承诺书上加盖项目部印章的行为是职务行为,对公司发生效力;⑨行为人是公司的执行董事,将已经缴纳的保证金转为承租商铺的保证金的行为是其职务行为;⑩公司竣工验收后,行为人与承包人对工程款进行审计结算,或对承揽合同项下设备进行验收,为职务行为,应由公司支付工程款或价款;⑪行为人在公司承包的工程中负责购买施工材料,因施工需要购买沙子、出具欠条的行为是职务行为,应由公司

---

① 参见湖北省高级人民法院(2018)鄂民申 2551 号民事裁定书;湖北省高级人民法院(2018)鄂民申 2549 号民事裁定书。

② 参见湖北省高级人民法院(2021)鄂民申 5745 号民事裁定书。

③ 参见陕西省高级人民法院(2021)陕民申 2736 号民事裁定书;山东省高级人民法院(2019)鲁民申 1603 号民事裁定书。

④ 参见四川省高级人民法院(2020)川民申 5152 号民事裁定书;四川省高级人民法院(2020)川民申 5153 号民事裁定书。

⑤ 参见北京市高级人民法院(2019)京民终 120 号民事判决书;北京市高级人民法院(2019)京民终 96 号民事判决书。

⑥ 参见辽宁省高级人民法院(2019)辽民申 388 号民事裁定书。

⑦ 参见江西省高级人民法院(2017)赣民终 405 号民事判决书。

⑧ 参见辽宁省高级人民法院(2019)辽民申 1064 号民事判决书。

⑨ 参见重庆市高级人民法院(2019)渝民申 3330 号民事裁定书。

⑩ 参见广西壮族自治区高级人民法院(2020)桂民终 1696 号民事判决书。

⑪ 参见安徽省高级人民法院(2019)皖民申 3245 号民事裁定书;四川省高级人民法院(2018)川民申 3269 号民事裁定书。

支付货款;①行为人挂靠在公司,以公司营业部的名义施工,行为人与相对人订立建材租赁合同的行为是职务代理行为,法律效果由公司承担;②公司的业务销售人员收取相对人的预付款是正常履职行为;③公司原法定代表人对其在职期间经手的合同事项进行结算,应认定为公司与相对人进行结算,由公司承担还款责任;④行为人是公司涉案项目负责人,收取保证金是其履职行为;⑤行为人是公司的工作人员,在货物清单和销售凭证上签字属于职务行为,法律效果应由公司承担;⑥法院认为,公司与行为人订立劳动合同,说明行为人是公司的员工,行为人曾就涉案工程所欠款项代表公司进行结算,足以印证行为人有收取货物、进行结算的职权,行为人以公司的名义出具借据的行为是履行职务的代理行为,应由公司承担还款责任;⑦行为人是公司的工作人员,结合公司与相对人长期存在业务往来的事实,行为人以公司名义出具欠条或进行结算的行为为职务行为;⑧行为人是公司的副总经理和工程项目经理,在工程款支付报表上签名为职务行为,对公司发生效力。⑨

第二,在有些案例中,法院说明股东身份,职务代理人的职位、履行职务的具体行为,公司履行合同情况,公司与相对人存在业务往来等内容,并对相对人产生合理信赖进行说明,法院认定应由公司承担举证责任(15 件)。具体说明如下:行为人是公司的施工现场负责人,以公司代理人的身份出席会议,订立合同,相对人有理由相信行为人作为工地负责人有权代理公司订立合同;⑩行为人为公司财务人员和项目经理,相对人有理由相信对账行为为履行职务,构成职

---

① 参见山东省高级人民法院(2021)鲁民申 9004 号民事裁定书。

② 参见甘肃省高级人民法院(2021)甘民申 1601 号民事裁定书。

③ 参见山东省高级人民法院(2021)鲁民申 7962 号民事裁定书。

④ 参见陕西省高级人民法院(2021)陕民再 152 号民事判决书。

⑤ 参见四川省高级人民法院(2021)川民申 592 号民事裁定书。

⑥ 参见吉林省高级人民法院(2021)吉民再 28 号民事判决书。

⑦ 参见新疆维吾尔自治区高级人民法院伊犁哈萨克自治州分院(2021)新 40 民终 61 号民事判决书。

⑧ 参见山西省高级人民法院(2021)晋民申 58 号民事裁定书;湖南省高级人民法院(2019)湘民申 5770 号民事裁定书。

⑨ 参见四川省高级人民法院(2020)川民申 691 号民事裁定书。

⑩ 参见山东省高级人民法院(2021)鲁民申 11734 号民事裁定书。

务代理;①行为人的职务是审计,在审计报告上签字虽未取得法定代表人的授权,但相对人不负有对行为人是否具有代理权承担严格审慎的注意义务,公司无证据证明相对人恶意或过失,应根据审计报告确定工程款;②公司股东在水泥供货合同的代表人处签字确认,相对人有理由相信其有权代表公司订立合同,公司应承担还款责任;③行为人是工程施工现场负责人,与相对人成立雇佣合同,相对人有正当理由相信行为人有权代理公司进行结算;④行为人为公司蔬菜采购员,相对人有理由相信采购行为对公司发生效力;⑤行为人是公司的副总经理,在涉案货权监管合同和货权确认书中加盖运营部门印章,合同的内容属于行为人的工作范畴,相对人基于对行为人身份的信赖,已尽到善意的注意义务,合同对公司发生效力;⑥行为人为公司的副总经理,相对人有理由相信行为人有权代理公司作出关于利息的约定;⑦行为人为分公司经理,订立资产委托管理合同并加盖分公司印章,相对人基于对行为人职务身份的信赖,有理由相信行为人有代理权;⑧行为人为分公司负责人和总经理助理,与相对人订立框架协议。由于相对人与公司存在长期经济往来,且相对人对工程进行实地考察并将款项汇入分公司账户,应认为其有理由相信行为人有代理权;⑨行为人与相对人洽谈业务,在订立合同后,公司的操作人员办理了货物出运,法院认为,合同已经履行完毕,相对人有理由相信行为人有代理权;⑩行为人订立合同约定加油款由公司支付并加盖船章,供油公司作为善意相对人,可以凭借加盖船章的凭证,向公司请求履行付款义务;⑪行为人多次以项目负责人身份在公司与相对人的往来

---

① 参见新疆维吾尔自治区高级人民法院伊犁哈萨克自治州分院(2018)新 40 民初 71 号民事判决书。

② 参见山东省高级人民法院(2022)鲁民申 1184 号民事裁定书。

③ 参见湖北省高级人民法院(2021)鄂民申 3893 号民事裁定书。

④ 参见广西壮族自治区高级人民法院(2020)桂民申 6796 号民事裁定书;广西壮族自治区高级人民法院(2020)桂民申 6797 号民事裁定书。

⑤ 参见贵州省高级人民法院(2019)黔民申 4301 号民事裁定书。

⑥ 参见吉林省高级人民法院(2020)吉民申 690 号民事裁定书。

⑦ 参见天津市高级人民法院(2019)津民终 507 号民事判决书。

⑧ 参见湖北省高级人民法院(2019)鄂民终 710 号民事判决书。

⑨ 参见云南省高级人民法院(2020)云民初 9 号民事判决书。

⑩ 参见山东省高级人民法院(2019)鲁民终 1996 号民事判决书;山东省高级人民法院(2019)鲁民终 1742 号民事判决书。

⑪ 参见山东省高级人民法院(2019)鲁民终 288 号民事判决书。

函件上签字,相对人难以识别行为人未得到授权,构成善意;①行为人的工资由公司发放,有权处理案涉产品质量问题,相对人有理由相信行为人同意退货为履行职务。②

第三,法院除说明根据职位确定的职权范围、加盖公司印章等使相对人产生合理信赖,还说明了公司与相对人的约定、公司出具授权委托书、合同已经向公司履行完成等内容(8 件)。包含如下情形:根据公司与另一公司订立的合同,行为人是涉案工程的负责人,公司出具授权委托书表明由行为人全权负责涉案工程。行为人与相对人订立施工劳务合同,公司加盖了公章予以确认。相对人已经尽到了善意相对人的注意义务,且相对人已经完成了施工工程并由公司验收合格,应由公司支付工程款和利息;③行为人出具授权委托书明确行为人有权处理涉案事项,以公司名义参与和解和收取涉案款项,对公司发生效力;④行为人与公司为挂靠关系,根据行为人出具的授权委托书,行为人的职权为办理涉案工程项目施工和工程款事项,实施采购施工材料和结算等行为,构成有权代理;⑤根据公司与相对人的约定,可以得出行为人的职权包括对工程量增加予以确认和同意支付,其行为对公司有约束力;⑥法定代表人签署的授权委托书表明行为人具有代表公司进行工程项目投标、合同签订、合同履行和保修等职权,行为人订立合同、出具结算单为职务行为;⑦行为人根据授权委托书订立钢材购销合同为职务行为,法律效果由公司承担。⑧

第四,在有些案例中,法院说明了行为人经公司章程和公司决议授权的职权范围(2 件)。具体说明如下:行为人具有经理身份,经工商登记备案,且公司章程赋予经理主持公司生产经营管理工作的职权,行为人与相对人订立的购销

---

① 参见贵州省高级人民法院(2019)黔民终 318 号民事判决书。

② 参见江苏省高级人民法院(2019)苏民申 503 号民事裁定书。

③ 参见中华人民共和国最高人民法院(2021)最高法民申 4668 号民事裁定书;中华人民共和国最高人民法院(2021)最高法民申 4816 号民事裁定书。

④ 参见海南省高级人民法院(2019)琼民申 1799 号民事裁定书。

⑤ 参见新疆维吾尔自治区高级人民法院伊犁哈萨克自治州分院(2019)新 40 民终 1904 号民事判决书。

⑥ 参见贵州省高级人民法院(2019)黔民申 1878 号民事裁定书。

⑦ 参见山西省高级人民法院(2018)晋民申 3125 号民事裁定书;山西省高级人民法院(2018)晋民申 3126 号民事裁定书。

⑧ 参见四川省高级人民法院(2017)川民终 938 号民事判决书。

合同,由行为人签字并加盖公司印章,属于公司经营范围和行为人职权范围内的事项,应由公司承受法律效果;①公司的会议纪要规定,工程结算属于行为人的职权范围,行为人订立结算合同是职务行为,对公司发生效力。②

第五,在有些案例中,法院根据合同订立的场所、加盖公司印章、职位确定的职权范围等,认定相对人构成善意,并说明公司内部的管理规定不能对抗相对人,或直接说明公司对职权范围的限制不能对抗相对人(6件)。包含以下情形:行为人为公司营业部经理,涉案借款合同发生在行为人日常工作的办公室,合同目的约定为偿还公司债务,并加盖营业部印章。法院认为,职务代理人的行为与其职务存在内在联系,相对人具备合理信赖,应构成善意,法律效果应由公司承担。是否违反内部规定属于公司内部管理事项,不能以此认定行为人的行为属于个人行为;③行为人与相对人在公司办公地点签订对账确认书,并加盖公司公章,虽然行为人未经公司授权,但公司内部限制不能对抗善意相对人;④行为人的职责范围为送货,不包括采购,法院认为,公司对职权范围的限制不能对抗善意相对人,应认定公司与相对人之间存在买卖合同关系,由公司支付货款;⑤行为人负责协调相关征地事项,不是公司财务人员,没有收取房款和出售房屋的权限,但公司没有证据证明行为人与相对人构成恶意串通,收取房款和交付房屋的行为应认定为职务行为;⑥行为人是公司的会计,在借条上加盖财务专用章是履行职务的行为,公司对行为人的职权限制是内部限制,不能对抗善意相对人;⑦工程结算属于公司预结算管理部的通常业务职责范围,公司内部审计流程为公司内部管理规则,不能对抗第三人,相对人有理由相信行为人正常履职。⑧

第六,法院认为,行为人被免职后仍以总经理的身份活动,公司没有告知相对人免职情况,后者有理由相信行为人有权代理公司订立合同,构成表见代理,

---

① 参见新疆维吾尔自治区高级人民法院(2022)新民申663号民事裁定书。
② 参见陕西省高级人民法院(2019)陕民终863号民事判决书。
③ 参见甘肃省高级人民法院(2021)甘民终217号民事判决书。
④ 参见吉林省高级人民法院(2019)吉民终208号民事判决书。
⑤ 参见广东省高级人民法院(2021)粤民申8711号民事裁定书。
⑥ 参见河南省高级人民法院(2021)豫民申65号民事裁定书。
⑦ 参见江苏省高级人民法院(2019)苏民再369号民事判决书。
⑧ 参见新疆维吾尔自治区高级人民法院伊犁哈萨克自治州分院(2019)新40民初30号民事判决书。

公司应承受法律效果。① 在该案中,法院以相对人对行为人的职位表现出来的权利外观产生合理信赖为由,认定构成表见代理(1件)。

第七,行为人以公司名义出具承诺函,用公司财产担保公司债务,法院认为,公司无法证明行为人与相对人恶意串通,出具承诺函的行为对公司发生效力。② 在该案中,法院没有说明行为人的职位和职权范围,将非善意限于恶意串通,说明应由公司承担举证责任(1件)。

2. 法院认定不应由公司承受法律效果案例中的不同观点

在法院认定不应由公司承受法律效果的案例(20件)中,存在以下不同观点:

第一,在有些案件中,法院以根据职位确定的职权范围,不足以使相对人产生合理信赖,不能构成表见代理为由,认定公司不应承受法律效果。有的法院说明应由相对人承担举证责任(3件)。具体说明如下:法院认为,行为人向相对人借款不是其职权范围内的事项,且在借款合同上没有加盖公司公章而是加盖其伪造的公司客户管理部印章,表明行为人没有以公司的名义而是以其个人名义订立借款合同。行为人订立合同时,没有形成代表公司对外借款的权利外观,相对人对银行内设机构的职责范围和经营机构有所了解,应知道客户管理部的经理不能代表公司对外借款,没有尽到审慎的注意义务,非为善意,不构成表见代理;③行为人的职务为施工负责人,无权对合同内容进行重大变更,相对人未提供证据证明行为人有权代理公司不构成善意。④

第二,在有些案例中,法院以行为人非以公司名义实施法律行为为由,认定公司不应承受法律效果(4件)。包含如下情形:法院认为,行为人是否以公司的名义实施法律行为,是判断构成职务行为的要件。虽然行为人担任公司的商务中心的负责人,但账单的内容是由行为人私人支付,相对人明知行为人以个人名义实施法律行为,不构成职务代理,相关费用不应由公司承担;⑤行为人以

---

① 参见新疆维吾尔自治区高级人民法院(2021)新民终280号民事判决书。
② 参见辽宁省高级人民法院(2020)辽民终228号民事判决书。
③ 参见中华人民共和国最高人民法院(2020)最高法民申6360号民事裁定书;河南省高级人民法院(2019)豫民终673号民事判决书。
④ 参见河南省高级人民法院(2020)豫民申6967号民事裁定书。
⑤ 参见北京市高级人民法院(2020)京民终496号民事判决书。

个人名义订立买卖合同,没有将法律效果归属于公司的意思,不构成职务行为;①行为人以个人名义销售理财产品,相对人明知公司禁止推销涉案产品,未尽到审慎的注意义务,不构成善意;②行为人所实施的行为并非其职权范围,且没有以公司的名义实施法律行为,不构成职务代理。③

第三,在有些案例中,法院以行为人非公司工作人员,没有以公司名义实施法律行为,非由公司履行义务,没有加盖公司印章、合同没有向公司履行等为由,认定相对人非善意,不构成表见代理,并说明应由相对人承担举证责任(5件)。具体说明如下:行为人借用公司的建设工程资质的挂靠关系不构成公司工作人员,其在购买材料时没有获得公司的授权委托书,也不能证明材料用于公司项目,行为人在实施行为时未载明公司字样且由其个人进行结算,相对人不具有相信行为人有权代理公司的事实和理由,不构成表见代理;④相对人没有对行为人的身份和权限进行合理审查,也没有要求行为人出示身份证明和授权文件,且没有加盖公章,并非善意无过失,不构成表见代理;⑤合同上没有公司工作人员签名和加盖公司印章,相对人提供的资金也没有转入公司账户,其在合同订立和付款环节存在明显疏漏,主观上非无过失,不能认定构成善意相对人;⑥行为人非公司工作人员,非以公司名义实施法律行为不构成职务代理,相对人没有要求行为人以公司名义订立合同,也未要求加盖公司印章和对行为人的代理权限进行核实,不构成善意。⑦

第四,行为人与相对人订立买卖合同,内容为由相对人向公司提供水泥,公司没有加盖印章,相对人也未证明行为人为项目负责人或具有履行职务的职权,相对人未进行合理审查,存在过失,不构成表见代理。⑧ 在该案中,法院以公司未加盖公章为由,认定相对人不构成善意,并说明应由相对人承担举证责任

---

①　参见山东省高级人民法院(2018)鲁民申 2631 号民事裁定书。
②　参见黑龙江省高级人民法院(2018)黑民再 249 号民事判决书。
③　参见吉林省高级人民法院(2019)吉民申 119 号民事裁定书。
④　参见新疆维吾尔自治区高级人民法院(2021)新民终 109 号民事判决书;河南省高级人民法院(2020)豫民申 7743 号民事裁定书。
⑤　参见广东省高级人民法院(2019)粤民申 1772 号民事裁定书。
⑥　参见吉林省高级人民法院(2020)吉民申 187 号民事裁定书。
⑦　参见江苏省高级人民法院(2020)苏民再 195 号民事判决书。
⑧　参见四川省高级人民法院(2020)川民再 441 号民事判决书。

(1件)。

第五,在有些案件中,法院根据相对人与公司明确约定或在公司授权中,确定行为人的职权范围(4件)。具有以下情形:合同中约定行为人的职权范围包括对工程进行接洽,不涉及工程承接和工程结算。法院认为,工程结算没有得到公司授权,效力不及于公司;①公司出具的授权委托书载明行为人的职权涉及工程质量、工程款支付等事项,不包括对外借款,且合同没有加盖公司印章,不符合表见代理的特征;②相对人根据行为人出示的合同或通过查看公司订立的项目施工合同,知道行为人的职权范围,不构成表见代理。③

第六,在有些案件中,法院以行为人没有表明工作人员身份、合同非向公司履行等为由,认定不构成表见代理(3件)。具体说明如下:虽然行为人以公司名义实施法律行为,并加盖公司公章,但行为人没有向公司出示其股东和职员身份,也没有出示有权代表公司签约的证据,涉案款项直接打到行为人个人账户,相对人没有尽到一般注意义务,非为善意,不构成表见代理;④行为人将公司项目作抵押进行借款,在借款合同上加盖财务专用章,但款项没有用于公司开发,应认定属于行为人与相对人之间的债务关系;⑤行为人借款实际目的是偿还其个人债务,而非用于公司,由于公司与相对人存在长期业务往来,将款项转入行为人个人账户与过去的交易不同,相对人没有尽到注意义务,主观上存在重大过失,不构成善意。⑥

3. 关于法院不同观点的分析

笔者认为,实践中法院关于公司代理法律效果认定的不同观点,能够反映出以下问题:

第一,在样本案例中,法院认定的职务代理人的职位包括分公司负责人、现场管理人、现场工作人员、现场负责人、施工负责人、市场总监、信贷员、项目负责人、工程工作人员、执行董事、业务销售人员、原法定代表人、挂靠方、副总经

---

① 参见四川省高级人民法院(2020)川民再 536 号民事判决书。
② 参见江西省高级人民法院(2020)赣民申 380 号民事裁定书。
③ 参见江西省高级人民法院(2020)赣民再 19 号民事判决书;江苏省高级人民法院(2019)苏民申 2471 号民事裁定书。
④ 参见福建省高级人民法院(2020)闽民申 2109 号民事裁定书。
⑤ 参见山西省高级人民法院(2019)晋民申 1369 号民事裁定书。
⑥ 参见四川省高级人民法院(2019)川民申 3418 号民事裁定书。

理、审计人员、财务人员、项目经理、总经理助理、股东、采购员、船长、经理、营业部经理、会计、预结算管理部负责人、客户管理部负责人。职务代理人实施的行为包括订立买卖合同、借款合同、劳务合同、策划合同、施工材料买卖合同、建材租赁合同、框架协议、水泥供货合同、蔬菜买卖合同、资产委托管理合同、供油合同、钢材购销合同、房屋买卖合同,确认工程量、货物清单和销售凭证、工程款,达成调解协议,出具收条、承诺书、承诺函、欠条,结算,转化资金用途,收取预付款,对账,约定利息,变更合同,解除合同,收取赔偿款,销售理财产品等。根据上述梳理可知,被界定为职务代理人的行为人包含多种类型,职务代理人可以实施的行为也包含多种类型,与上文所述法定代表人实施的公司代理行为类型不存在明显差异。

需要说明的是,在样本案例的不同主体中,挂靠关系中的挂靠方不应被认定为职务代理人,原因在于:挂靠关系为资质准入行业存在的挂靠或借名法律关系,挂靠方和被挂靠方具有相对独立性,双方独立核算、独立经营、自负盈亏。[①] 虽然有观点认为《民法典》第 170 条采用"执行法人或者非法人组织工作任务的人员"的规范方式,可以将公司与外部成员的委托、承揽等关系纳入职务代理的范畴,使职务代理人不必限定为公司内部代理主体。[②] 但由于挂靠方并非公司内部主体,其所实施的行为不直接受到公司章程、公司决议等公司意思的约束,而是受到根据公司意思与其订立合同的约束。由于公司意思不能直接作为判断挂靠方行为法律效果的考量因素,挂靠方所实施的行为并非笔者所讨论的公司代理行为,不能作为本书意义上的公司代理主体。

理论上认为,《民法典》第 170 条规定的执行公司工作任务的人员是与公司存在劳动、雇佣关系的人员。[③] 笔者认为,在实践中职务代理人不限于与公司存在劳动、雇佣关系的人员,而是包括股东、董事等,由于无论是否与公司存在劳动、雇佣关系,均需要对职权范围的限制、相对人善意等问题进行判断,不应采用存在劳动合同等方式限定职务代理人的范围,职务代理法律效果的认定必然

[①] 参见冉克平、瞿燕妮:《论我国的商事职务代理制度及其完善——兼析〈民法总则〉第 170 条》,载《湖北警官学院学报》2019 年第 4 期。

[②] 参见冯文婷、孙志煜:《论〈民法典〉职务代理的立法完善——基于〈民法典〉第 170 条第 1 款的规范解析》,载《江汉论坛》2022 年第 4 期。

[③] 参见黄薇:《中华人民共和国民法典总则编解读》,北京:中国法制出版社 2020 年版,第 552 页。

需要结合个案的具体情形。因笔者所界定的公司代理行为应以公司意思为依据,公司代理主体限于公司内部主体,应将《民法典》第 170 条规定的职务代理人的范围扩张解释为包含狭义的公司工作人员、股东、董事等公司内部不同主体,并将该规则作为行为人为非属法定代表人的公司代理主体情形下应适用的统一规则,更为合理。所以,基于样本案例中职务代理人和职务代理行为类型的多样性,不应对职务代理人的范围进行限制,除立法另有规定外,也不应从整体上对职务代理人能够实施的公司代理行为进行限制,应根据具体情形分析职务代理行为法律效果的归属。

第二,既然已经明确了采用较为宽松的标准界定职务代理人和职务代理行为的范围,在个案中认定职务代理人的职权范围及限制、相对人的善意则至关重要。在样本案例中,法院认定应由公司承受法律效果的案例有 60 件,法院认定公司不应承受法律效果的案例有 20 件。虽然前者占多数,但并未如上文所述的在公司代表法律效果认定的案例中,应由公司承受法律效果的案例数量相较于不应由公司承受法律效果的案例占绝对多数,说明从整体上看,公司承受法律效果的认定标准更加严格。

第三,在法院认定应由公司承受法律效果的案例中,存在以下情形:(1)在法院说明行为人职位,但没有对相对人善意、合理信赖等进行说明的情形中,由于不涉及相对人善意与否的判断,说明法院认定行为人不违反职权范围的限制(27 件);(2)公司主张职务代理人的行为超越职权范围,有些法院说明根据职位确定的职权范围使相对人产生合理信赖,或以说明公司内部限制不能对抗相对人为由,认定相对人构成善意,应由公司承受法律效果(15 件);(3)在多数案例中,不存在授权委托书和公司与相对人对职权范围的约定,法院通常对行为人的职位进行说明,而在法院说明公司出具授权委托书或公司与相对人约定职务代理人职权范围的案例中,通常没有说明行为人的职位,而是根据上述文件直接确定职权范围(8 件);(4)职务代理人均以公司的名义实施法律行为,在有些案例中法院对与公司的业务往来、加盖公司印章、合同目的、执行职务的具体行为、合同履行的情况、合同订立的场所等进行说明;(5)在行为人不存在特定职权范围的情形下,法院直接基于行为人属于股东、董事、执行董事、经理等,认定相对人构成善意(6 件)。

第四,在法院认定应由公司承受法律效果的案例中,法院对以下问题进行明确:(1)职务代理人实施公司代理行为存在两种方式,即表明其职位,与出具授权委托书,在前一种情形,相对人信赖的内容为根据职位特点确定的职权范围,在后一种情形,相对人信赖的内容为授权委托书载明的职权范围。笔者认为,由于在多数案件中不存在独立的授权行为即可认定应由公司承受法律效果,职务代理权的来源应被界定为职位本身,而非独立的授权行为。公司向相对人作出独立授权行为的作用是使职务代理人的职权范围更为明确。(2)法院认定构成职务代理的要素为以公司名义实施法律行为,说明业务往来、加盖印章、合同目的、公司的经营场所等是为了增强认定相对人构成信赖的可靠性。笔者认为,相对人信赖的内容为根据职位本身的特点确定的职权范围,行为人实施法律行为时应表明职位,说明构成职务代理应以公司名义实施法律行为是必要的,其他因素则应仅作为认定的参考。① (3)相对人基于对职位的通常理解所确定的职权范围为信赖的内容,法院认定公司内部限制不能对抗相对人,说明《民法典》第170条规定的职权范围限制为公司章程、公司决议等公司内部意思规定的限制,且相对人不负有审查义务。有些法院对公司章程或公司决议的内容进行说明的目的仅是通过说明公司代理行为获得授权,增强由公司承受法律效果的说服力。(4)在对举证责任进行说明的案例中,法院均认定应由公司承担证明相对人非善意的举证责任。(5)法院认定的善意标准包括不存在恶意串通、合理信赖、有理由相信等。理论上认为,相对人善意为合理信赖,即不知道也不应当知道。② 笔者认为,应适用表见代理中善意的标准,即善意为《民法典》第172条规定的有理由相信,原因在于:职务代理是一种特殊的代理行为,适用表见代理规则符合职务代理的性质且具有可操作性。应将善意解释为不知道也不应当知道行为人不具有代理权限且无过失。具体而言,善意分为对职权范围的信赖和对不违反职权限制的信赖;相对人按照对职位的通常理解确

---

① 有观点认为,职务代理权利外观客观判断的一般标准是职务代理人行为时各项与职务相关的因素综合形成的权利外观,足以使理性人产生信赖的标准。客观因素包括所处环境、出示物件、冠以相应的职务、与职权身份相关的因素。参见徐涤澄:《〈民法总则〉职务代理规则的体系化阐释——以契合团体自治兼顾交易安全为轴心》,载《法学家》2019年第2期。笔者认为,综合考量经营场所、证件等因素在判断行为人是否属于作为公司代理主体的职务代理人的过程中发挥作用,由于本章讨论的问题为公司代理行为的法律效果,具体的分析均以行为人是公司代理主体为前提,关于行为人是否为公司代理主体的判断,虽与相对人信赖密切相关,但并非本书讨论的范畴,笔者拟不对该问题进行详细的说明。

② 参见黄薇:《中华人民共和国民法典总则编解读》,北京:中国法制出版社2020年版,第553页。

定的职权范围,认定职务代理人有权实施公司代理行为,符合对职权范围的善意;上文已经说明对职权范围的限制为公司意思规定的限制,由于相对人不负有审查义务,公司无法证明其告知相对人职务代理人违反公司意思等,应认定相对人构成善意。(6)职务代理人和法定代表人行为的法律效果均为通过公司代理行为订立合同,对公司发生效力,两者的区别为是否需要确定职权范围与相对人的信赖的判断标准不同,采用公司代表与职务代理所形成的法律关系不存在区别,认定相对人善意的时点也应为订立合同时,说明合同的履行情况只能作为认定的参考因素,不能作为善意判断的依据。(7)职务代理的类型存在职权范围概括和特定之分,如果行为人非属执行公司特定工作任务的人员,如股东、董事、经理等,不涉及相对人对根据职位特点确定的职权范围产生信赖的判断,应直接根据相对人是否信赖职务代理人不违反公司意思,认定法律效果的归属。

第五,在法院认定不应由公司承受法律效果的案例中,存在以下不同情形:

(1)法院认定的理由包括:相对人不构成对职权范围的信赖(3件);行为人非以公司名义实施法律行为(4件);没有加盖公司印章;没有向公司履行义务;(两种情形共9件)相对人明知职权限制(4件)等内容。笔者认为,上述不同理由可以归结为行为人不构成职务代理,①相对人不具有对职权范围的信赖,相对人不具有对不违反职权限制的信赖。在这些不同理由中,没有加盖公司印章不能独立作为认定非善意的依据;相对人善意判断的时点为合同成立时,不能根据合同的履行情况认定相对人非善意。(2)有些法院认定由相对人承担举证责任。笔者认为,相对人不负有审查义务,由公司承担举证责任更为合理。(3)法院均采用认定不构成表见代理的方式使公司不承受法律效果。

三、公司对外担保法律效果实证分析

笔者以《公司法》第 16 条第 1 款为依据在"北大法宝"网站上检索案例,选取最高人民法院审理的民事案例,排除关联担保、上市公司担保、一人公司担保等特殊情形,并在此基础上筛选涉及公司为他人债务提供担保的案例,在样本

---

① 此种情形为非以公司名义。

案例中,法院认定公司对外担保法律效果的案例有 71 件,其中,法院认定不构成越权担保的案例有 8 件,法院认定构成越权担保的案例有 63 件。① 具体说明如下:

1. 不构成越权担保的案例实证分析

在法院认定不构成越权担保的案例(8 件)中,存在以下不同观点:

第一,法院认为,为涉案债务提供担保经过了公司董事会决议,对公司发生效力;②公司担保经股东会决议,担保合同有效;③公司认可对担保事项作出的股东会决议,担保合同有效。④ 在上述案例中,法院直接以担保合同经过决议为由,认定由公司承受法律效果。在公司章程未规定担保事项的情况下,可由董事会或股东会作出决议(7 件)。

第二,法院认为,公司作出董事会决议,同意在担保范围内对债权人继续承担连带保证责任,公司对外担保应经股东会决议的抗辩不能得到支持。⑤ 在该案中,法院明确说明在公司章程未规定担保事项的情况下,可由董事会进行决议(1 件)。

2. 构成越权担保的案例实证分析

在法院认定构成越权担保的案例(63 件)中,存在以下不同观点:

第一,在有些案件中,实施公司对外担保的行为人非法定代表人,法院适用无权代理和表见代理规则,认定债权人应通过审查公司决议,证明其构成善意(10 件)。具体说明如下:法院认为,订立合同的行为人非法定代表人,债权人也没有证明公司授权相对人代理公司对他人债务提供担保,其行为属于无权代理。即使保证合同加盖公司印章,债权人在订立合同时没有审查公司决议,未尽到必要的注意义务,不构成善意且无过错的相对人,其行为不符合表见代理,

---

① 该问题检索截止时间:2022 年 10 月 31 日。

② 参见中华人民共和国最高人民法院(2021)最高法民终 527 号民事判决书。

③ 参见中华人民共和国最高人民法院(2021)最高法民终 34 号民事判决书;中华人民共和国人民法院(2018)最高法民终 907 号民事判决书;中华人民共和国最高人民法院(2019)最高法民申 3163 号民事裁定书。

④ 参见中华人民共和国最高人民法院(2019)最高法民终 935 号民事判决书;中华人民共和国最高人民法院(2019)最高法民终 784 号民事判决书;中华人民共和国最高人民法院(2015)民申字第 1558 号民事裁定书。

⑤ 参见中华人民共和国最高人民法院(2021)最高法民终 574 号民事裁定书。

保证合同对公司不发生效力;①行为人非法定代表人,没有对外提供担保的代理权限,债权人的审查成本低,没有要求提供决议,存在重大过失,公司不承受法律效果;②行为人非法定代表人,未经公司授权以公司名义与债权人订立保证合同为无权代理,债权人未审查公司决议,为非善意,不构成表见代理;③行为人非法定代表人,无权提供公司对外担保,相对人未要求公司提供相关授权文件,未尽到审慎注意义务,不构成表见代理。④

第二,有些法院将债权人未履行审查义务认定为非善意,审查的内容为公司决议,或公司章程和公司决议,并认为,应由债权人承担举证责任,在公司章程没有规定的情况下,可由股东会或董事会形成决议,越权担保的合同效力为无效(17件)。包含如下情形:法院认为,在未经公司决议的情况下,法定代表人向债权人提供担保,构成越权代表,债权人没有对董事会或股东会决议进行必要审查不构成善意,担保合同应属无效;⑤法定代表人越权担保,债权人知道或应当知道其提供担保超越担保权限,未尽审慎的审查义务,担保合同无效;⑥债权人没有审查公司决议,未尽到形式审查义务,不构成善意;⑦法院认为,法定代表人未向债权人提交股东会或董事会决议,债权人也没有对公司决议进行审查,存在过错,担保合同无效;⑧债权人在订立合同时未依法审查公司章程,也未审查股东会决议,不构成善意,担保合同无效;⑨债权人应审查担保合同是否经

---

① 参见中华人民共和国最高人民法院(2020)最高法民终 1082 号民事判决书;中华人民共和国最高人民法院(2020)最高法民再 270 号民事民事判决书;中华人民共和国最高人民法院(2018)最高法民申 5733 号民事裁定书;中华人民共和国最高人民法院(2018)最高法民终 298 号民事判决书;中华人民共和国最高人民法院(2017)最高法民申 3542 号民事裁定书;中华人民共和国最高人民法院(2016)最高法民再 207 号民事判决书;中华人民共和国最高人民法院(2015)民申字第 72 号民事裁定书。

② 参见中华人民共和国最高人民法院(2017)最高法民再 209 号民事判决书。

③ 参见中华人民共和国最高人民法院(2020)最高法民申 5952 号民事裁定书。

④ 参见中华人民共和国最高人民法院(2018)最高法民终 36 号民事判决书。

⑤ 参见中华人民共和国最高人民法院(2021)最高法民终 687 号民事判决书;中华人民共和国最高人民法院(2019)最高法民终 837 号民事判决书;中华人民共和国最高人民法院(2019)最高法民终 685 号民事判决书。

⑥ 参见中华人民共和国最高人民法院(2019)最高法民终 1451 号民事判决书。

⑦ 参见中华人民共和国最高人民法院(2019)最高法民申 2613 号民事裁定书。

⑧ 参见中华人民共和国最高人民法院(2019)最高法民终 968 号民事判决书;中华人民共和国最高人民法院(2021)最高法民申 2980 号民事裁定书;中华人民共和国最高人民法院(2020)最高法民申 6149 号民事裁定书;中华人民共和国最高人民法院(2020)最高法民申 2766 号民事裁定书;中华人民共和国最高人民法院(2018)最高法民申 404 号民事裁定书。

⑨ 参见中华人民共和国最高人民法院(2020)最高法民申 6387 号民事裁定书。

公司决议,以及决议的表决程序是否符合现行法,但债权人未证明其在订立合同时审查决议,不构成善意,担保合同无效;①公司未召开股东会,没有形成公司决议,法定代表人的行为构成越权代表,债权人未证明其在订立合同时审查了股东会决议且决议符合法定程序,不构成善意,担保合同无效;②法院认为,法定代表人以出具债务加入承诺函的方式逃避债务,债权人明知担保事项应经股东会决议,没有审查公司决议,不构成善意。③

第三,有些法院认定审查的内容为公司章程和公司决议,直接将未审查认定为存在过错,并通过说明公司有权采用决议进行追认,将担保合同效力认定为效力待定,而非直接认定为无效(3件)。具体说明如下:债权人没有对公司决议进行形式审查,不构成善意,法定代表人的行为不构成表见代表,对公司不发生效力;④法院认为,根据公司章程的规定,对外提供担保应经董事会决议,债权人在订立合同时没有审查公司是否经法定程序作出担保决议,主观上存在过错,担保合同不发生效力。公司得知越权行为后,拒绝进行追认,担保合同无效;⑤相对人没有对公司决议进行审查,不构成善意,追认应采用形成决议的方式,不能仅以加盖公司印章认定追认。⑥

第四,在有些案例中,法院以债权人履行审查义务为由,认定越权担保对公司发生效力,审查内容为公司决议,审查标准为形式审查,不包括对真实性和有效性的审查。债权人尽到形式审查义务后,由公司对债权人明知公司决议的真实性和有效性存在问题,承担举证责任(3件)。例如,法院认为,债权人对公司决议内容的审查限于形式审查,除公司可以证明债权人明知决议系伪造或者变造的以外,一般不应支持;⑦法定代表人出具公司同意提供担保的股东会决议,

---

① 参见中华人民共和国最高人民法院(2020)最高法民终 1228 号民事判决书;中华人民共和国最高人民法院(2020)高法民终 1229 号民事判决书。

② 参见中华人民共和国最高人民法院(2019)最高法民申 4851 号民事裁定书;中华人民共和国最高人民法院(2019)最高法民申 5637 号民事裁定书;中华人民共和国最高人民法院(2019)最高法民终 887 号民事判决书。

③ 参见中华人民共和国最高人民法院(2019)最高法民终 1438 号民事判决书。

④ 参见中华人民共和国最高人民法院(2016)最高法民申 2633 号民事裁定书。

⑤ 参见中华人民共和国最高人民法院(2014)民提字第 165 号民事判决书。

⑥ 参见中华人民共和国最高人民法院(2019)最高法民申 5029 号民事裁定书。

⑦ 参见中华人民共和国最高人民法院(2020)最高法民申 6666 号民事裁定书。

债权人的审查标准为形式审查,对股东印章的真实性没有审查义务。[1]

第五,法院认为,在不设董事会的公司中,应由股东会进行决议才符合公司担保法定程序。未经公司决议,担保合同无效;[2]公司章程规定由董事会决议公司对外担保,虽然债权人审查了执行董事决定,但因其没有根据公司章程审查董事会决议或股东会决议,不构成善意。[3] 在上述案例中,法院认定不设董事会的公司中,应由股东会决议(2件)。

第六,公司章程规定担保数额超过公司最近一期审计净资产的10%,应经股东会审议通过。法院认为,公司章程对担保决议机构的规定属于约定限制,相对人的审查义务应以形式审查为限,对担保数额和净资产的关系不能从公开文件中直接获取,需要债权人进一步计算得出,要求债权人对担保数额和公司资产比例的关系进行实质审查,增加了债权人的举证责任和交易成本。债权人已尽到合理审查义务,属于善意相对人,担保合同有效。[4] 在该案中,公司采用规定不超过特定比例的净资产的方式确定担保数额的限制,法院认定判断担保数额是否符合公司章程规定的限制,超越了形式审查的要求(1件)。

第七,在有些案例中,法院以公司认可担保合同为由,认定由公司承受法律效果,或说明公司通过作出股东会决议或履行行为追认越权担保(4件)。例如,法院认为,在法定代表人提供担保时,《九民纪要》未生效,且公司在一审后,没有对法院对于担保部分的判决提出上诉,在二审后又以担保未履行内部决策程序,应认定为无效为由,申请再审,有违诚信,其主张不能得到支持;[5]公司形成股东会决议追认越权担保行为,由公司承受担保的法律效果;[6]控制股东和公司积极配合债权人办理抵押登记,说明公司同意提供担保。[7]

第八,公司章程规定,公司对外担保应由股东会采用特别决议的方式作出,债权人仅审查董事会决议,但根据公司章程,董事会无权形成公司担保决议,债

---

① 参见中华人民共和国最高人民法院(2018)最高法民申 206 号民事裁定书。
② 参见中华人民共和国最高人民法院(2020)最高法民终 908 号民事判决书。
③ 参见中华人民共和国最高人民法院(2020)最高法民申 5144 号民事裁定书。
④ 参见中华人民共和国最高人民法院(2021)最高法民申 1267 号民事裁定书。
⑤ 参见中华人民共和国最高人民法院(2021)最高法民申 7866 号民事判决书。
⑥ 参见中华人民共和国最高人民法院(2020)最高法民终 189 号民事判决书。
⑦ 参见中华人民共和国最高人民法院(2018)最高法民申 6160 号民事裁定书;中华人民共和国最高人民法院(2018)最高法民申 6154 号民事裁定书。

权人未完成审查义务,保证合同对公司不发生效力;①公司章程规定作出担保的决定权由公司出资人行使,章程没有授权法定代表人或董事会决定提供担保,董事会决议担保属于超越权限,债权人仅审查董事会决议,没有审查公司章程,不构成善意;②公司章程规定由股东会决议对外担保,相对人应合理审查公司章程和公司决议,在无法证明对上述文件进行审查的情况下不构成善意,担保合同无效。③ 在上述案件中,法院明确说明审查的内容包括公司章程和公司决议,在没有按照公司章程的规定作出决议的情况下,相对人未审查章程不构成善意,应由债权人承担举证责任(3件)。

第九,法院认为,公司章程属于公司的内部规定,不能对抗善意相对人,法定代表人向相对人提供的董事会决议明确载明关于担保的内容符合章程规定,债权人有理由相信公司同意提供担保,构成善意相对人。④ 在该案中,法院明确说明审查的内容限于公司决议,而不包括公司章程,对违反公司章程规定的决议进行审查,构成善意(1件)。

第十,在有些案例中,法院以符合担保形式要件、《公司法》第16条为管理性强制性规范、该规则的作用发生在公司内部、加盖公司公章、获得公司授权等为由认定债权人不负有审查公司章程或公司决议的义务(18件)。具体说明如下:保证合同上加盖公司印章,已符合担保的形式要件,债权人有理由相信公司自愿提供保证,未审查是否经过股东会决议,不属于未尽注意义务;⑤公司担保规则为管理性规定,意在强调公司章程可以对公司的担保能力作出权利安排和限制规定。对法定代表人实施公司对外担保行为权力的限制和分配,属于公司内部事务,对公司以外的第三人不具有约束力,只要不能证明法定代表人和债

---

① 参见中华人民共和国最高人民法院(2020)最高法民终 4 号民事判决书。
② 参见中华人民共和国最高人民法院(2019)最高法民终 1465 号民事判决书。
③ 参见中华人民共和国最高人民法院(2019)最高法民终 1603 号民事判决书。
④ 参见中华人民共和国最高人民法院(2019)最高法民申 2629 号民事裁定书。
⑤ 参见中华人民共和国最高人民法院(2019)最高法民终 1529 号民事判决书。

权人存在恶意串通,担保合同有效;①《公司法》第 16 条第 1 款规制公司内部职权划分,担保合同经法定代表人签字,加盖公司公章,应属有效;②违反《公司法》第 16 条,不能对抗加盖公司印章的效力;③《公司法》第 16 条第 1 款调整的对象是公司对外担保时的内部决议程序,对善意第三人不具有约束力,公司在担保合同上加盖印章,担保合同有效;④《公司法》第 16 条第 1 款适用于公司内部管理程序,股东会是否决议不影响合同效力,除非相对人知道或应当知道越权,代表行为有效;⑤公司担保规则非效力性强制性规范,未经决议不影响担保合同效力;⑥行为人非法定代表人,公司出具授权书委托行为人全权办理担保事宜,在加盖公司公章的情况下,相对人有理由相信行为人有权代理公司提供担保,构成表见代理,对公司发生效力。⑦

第十一,公司章程规定由董事会决议对外担保,在公司中董事均由控制股东委派,说明控制股东可以直接决定担保事项,未经董事会决议订立担保合同有效。⑧ 在该案中,法院以公司担保的决定权归属于控制股东为由,认定控制股东实施的对外担保行为有效(1 件)。

3. 关于法院不同观点的分析

笔者认为,在样本案例中,法院对公司担保法律效果认定的不同观点,能够反映以下问题:

---

① 参见中华人民共和国最高人民法院(2019)最高法民终 1524 号民事判决书;中华人民共和国最高人民法院(2019)最高法民终 222 号民事判决书;中华人民共和国最高人民法院(2018)最高法民终 148 号民事判决书;中华人民共和国最高人民法院(2018)最高法民终 1268 号民事判决书;中华人民共和国最高人民法院(2017)最高法民申 4565 号民事裁定书;中华人民共和国最高人民法院(2016)最高法民再 194 号民事判决书;中华人民共和国最高人民法院(2017)最高法民终 720 号民事判决书;中华人民共和国最高人民法院(2016)最高法民申 607 号民事裁定书;中华人民共和国最高人民法院(2016)最高法民终 693 号民事判决书。

② 参见中华人民共和国最高人民法院(2017)最高法民终 4 号民事判决书;中华人民共和国最高人民法院(2018)最高法民申 5722 号民事裁定书。

③ 参见中华人民共和国最高人民法院(2019)最高法民终 1909 号民事判决书。

④ 参见中华人民共和国最高人民法院(2019)最高法民终 697 号民事判决书。

⑤ 参见中华人民共和国最高人民法院(2019)最高法民申 4489 号民事裁定书。

⑥ 参见中华人民共和国最高人民法院(2018)最高法民再 478 号民事判决书;中华人民共和国最高人民法院(2018)最高法民申 408 号民事裁定书;中华人民共和国最高人民法院(2017)最高法民申 370 号民事裁定书。

⑦ 参见中华人民共和国最高人民法院(2017)最高法民申 524 号民事裁定书。

⑧ 参见中华人民共和国最高人民法院(2018)最高法民申 312 号民事裁定书。

第一，在样本案例中，作出对外担保行为的主体包括法定代表人和职务代理人，在后者实施公司对外担保行为的情形，法院认定需要明确授权(10件)。笔者认为，上述做法较为合理，原因在于：上文已经说明公司承受越权职务代理行为法律效果的情形为相对人因信赖根据职位确定的职权范围，构成善意。对外担保非属公司的经营活动，通常情况下公司中并不存在负责实施公司对外担保行为的特定职位，公司向相对人出具内容明确的授权委托书才能使债权人产生合理信赖，狭义的公司工作人员在未经公司明确授权的情形下，不能实施公司对外担保行为。《公司法》第16条第1款、《九民纪要》第17条、《担保制度解释》第7条均规定实施公司对外担保行为的主体为法定代表人，上述规定表明法定代表人以外的公司代理主体不当然拥有实施公司担保行为的权限，即使职务代理人为董事、股东、经理等非属执行特定工作任务的公司代理主体，也应经公司的明确授权。所以，在职务代理人实施公司对外担保行为的情形下，除形成公司决议外，应获得由其实施的明确授权。

第二，在法院认定不构成越权担保的案例(8件)中，存在以下情形：①法院认定担保事项经董事会或股东会作出决议，对外担保行为有效。②在章程未规定决议机构的情况下，法院支持董事会可以作出决议。

第三，在法院认定构成越权担保的案例中，存在以下情形：

其一，在行为人是非法定代表人的情况下，法院以行为人未经公司授权和债权人未审查公司决议为由，认定不构成表见代理，债权人的善意与表见代理规则中的善意相同(10件)。笔者认为，职务代理人实施公司对外担保行为应经公司明确授权，未经授权，相对人不构成善意。所以，公司未对担保事项作出决议和职务代理人未获得授权分别为越权担保和越权职务代理，①具备其中的任何一项均应认定相对人非善意，公司不承受法律效果。

其二，在法院认定公司不应承受法律效果的案例中，法院将未履行审查义务认定为非善意，有些法院认为担保合同无效(17件)，有些法院则认为担保合同效力待定(3件)，公司可以追认，使担保合同发生效力，追认的方式包括不反

---

① 例如，在法院认定相对人不负担审查义务的案例中，法院说明职务代理人获得公司明确授权，但未经公司决议不影响合同效力。如果采用上述认定方法，没有得到公司明确授权无法产生相对人对根据职位确定的职权范围的信赖，对外担保行为不能对公司发生效力，而公司作出明确授权但未经公司决议，则担保合同有效。

对担保行为、作出股东会决议、履行担保合同设定的义务。笔者认为,应采用《担保制度解释》第 7 条第 1 款第 2 项规定的担保合同对公司不发生效力进行认定,且法律效果的内容被该司法解释第 17 条第 1 款明确规定,既不属于法律行为无效的法律效果,也非效力待定,公司不能追认。因现行法明确规定法律效果,认定公司担保合同的效力为无效或效力待定均不准确。

其三,有些法院认为相对人不负担审查义务,未经公司决议不影响担保合同效力,所采用的理由可归结为公司对外担保规则属于管理性强制性规定和实施公司担保行为获得公司授权(18 件)。笔者认为,法院采用上述做法的部分原因是,在《九民纪要》生效前,因不存在具体规则,使得判断对外担保合同效力的方法存在争议,部分原因则是没有准确理解相对人审查义务的作用。根据《公司法》第 16 条第 1 款,只有公司决议能够授权实施公司对外担保行为,加盖公司印章、出具授权委托书等行为均与上述规定不符,不能作为授权的依据。《九民纪要》第 18 条明确规定审查义务,继续采用规范性质判断合同效力是不合适的。

其四,在不设董事会的公司中,法院认定对外担保事项应由股东会决议(2 件)。理论上有观点认为,如果公司章程规定由执行董事行使董事会职权,执行董事有权决定对外担保事项。[①] 也有观点认为,在不设置董事会的情况下,不能由公司章程授权执行董事决定对外担保,应由股东会进行决议。[②] 笔者认为,在公司章程明确授权且在执行董事非为法定代表人的情况下,执行董事才应有权直接决定对外担保,理由如下:在执行董事为法定代表人的情况下,如果允许执行董事直接决定实施公司对外担保行为,与《九民纪要》第 17 条规定的法定代表人无权单独决定相矛盾,法定代表人也将因有权直接决定公司对外担保而使公司利益受到损害;设置公司越权担保规则的目的是引导公司对重大行为做出科学决策,保证行为的恰当性,避免风险。[③] 根据上述界定,越权担保规则的作用为防止法定代表人的行为对公司造成损害,由非为法定代表人的执行董事对

---

① 参见最高人民法院民事审判第二庭编著:《〈全国法院民商事审判工作会议纪要〉理解与适用》,北京:人民法院出版社 2019 年版,第 187 页。

② 参见曾大鹏:《公司越权对外担保的效力研究——基于法律解释方法之检讨》,载《华东政法大学学报》2013 年第 5 期。

③ 参见安建:《中华人民共和国公司法释义(最新修正版)》,北京:法律出版社 2013 年版,第 40 页。

法定代表人行为进行监督,符合上述规范目的。虽然公司担保规则将授权对外担保的方式限定为公司决议,在公司章程明确规定由执行董事行使董事会职权的情况下,其权限为决定应由董事会决议的内容,执行董事的决定与董事会的决议具有相同效力,该决定应被解释为授权的特殊方式,与上述规定不存在矛盾。《公司法》第 50 条第 2 款规定,由公司章程规定执行董事的职权。根据上述规定,执行董事的职权范围应根据股东会在公司章程中授权的内容确定,公司对外担保为对公司利益产生较大影响且立法明确规定应形成公司意思的公司代理行为,应采用公司章程明确规定的方式进行授权。在章程未规定的情形下,应解释为股东会保留对公司对外担保作出决议的权限。所以,如果公司章程没有明确规定,执行董事并不当然拥有对外担保的决定权,在此情形下,应由股东会决议对外担保。

其五,有的法院以公司控制权的归属为由,说明非经公司决议,在由控制股东实施对外担保行为的情形下,公司应承受法律效果(1 件)。笔者认为,即使在公司职权划分意义上,控制股东拥有公司对外担保事项的最终决定权,也不能直接实施对公司发生效力的公司担保行为,原因在于:《公司法》第 16 条第 1款规定的内容为公司对外担保法定程序,允许控制股东直接决定对外担保,与上述规定相违背。由于相对人审查义务和善意的判断均与公司章程、公司决议等公司意思的形成有关,控制股东直接决定并实施公司担保行为改变了公司担保规则发挥作用的方式,使裁判标准不清晰,造成决定公司担保事项的随意性增加,对公司明显不利,也会使法律适用具有不确定性。

第四,在法院认定构成越权担保的案例中,法院对以下问题进行明确:(1)债权人审查的标准为形式审查,即仅审查公司决议形式要件是否符合立法和公司章程,而不审查公司决议的真实性和有效性。(2)法院认定应由债权人通过证明履行形式审查义务,对其构成善意承担举证责任,公司则以债权人明知公司决议的真实性和有效性存在问题进行抗辩。(3)有些法院认为债权人审查的内容为公司决议,并说明公司章程的规定不能对抗相对人。有些法院认为债权人应审查公司章程和公司决议,在非由公司章程规定的机构作出公司担保决议的情形,相对人不构成善意,公司不应承受法律效果。

第三节 公司代理行为法律效果确定的应然路径

上文已经完成了对实践中法院关于公司代表、公司职务代理和公司对外担保法律效果不同观点的实证分析,法院对上述问题中的理论争议在一定程度上进行明确,接下来应总结实践中法院在不同公司代理行为法律效果认定的案件裁判中所得出的结论,确定判断公司代理行为法律效果归属的具体方法。

一、法定代表人越权行为法律效果的确定

上文已经说明理论上对判断公司越权代表法律效果归属的依据、举证责任和对公司决议是否负担审查义务的观点较为一致,但对相对人是否应审查公司章程及相对人非善意的判断标准存在争议,在样本案例中,法院对上述存在争议的问题形成较为一致的观点,下文将结合理论上的观点和实践中的做法,对判断法定代表人越权行为法律效果所涉及的问题进行说明:

第一,《民法典》第 61 条第 3 款和第 504 条分别规定,公司代表行为有效的条件为相对人善意和除相对人知道或者应当知道。根据上述规定,善意与否的判断为确定法定代表人越权行为法律效果归属的依据。理论上均认为应将相对人善意作为由公司承受法律效果的条件。在实践中,有些法院没有对上述问题进行说明,有些法院以相对人善意为由认定越权行为对公司发生效力。在前一种情形,法院认定不构成越权,在后一种情形法院将善意的判断作为确定法律效果的依据。所以,理论上和实践中的观点较为一致,且符合上述规定,应将构成善意作为由公司承受法律效果的依据。需要说明的是,理论上的不同观点不涉及相对人善意判断的时点,在实践中法院以订立合同时作为认定善意的时间,应根据上述法院的观点,将订立合同时补充解释为认定相对人善意的时点。

第二,由于《民法典》第 504 条明确规定相对人知道或者应当知道其超越权限外,应将该标准作为认定依据。在实践中,不存在法院对于,法定代表人与相对人订立合同时,后者构成非善意的认定,且绝大多数案件中由公司承受法律效果,说明法院采用认定构成善意的标准较低,非善意的情形应主要为公司将

超越权限告知相对人。

第三,理论上均认定相对人不负有审查公司决议的义务,关于是否负担审查公司章程的义务,则存在争议。在实践中,法院认定相对人对公司决议和公司章程均不负担审查义务。笔者认为,相对人不应审查公司决议和公司章程,理由如下:1.《民法典》第 61 条第 3 款规定,公司章程和股东会决议对法定代表人权限的限制,不能对抗善意第三人,该规定将公司章程和公司决议并列,认定相对人不负有审查义务,最符合上述规定的文义。2. 公司决议属于公司内部事项,仅对公司、公司代理主体、股东等主体具有约束力,且无法通过工商登记进行公示,相对人无从知晓,对公司决议进行审查不具有可操作性。由于股东会决议和董事会决议的性质和发挥作用的方式完全相同,相对人对股东会决议与董事会决议均不负有审查义务。3. 虽然公司章程可以通过登记公示,相对人也不应负有审查义务:实践中相对人均未审查公司章程且未审查不影响善意的认定,说明不审查公司章程符合绝大多数当事人在实践中的做法;现行法采用登记对抗主义,在公司作出修改公司章程决议但没有及时办理变更登记的情况下,公司登记的代表权限与订立合同时实际情形不一致,如果认定相对人应审查公司章程,公司将有机会通过说明相对人未要求公司提交章程,主张公司不承受法律效果,以此规避义务,对相对人明显不利;①审查公司章程在一定程度上降低交易效率;法定代表人越权订立的合同包括建设工程合同、买卖合同、借款合同等,在这些合同中当事人互付权利义务,并无为任何一方提供特殊保护的必要,在此情形下,相对人有理由相信公司章程不会对某类交易作出特殊限制,为保护双方当事人的交易安全,不审查公司章程应构成善意。

第四,由于相对人无须审查公司章程和公司决议,其知道公司对代表权限制的方法主要为公司明确告知,所以,应推定相对人构成善意,公司可以相对人知道或应当知道代表权受到限制为由,进行抗辩。

第五,理论上关于善意的判断标准存在争议,在实践中,多数法院直接根据行为人为法定代表人,认定应由公司承受法律效果。法院认定公司不承受法律效果的情形主要为法定代表人非以公司名义实施法律行为与非向公司履行合

---

① 即登记的法定代表人权限与公司章程规定的法定代表人权限不一致,公司以未审查公司章程为由,主张不承担法定代表人按照登记权限所实施的公司代理行为的法律效果。

同义务。笔者认为,重大过失和合理信赖等善意的判断标准仅为抽象概念,应将善意的判断与信赖的内容、是否负有审查义务、考量因素等相结合,具体说明如下:1.相对人无须审查公司章程和公司决议,信赖的内容为具有法定代表人身份,在法定代表人以公司名义订立合同的情况下,应直接推定相对人构成善意。行为人可以信赖经工商登记为法定代表人产生的权利外观,除公司能够证明相对人知道或应当知道行为人非为法定代表人外,应推定构成善意。2.在非以公司名义订立合同的情形下,除行为人明确说明,或根据立法或交易习惯能够确定由公司承受法律效果外,应认定相对人不构成善意。3.善意判断的时点为合同成立时,履行情况不应作为考量因素。

第六,理论上有观点认为相对人非善意情形下越权行为无效,实践中法院认为越权行为对公司不发生效力。笔者认为,根据越权行为的特点,应认定在行为人非善意情形下,越权行为效力待定:法定代表人越权为违反公司章程或公司决议明确规定的限制,即法定代表人的行为未获得公司授权。相对人非善意发生的情形为公司将公司意思明确规定的代表权限制进行告知,因而相对人知道或应当知道法定代表人实施的公司代理行为应以公司意思为前提,其知晓上述行为应经公司特别授权,而对由公司承受越权行为的法律效果不具有信赖,符合无权代理法律效果的特点。所以,既然法定代表人实施公司代理行为应以公司决议的授权为条件,将越权行为的效力认定为效力待定,赋予公司选择是否承担法律效果的权利,较为合理。由此,由公司选择是否采用形成公司意思的方式进行追认,既能使已经完成的公司代理行为和已经订立的合同通过追认而有效,以提高交易效率,又能在公司不追认的情形下使其权利得到保护。

因此,公司代表法律效果的判断方法可以归结为在法定代表人以公司名义实施公司代理行为的情况下,直接基于法定代表人身份推定相对人构成善意。相对人不负担审查公司章程和公司决议的义务,由公司以相对人知道或应当知道代表权限制为由进行抗辩,相对人非善意情况下的合同效力为效力待定。

二、职务代理人越权法律效果的确定

上文已经说明理论上关于职务代理权的来源、相对人的审查义务、善意的认定标准等问题存在争议。在样本案例中,法院对上述问题进行说明。在实践中,法院认定《民法典》第170条并非仅适用于狭义的公司工作人员,职务代理人的范围包含控制股东、董事、经理等多种情形。为明确法定代表人以外的公司代理主体越权行为法律效果的判断方法,应对职务代理行为涉及的各问题进行说明。

第一,理论上关于职务代理权的来源包括职位、独立的授权行为、立法、交易习惯、公司章程、公司决议等。在样本案例中,多数法院直接通过职务代理人的职位确定其有无相应职权,在有些案例中行为人出具授权委托书,其功能限于明确职务代理权的内容,而非用于确定职务代理权的来源。笔者认为,既然缺少授权委托书不影响使公司承受职务代理人实施的公司代理行为的法律效果,且《民法典》第170条没有要求职务代理人实施公司代理行为应获得公司的明确授权,认定职务代理权来源于职位本身更为合理。

第二,在实践中,法院认定的职位包含多种类型,且职务代理人不限于与公司具有劳动关系、雇佣关系且承担特定工作任务的工作人员,职务代理人的行为也包含多种类型。上文已经说明不应从整体上限制职务代理人职位的范围和职务代理行为的范围,应将《民法典》第170条作为确定公司内部非属具有法定代表人的公司代理主体越权行为法律效果的统一规则。

第三,与公司代表不同,职务代理人中的狭义的公司工作人员的职权范围产生于职位并受到职位特点的限制。在公司代表行为法律效果的判断中,法院仅根据具备法定代表人身份,推定由公司承受法律效果,而在狭义的公司工作人员作为职务代理人所实施的公司代理行为法律效果的认定中,法院判断的内容包括相对人是否对行为人根据职位特点确定的职权范围产生合理信赖以及相对人是否知道或应当知道行为人违反公司意思规定的职权范围限制。具体而言,前者信赖的内容是根据职位本身特点所确定的应当拥有的相应职权,后者信赖的内容为职务代理人的行为没有违反公司决议和公司章程等公司意思明确规定的限制。

第四,理论上对职务代理人的类型进行区分,有观点认为,现行法对职务代理进行统一规定,导致职务代理权的范围不明确、职务代理行为的法律效力不明晰等问题,应借鉴德国法上的经理权和代办权区分职务代理的类型。① 也有观点认为,职务代理的类型分为分管领导代理、部门负责人代理和对外营业员工的代理,并根据不同类型的职务代理行为分别确定越权行为的法律效果。② 笔者认为,上述观点对职务代理行为的类型进行区分,并根据不同职务代理行为确定公司代理行为的法律效果,可以在一定程度上解决现行法中法律效果不明确的问题,但将职务代理行为区分为不同类型不符合现行法的规范方式,也无法涵盖所有的职务代理行为,难以直接得出不同职务代理行为法律效果的判断方法。对《民法典》第170条进行文义解释,严格的职务代理规则仅适用于狭义的公司工作人员,即根据职位确定的职权范围具有特定工作内容的公司工作人员。但该规则对职务代理进行统一规定,是将职务代理人的类型进行区分的解释提供空间。具体而言,应对上述规定进行扩张解释,将控制股东、董事、经理等非属狭义的公司工作人员的公司代理主体纳入职务代理人的范畴,非属法定代表人的公司代理主体所实施的公司代理行为法律效果的判断,均可适用职务代理规则。从根据相对人善意确定公司代理行为法律效果的角度进行划分,应将职务代理行为的类型区分为职权范围限于特定工作任务的狭义公司工作人员实施的公司代理行为,以及根据职位确定的职权范围不包含特定工作任务的公司代理主体实施的公司代理行为。上述界定并非在规范层面上对职务代理的类型进行区分或提出完善职务代理规则的建议,而是根据公司职务代理行为法律效果认定的不同情形得出的作为判断方法的应然路径。采用此种界定方法,法定代表人以外的公司代理主体均为职务代理人,但应采用不同判断标准确定具体职务代理行为的法律效果。由于控制股东、董事、经理等公司代理主体没有具体职位或根据职位确定的职权范围不受限制,不涉及相对人对根据职位特点确定的职权范围产生信赖的问题,应直接基于上述主体构成公司代理主体,判断相对人是否信赖这些主体不违反公司意思明确规定的限制,确定法律效果的归属。

第五,理论上关于善意判断的标准存在争议,不同判断方法包括代理权滥用原则、表见代理规则等。实践中,法院认定的善意标准包括不存在恶意串通、

---

① 参见迟颖:《职务代理权的类型化研究——〈民法典〉第170条解释论》,载《法商研究》2023年第1期。

② 参见汪渊智:《论职务表见代理》,载《山西大学学报(哲学社会科学版)》2020年第6期。

合理信赖、有理由相信等。上文已经说明职务代理人的善意与表见代理的善意相同，应为有理由相信，即相对人不知道或不应知道行为人超越权限，且不知道不是因其过失造成。①

第六，基于对职务代理权来源的不同界定，理论上关于相对人是否负有审查义务存在争议。在实践中，法院均认为相对人无义务审查公司章程。笔者认为，相对人不应审查公司章程和公司决议，理由如下：1. 公司决议为公司的内部文件，无法通过登记加以公示，在公司通过决议对职务代理人的权限作出限制的情形下，如果公司不告知上述限制，相对人无从知晓决议的存在和内容。2.《公司法》第 25 条第 1 款规定的公司章程内容不包括对公司工作人员具体职权的规定，所以，除非股东会另行规定，公司章程中不会对职务代理人的代理权限作出特别规定，相对人有理由相信公司章程中不包含限制公司代理权的内容，也不应负有审查章程的义务。3. 法定代表人和职务代理人的区别限于职权范围不同，即前者拥有概括的代表权，后者只拥有与职位相符的代理权，该区别仅在判断相对人是否构成善意时发挥作用，即在公司代表的情形下，不存在相对人对职权范围产生信赖的问题，在公司职务代理的情形下，相对人应信赖根据职位特点确定的职权范围，上述区别不涉及是否通过审查公司章程认定善意。由于法定代表人和职务代理人所能实施的行为类型与对公司产生法律效果的依据均不存在本质区别，在相对人信赖根据职位确定的职权范围的情况下，职务代理人行为与法定代表人行为法律效果的判断方法应当相同，上文所述关于公司代表情形下相对人不负有审查义务的各项理由也适用于判断职务代理人实施公司代理行为的法律效果。

第七，由于相对人不负有审查义务，举证责任应由公司承担。具体而言，判断相对人信赖职权范围的依据是，职务代理人实施的公司代理行为是否落入对于职位的通常理解所确定的职权范围，该善意无须特别证明。只要确定相对人具有对职权范围的信赖，就应推定相对人构成善意，公司可以通过证明相对人知道或应当知道，或者相对人因过失不知公司意思规定的职权范围限制，不构成善意为由，进行抗辩。需要说明的是，在样本案例中，不存在法院关于相对人应当知道职务代理人的职权范围及其存在过失的认定，相对人非善意的情形限

---

① 参见黄薇：《中华人民共和国民法典总则编解读》，北京：中国法制出版社 2020 年版，第 562 页。

于公司将公司意思规定的限制告知相对人,说明相对人构成非善意的情形同样应主要为公司将超越权限告知。

第八,上文已经说明相对人善意判断的时点为订立合同时。

第九,由于职务代理是一种特殊的代理行为,应适用无权代理规则确定法律效果。依据无权代理规则,在相对人非善意情形下,职务代理人以公司名义与相对人订立合同的状态为效力待定,可由公司通过形成公司意思进行追认。

第十,公司职务代理规则与表见代理规则、无权代理规则存在以下关系: 1.表见代理规则中的善意判断标准应作为认定公司以外相对人善意的依据。在相对人构成善意的情形下,应适用《民法典》第 170 条第 2 款,认定公司代理行为有效,而非适用表见代理规则。2.在相对人不构成善意的情形下,应适用无权代理规则补充公司代理行为的法律效果,即根据无权代理规则认定职务代理人行为的法律效果为效力待定。

因此,公司职务代理法律效果的判断方法可以归结为:在狭义的公司工作人员实施公司代理行为的情况下,相对人无义务审查公司章程和公司决议,如果相对人信赖基于对职位的通常理解确定的职权范围,应推定构成善意,由公司以相对人知道或应当知道,或因过失不知,公司意思规定的职权范围限制为由进行抗辩,相对人非善意情况下的合同效力为效力待定。在非为法定代表人且不具有特定职权范围的控制股东、董事、经理等公司代理主体实施公司代理行为的情况下,因相对人不负有审查义务,应推定相对人构成善意,由公司以相对人知道或应当知道,或者因过失不知公司意思规定的限制,不构成善意为由,进行抗辩。

三、公司越权担保法律效果的确定

理论上关于公司越权担保情形下,担保合同的效力、审查的标准、审查的内容、举证责任等问题存在争议,法院也对上述问题存在不同观点,有必要结合上文的分析,对判断公司对外担保法律效果所涉及的问题进行说明。

第一,根据《九民纪要》第 17 条,应判断债权人订立合同时是否为善意确定越权担保的法律效果。理论上有观点认为债权人负担审查义务,也有观点认为公司对外担保规则为管理性强制性规定,债权人未审查不影响担保合同效力。

实践中,多数法院认为相对人应负担审查义务,也有些法院以规范性质、经公司授权等为由,认为相对人不承担审查义务。理论上和实践中均对审查的内容存在争议。

笔者认为,《九民纪要》第18条第1款将相对人是否履行审查义务作为判断善意的依据,应当认定相对人有义务进行审查,审查的内容应包含公司决议和公司章程,理由如下:《公司法》第16条第1款规定,实施公司对外担保行为的前提是依照公司章程作出决议,上述规定表明公司章程和公司决议均作为判断善意的考量因素;在仅审查公司决议且决议非由公司章程规定的机构作出的情形下,如果认定担保合同有效,与《公司法》第16条第1款相违背,也使得公司担保规则中,由公司通过章程规定,选择担保决议机构的功能受到限制,即未按照公司章程规定作出的公司决议实则为没有形成有效的公司对外担保意思;债权人在审查公司决议时一并审查公司章程,不会增加其审查成本;根据《九民纪要》第18条第1款,债权人只有对公司章程进行审查,才能完成上述规定中的审查义务。该纪要第18条第1款规定的由公司证明债权人明知公司章程规定的决议机关,与审查的内容包含公司章程不协调,也与《公司法》第16条第1款和《九民纪要》第18条第1款前半段存在冲突,采用由债权人通过证明其审查公司章程,构成善意的解释方法,更为合理。

第二,《九民纪要》第18条规定审查标准为形式审查,《担保制度解释》第7条第3款规定审查标准为合理审查。理论上分别采用上述两种观点,在实践中法院均认定审查标准应为形式审查。笔者认为,将债权人的审查标准界定为形式审查,更为合理,具体说明如下:1. 债权人审查义务的履行完全依靠公司提交的文件,《公司法》第22条第2款规定公司章程可撤销的情形包括公司决议形成程序违反法律或公司章程,债权人无法知晓公司决议形成的具体情况,也无从确定决议是否为伪造或是否为根据《公司法解释(四)》第5项规定的公司决议不成立的情形作出,要求债权人审查公司决议的真实性和有效性,明显不合理。2. 上文已经说明债权人审查的内容包括公司决议和公司章程,形式审查的含义为审查公司决议的内容是否满足公司章程的要求。具体而言,公司决议中规定的决议机构、同意决议的人数、签字人员、表决权比例均符合公司章程关于担保事项和决议通过要求的规定,应认定相对人完成形式审查。3. 在公司章程没有对担保事项进行规定的情况下,股东会或董事会均可作出担保决议,债权人应审查上述决议中的内容符合公司章程规定的决议通过要求。4. 在未设置董事会且执行董事非法定代表人的情况下,如果公司章程明确授权由执行董事作出担保决定,执行董事可以直接决定对外担保。在公司章程没有明确授权或由执行董事担任法定代表人的情形下,应由股东会作出决议。在上述情形中,债权人应审查执行董事决定或股东会决议是否符合公司章程的要求。5. 由于债权人无法知晓公司向其他债权人提供担保的事项,为债权人提供的担保数额不超过《公司法》第 16 条第 1 款规定的担保总额及单项担保数额,应认定其完成审查义务。公司章程采用规定不超过特定比例净资产的方式确定担保数额限制与直接规定数额进行限制不存在本质区别。由于债权人可以要求公司提供其关于净资产的文件,审查担保数额是否超过根据章程规定的净资产比例确定的数额不存在障碍,债权人应对此情形下的数额限制进行审查。

第三,理论上和实践中均对举证责任的承担存在争议,笔者认为,举证责任应由债权人承担,原因在于:1. 公司担保为公司设定义务,债权人因公司对外担保取得相应权利,但不负担任何义务。由于债权人负担积极的审查义务,而公司并无义务主动要求债权人进行审查,即债权人欲获得担保应主动要求公司提交公司章程和公司决议等公司意思文件以供其审查,由债权人承担举证责任更符合审查义务履行的特点。2. 公司担保规则的作用是保护公司利益,防止法定代表人未经授权的行为对公司造成损害,由债权人承担举证责任更符合公司权利保护的要求。结合上文关于审查标准的分析,举证责任的内容如下:应由债权人对完成形式审查承担举证责任,由公司证明债权人知道公司决议的真实性和有效性存在问题,进行抗辩。

第四,在相对人非善意情形下,理论上的不同观点认为越权担保合同的效力包括有效、无效、对公司不发生效力。实践中,法院认定的越权担保合同效力包括有效、无效、效力待定。笔者认为,采用对公司不发生效力的表述更为准确,现行法对此种情形下的法律效果作出明确规定,担保合同效力并非《民法典》总则编规定的法律行为无效或效力待定,应根据《担保制度解释》第 17 条第 1 款规定的内容确定具体的法律效果。

因此,公司越权担保法律效果的判断方法可以概括如下:根据债权人订立合同时善意与否判断法律效果,债权人构成善意,越权担保对公司发生效力。债权人对公司章程和公司决议负担形式审查义务,由债权人证明完成形式审查,公司可以债权人知道公司决议的真实性、有效性存在问题,进行抗辩。在债权人非善意的情形下,根据立法规定确定法律效果的具体内容。

本章小结

在公司代理行为体系中,存在公司代表、公司职务代理、公司对外担保等不同行为类型。上述三类行为法律效果的判断方法,可以作为不同情形下公司代理行为法律效果的认定标准,即公司代表法律效果的判断方法可以适用于确定法定代表人实施的公司代理行为的法律效果,职务代理规则是确定法定代表人以外的公司代理主体所实施的公司代理行为法律效果的统一规则,这两种行为可以涵盖立法未特别规定应以形成公司意思为前提的公司代理行为的全部情形。公司对外担保为立法特别规定应形成公司意思的公司代理行为,该行为法律效果的判断方法可以适用于确定其他立法特别规定应以形成公司意思为前提的公司代理行为法律效果。所以,应结合上文的分析,对公司代表、公司职务代理、公司对外担保法律效果的判断方法进行比较,形成公司代理行为法律效果判断方法的规则体系:

首先,确定公司代表、公司职务代理、公司对外担保三种公司代理行为法律效果归属的依据均为相对人在订立合同时是否为善意。

其次,三类公司代理行为中善意的判断标准不同:公司代表的相对人不知道或不应当知道超越权限,构成善意;公司职务代理行为相对人善意的判断应适用表见代理规则,其有理由相信职务代理人未超越权限,构成善意;公司对外担保法律关系中的相对人应证明对公司决议和公司章程进行了审查,认定其构成善意。所以,三类行为中善意的判断标准从低到高依次为"知道或者应当知道""有理由相信""完成审查义务"。需要说明的是,在公司代表和公司职务代理法律效果的认定中,善意判断标准的不同仅存在于规范层面,因为实践中不存在法院对相对人应当知道或其因过失不知的认定,不构成善意的情形限于公司将公司代理主体超越权限明确告知相对人。

再次,三类公司代理行为中善意所信赖的内容存在区别:公司代表行为的相对人基于信赖法定代表人不违反公司意思构成善意。在公司职务代理法律关系中存在不同情形:如果职务代理人为狭义的公司工作人员,相对人信赖的内容为基于职位确定的职权范围和职务代理人不违反公司意思规定的职权范围限制;如果职务代理人为控制股东、董事、经理等不具有特定职位或根据职位确定的职权范围不包含特定的工作任务的行为人,不涉及信赖根据职位确定的职权范围的问题,信赖的内容限于职务代理人不违反公司意思规定的职权范围限制。在公司对外担保法律关系中,相对人信赖的内容为依照章程形成公司担保决议。

复次,善意的判断与举证责任、审查义务密切相关。在公司代表和公司职务代理行为法律效果的判断中,相对人不负有审查义务,应推定相对人构成善意,由公司承担证明相对人非善意的举证责任。在公司对外担保法律关系中,债权人应审查公司决议和公司章程,由债权人通过证明其完成审查义务而构成善意。

又次,三类公司代理行为中,基于不同的善意判断标准,公司证明非善意的方法存在差异:公司通过证明相对人知道或应当知道越权,不承受法定代表人实施的公司代理行为的法律效果;由公司证明相对人不具有对根据职位特点确定的职权范围的信赖,或由公司证明相对人知道或应当知道,或者因过失不知,职务代理人违反公司意思规定的限制,认定不构成善意;公司通过证明相对人知道对外担保决议的真实性、有效性存在问题,认定相对人不构成善意。

最后,相对人善意的情形下,应由公司承受法律效果。在相对人非善意的情形下,法定代表人和职务代理人通过越权实施公司代理行为所订立合同的效力为效力待定;越权担保对公司不发生效力,法律效果的具体内容应根据《担保制度解释》第 17 条第 1 款确定。

第四章　公司代理主体越权的责任承担

上文已经完成了对公司代理主体、公司代理行为范围的依据和公司代理行为法律效果的分析。在公司代理法律关系中,公司代理主体越权实施公司代理行为,可使公司承受法律效果,或者根据立法规定承担责任。因公司代理主体违反公司意思造成公司损失,其应向公司承担责任。本章主要讨论不同公司代理主体因越权违反公司意思所产生的责任应如何确定。

根据上文对公司代理主体的分析,笔者采用实质标准界定公司代理主体,即将在具体情形中实际实施公司代理行为的主体界定为公司代理主体,根据上文对公司代理行为法律效果的分析,实践中能够实施公司代理行为的主体包括法定代表人、狭义的公司工作人员、董事、股东、经理等,说明公司代理主体存在多种类型,也验证了实质标准的合理性。虽然不同公司代理主体行为的法律效果以法定代表和职务代理两种不同方式归属于公司,但笔者认为,公司代表与公司职务代理区分的原因是立法将法定代表人规定为法定的、唯一的能够以代表方式实施公司代理行为的主体,基于法定代表人身份,可以采用相对较低的标准认定相对人构成善意,所以,法定代表人既不是能够实施公司代理行为的唯一主体,也无法垄断公司的意思表示,其实施公司代理行为的作用和其他公司代理主体不存在本质区别,即法定代表人因立法规定而拥有概括代表权,使相对人在与公司形成法律关系时无须判断是否具有相应的职权范围,其特殊性仅为影响相对人善意的判断,在确定法律效果归属的过程中发挥作用,但公司请求公司代理主体承担责任的条件为公司代理行为造成公司损失,此时法律效果的归属已经确定,法定代表人越权造成公司损失与其他公司代理主体越权的情形不存在本质区别。所以，公司代表与公司职务代理的区分是立法规定造成的，仅在相对人善意的判断中发挥作用，而不能作为确定越权违反公司意思责任承担的依据。

理论上关于公司代理主体越权情形下责任承担的规范基础存在争议：

其一，有观点认为，法定代表人的越权责任包含如下情形：1. 法定代表人越权担保的情形下，担保合同有效时，应根据《担保制度解释》第 7 条第 2 款向公司承担责任。该观点没有说明担保合同无效时，法定代表人应如何向公司承担责任。2. 如果法定代表人违反意定限制，在越权行为有效的情形下，法定代表人应根据《民法典》第 929 条第 2 款规定的委托合同受托人损害赔偿责任向公司承担责任。在越权行为无效的情形下，应由法定代表人依据《民法典》第 171 条第 3 款对相对人承担无权代理责任。3. 如果法定代表人违反业务执行权，在代表行为有效的情形下，应根据《民法典》第 929 条第 2 款承担责任。在代表行为无效的情形下，由于相对人不构成善意，法定代表人不承担责任。[1] 其二，有观点认为，《公司法》第 148 条和第 149 条规定的信义义务规则可以为法定代表人因越权承担责任的请求权基础。法定代表人对其越权担保是明知的，存在过错，公司还可请求法定代表人承担侵权责任。[2] 其三，有观点认为，虽然《公司法》第 149 条没有明确将法定代表人规定为责任主体，但在该法第 151 条规定股东派生诉讼的情形下，法定代表人可以以"他人"身份成为派生诉讼的被告，向公司承担责任。[3] 即法定代表人应因违反信义义务向公司承担责任。其四，有观点认为，由于现行法采用唯一代表制，阻碍了法定代表人内部承担责任的实现，可以采用以下方法进行完善：专门设置法定代表人内部担责条款；借鉴成立中公司的归责原则，设置法定代表人内部担责外部化规则，构建组织责任加身份责任的归责模式，以立法形式使法定代表人在对外担保中与公司承担连带

---

① 参见迟颖：《法定代表人越权行为的效力与责任承担——〈民法典〉第 61 条第 2、3 款解释论》，载《清华法学》2021 年第 4 期。

② 参见甘文强：《法定代表人越权担保之规范路径研究》，载《安徽警官职业学院学报》2020 年第 3 期。

③ 参见李栋栋：《公司法定代表人越权担保行为效力研究》，载《河南财政税务高等专科学校学报》2018 年第 4 期。

担保责任。①

笔者认为,理论上的不同观点存在以下问题:首先,前三种观点主要说明法定代表人的越权责任,特别是对法定代表人越权担保进行说明,而不包含对法定代表人以外的公司代理主体越权责任的说明。其次,前三种观点均直接根据信义义务规则、委托合同受托人规则等内容简单说明法律适用问题,而没有给出法律适用的具体理由,也没有对法定代表人与公司的关系、法定代表人的过错、责任限制等问题进行分析。再次,上述有些观点没有正确理解法定代表人和公司的关系:1.在现行法下,法定代表人同时为董事或经理,《公司法》中存在关于法定代表人的责任承担规则;2.由于法定代表人和公司存在不同关系,前者可能无法知晓公司意思瑕疵,或无法改变公司意思的内容,法定代表人越权的情形下并非必然存在过错;3.即使有些观点准确说明法定代表人责任承担的规范基础,但由于忽视了法定代表人与公司的不同关系,无法正确解释法律适用的具体情形。最后,第四种观点认为应设置法定代表人责任承担规则,改变了现行法的规范方式,在立法中存在关于法定代表人责任的相关规定的情形下,采用设置新的规则的做法是否合理,存在疑问。所以,由于本书的研究为不同公司代理主体的责任承担,且为准确说明法律适用方法,应基于公司代理主体与公司关系的具体内容,确定不同公司代理主体责任承担的规范基础和法律适用方法。

由于理论上的不同观点无法合理解释公司代理主体越权情形下的责任承担,现行法中也没有规定公司代理主体违反公司意思的责任承担,且在公司决议等公司意思中通常没有规定类似合同中的违约责任的内容,也无法根据公司意思确定公司代理主体的责任。笔者认为,界定公司代理主体因越权向公司承担责任的合理方法如下:根据公司代理主体与公司的法律关系,分别分析用于确定相应主体的责任承担规则能否适用于越权责任的情形。具体而言,我们可以通过分析法定代表人、控制股东、董事、狭义的公司工作人员等主体与公司的关系,根据现行法中规定的上述主体向公司承担责任的具体规则,确定不同公司代理主体承担责任的条件,并在此基础上分析越权违反公司意思能否以及如

---

① 参见赖虹宇、吴越:《法定代表人越权担保中的内部责任配置方式》,载《四川理工学院学报(社会科学版)》2018年第1期。

何适用这些规则。由于公司代理主体具有多种类型,笔者无法对所有公司代理主体的责任承担进行分析,较为可行的方法为选取立法规定且较为典型的公司代理主体进行分析,并以此为基础对不同类型公司代理主体责任承担的法律适用方法进行总结。

第一节　公司代理主体越权责任承担的规范分析

笔者选取法定代表人、董事和高级管理人员、狭义的公司工作人员、控制股东作为分析对象,以明确不同公司代理主体应如何承担责任,理由如下:1. 将上述不同公司代理主体作为分析对象具有典型性,基本能够涵盖代理主体与公司关系的各个层面,且可以包括样本案例中全部的公司代理主体情形。其中,法定代表人为立法规定的唯一能以"代表"方式实施公司代理行为的主体,因其具有概括的代表权,相对人无须判断职权范围。根据《公司法》第 13 条,①法定代表人必然为董事或管理者,应基于其管理职位作为承担信义义务的主体。在董事和管理者属于非为法定代表人的公司代理主体等情形下,这些主体应根据《公司法》第 147 条第 1 款承担公司信义义务。狭义的公司工作人员的公司代理权受到职权范围的限制,且非属作为公司组织机构的管理者,也不属于承担公司法层面的信义义务的主体。控制股东在公司中不具有特定职位,《公司法》也未将其规定为信义义务主体,但拥有公司的最终控制权。上述不同类型的公司代理主体中,在作为信义义务主体层面,法定代表人、董事、管理者为承担信义义务的主体,狭义的公司工作人员与控制股东不承担信义义务。在职权范围层面,法定代表人拥有概括的代表权限,董事、管理者的职权范围也是非特定的,控制股东的职权在形式上为决策权,狭义的公司工作人员具有特定且明确的职权范围。基于以上区别,我们通过分析这些公司代理主体的责任承担规则,可以明确针对不同类型的代理主体应如何适用法律确定越权责任。2. 法定代表人、董事和管理者、狭义的公司工作人员和控制股东均为《民法典》或《公司

---

① 该条规定:"公司法定代表人依照公司章程的规定,由董事长、执行董事或者经理担任,并依法登记。"

法》中明确规定的主体,现行法中存在规范这些主体责任承担的具体规则,对这些公司代理主体的越权责任进行分析,更具有针对性和可操作性。上文已经说明公司代理主体承担责任的原因为越权行为造成公司损失。所以,应分别考察现行法中关于法定代表人、董事和高级管理人员、狭义的公司工作人员、控制股东等主体承担责任的相关规定,判断这些规则能否以及如何适用于确定公司代理主体越权的责任承担。

一、法定代表人责任承担的规范基础分析

现行法关于法定代表人责任承担的不同规则中包括针对法定代表人越权担保责任等特殊规则和《民法典》第62条第2款规定的法定代表人责任的一般规则。笔者认为,为明确法定代表人责任承担的规范基础,对这些规则均应进行说明,原因在于:1.法定代表人承担责任的特殊规则有其独立适用的情形,且对责任承担的适用条件作出不同规定。公司对外担保为特殊的公司代理行为,对适用于该情形的责任承担规则进行分析,可以明确现行法中的特殊规则适用于公司越权担保是否合理,适用条件是否需要调整。2.法定代表人责任承担的特殊规则和一般规则存在密切联系,对两者进行分析也可以确定是否有必要引入一般规则的适用条件补充特殊规则构成方面的不足,以实现利益平衡。3.笔者在此介绍法定代表人责任承担的特殊规则和一般规则并非由于越权担保责任承担规则仅适用于法定代表人,而是因为现行法仅针对法定代表人作出规定,即是由于规范层面的原因所决定的。笔者关于法定代表人责任承担特殊规则的分析,也可适用于其他有权实施公司对外担保的公司代理主体。在下文的分析中,笔者将首先说明法定代表人责任承担的特殊规则,再对法定代表人责任的一般规则进行分析。

第一,针对法定代表人责任承担的特殊规则。有些规则规定法定代表人在具体情形下的责任承担问题,笔者以法定代表人越权担保责任规则为例进行说明。《担保制度解释》第7条第2款和《九民纪要》第21条规定,法定代表人越权担保造成公司损失,公司可以请求法定代表人承担赔偿责任,公司股东也可以依据《公司法》第151条规定的股东代表诉讼,请求法定代表人承担赔偿责任。理论上认为,越权代表和无权代理存在区别,公司向相对人承担责任的规

范依据为《民法典》第 62 条第 1 款规定的公司承担法定代表人执行职务造成他人损害的责任,以及《担保制度解释》第 17 条规定的担保合同无效情形下公司的赔偿责任。公司请求法定代表人承担责任的规范基础为《民法典》第 62 条第 2 款,即法定代表人向公司承担的责任是因公司承担责任后,向有过错的法定代表人追偿产生的责任,在越权担保情形下的具体化。① 也有观点认为,根据《九民纪要》第 21 条规定的股东可以通过股东代表诉讼请求法定代表人承担责任,可以得出,因法定代表人同时为公司的董事长、执行董事或经理,股东通过提起股东代表诉讼实现救济的规范基础为《公司法》第 149 条,即越权担保责任为法定代表人因违反信义义务而承担的责任。② 笔者认为,理论上的不同观点不仅将《担保制度解释》第 7 条第 2 款作为法定代表人越权担保情形下承担责任的依据,还说明更为基础的、作为设置上述规定依据的具体规则,包括《民法典》第 62 条第 2 款规定的法定代表人责任承担规则、《公司法》第 149 条规定的信义义务规则。我们通过考察上述规则的文义可以发现,《担保制度解释》第 7 条第 2 款将法定代表人承担责任的条件规定为超越权限和造成公司损失,适用《民法典》第 62 条第 2 款确定责任承担的条件包括法定代表人存在过错,适用《公司法》第 149 条确定责任承担则要求法定代表人的行为违反信义义务。③ 上述规定对法定代表人承担责任存在不同要求,《民法典》第 62 条第 2 款和《公司法》第 149 条分别在《担保制度解释》第 7 条第 2 款规定的基础上,增加规定存在过错或违反信义义务。在法定代表人越权担保情形下,其承担责任的条件应如何确定,还应进一步分析《民法典》第 62 条第 2 款和《公司法》第 149 条再进行判断。

第二,法定代表人责任承担的一般规则。《民法典》第 62 条规定,法定代表人因执行职务损害他人,应由公司承担责任,公司承担责任后,应依照法律或章程规定,向法定代表人追偿。根据该规定,法定代表人向公司承担责任是后者行使追偿权的法律效果,即法定代表人的行为造成他人损害,公司因立法规定

---

① 参见最高人民法院民事审判第二庭著:《最高人民法院民法典担保制度司法解释理解与适用》,北京:人民法院出版社 2021 年版,第 105 页。

② 参见最高人民法院民事审判第二庭编著:《〈全国法院民商事审判工作会议纪要〉理解与适用》,北京:人民法院出版社 2019 年版,第 194—195 页。

③ 参见王作全:《公司法学》,北京:北京大学出版社 2015 年版,第 178 页。

承担本应由法定代表人承担的责任,前者基于其向他人承担的责任请求后者承担责任。所以,我们应通过分析公司承担责任的原因判断法定代表人承担何种责任。理论上认为,《民法典》第 62 条规定的内容为法定代表人的职务侵权行为导致的民事责任。[①]

根据上文所述,有观点认为,《担保制度解释》第 7 条第 2 款规定的公司承担责任的规范基础为《民法典》第 62 条第 1 款,按照上述解释,《民法典》第 62 条第 1 款规范的内容应不限于法定代表人的职务侵权行为,原因在于:在越权担保中,公司承担责任的情形包括:因相对人善意,承受越权担保行为的法律效果;在相对人非善意的情形下,担保合同对公司不发生效力,公司应根据《担保制度解释》第 17 条第 1 款第 1 项和第 2 项承担责任,即如果公司和债权人均存在过错,公司承担不能清偿部分二分之一的责任,或如果公司有过错而债权人无过错,公司对不能清偿的部分承担赔偿责任。在上述情形中公司均因承担责任遭受损失,但在前一种情形,公司承担责任的内容为担保合同设定的义务,此时法定代表人的行为未造成他人损失,应不属于职务侵权,而在后一种情形,公司因立法规定向债权人承担部分责任,该责任为缔约过失责任,[②]而非职务侵权责任。所以,即使仅将公司应承担的缔约过失责任解释为《民法典》第 62 条第 1 款应适用的情形,该规定也应不限于规制法定代表人的职务侵权。笔者认为,将该规则作为越权担保情形下公司承担责任的规范依据,其规定"因执行职务造成"他人损害应包含职务侵权行为和缔约过失行为,但将《民法典》第 62 条第 1 款规定的承担责任解释为职务侵权责任,明显与该规定的文义更为相符:1.《民法典》第 62 条第 1 款的表述与《民法典》第 1191 条前半句规定的职务侵权责任的表述较为相近,后者的表述为,工作人员因执行工作任务损害他人,用人单位应承担侵权责任。两规定在主体和表述细节上存在区别,而规定的内容及责任承担条件基本相同,将《民法典》第 62 条第 1 款解释为职务侵权责任具有合理性。2.《民法典》第 62 条第 1 款仅将公司承担责任的条件规定为职务行为和造成损害,没有对公司的过错进行规定。理论上认为,立法没有将过错作

---

① 参见最高人民法院民法典贯彻实施工作领导小组主编:《中华人民共和国民法典总则编理解与适用(上)》,北京:人民法院出版社 2020 年版,第 326—328 页。

② 参见最高人民法院民事审判第二庭著:《最高人民法院民法典担保制度司法解释理解与适用》,北京:人民法院出版社 2021 年版,第 35 页。

为雇主侵权责任的构成要件,用人单位承担的责任为无过错责任。①《民法典》第62条第1款未对过错问题进行规定,也与职务侵权责任中过错的内容相符。而在现行法下,缔约过失责任为过错责任。②《民法典》第62条第1款没有规定公司的过错,与缔约过失责任的构成相背。

《民法典》第62条第1款更符合现行法关于职务侵权责任的规范方式,将其内容界定为法定代表人的职务侵权责任承担规则更为合理,所以,《民法典》第62条第2款规定的内容应被解释为公司承担职务侵权责任受到损失向法定代表人追偿,而非法定代表人违反公司意思造成公司损失,应向公司承担民事责任。由于《民法典》第62条第1款明确将公司承担责任的前提规定为造成他人损害,即使认定该规定中公司承担的责任包括缔约过失责任,也无法适用于由公司承受法定代表人行为法律效果的情形,该规定不能作为法定代表人越权责任承担的规范基础。

笔者认为,将现行法专门针对法定代表人责任的规定作为确定法定代表人越权责任承担的规范基础存在以下问题:1.《担保制度解释》第7条第2款可以作为法定代表人越权担保情形下责任承担的规范基础,但该规定仅将承担赔偿责任的条件规定为造成公司损失,其内容是否过于严格,存在疑问。2.《民法典》第62条规定的内容为公司承担法定代表人职务侵权行为的责任,而公司代理行为不涉及职务侵权问题,该规则也无法作为确定法定代表人越权承担责任的规范基础。所以,针对法定代表人越权担保情形下责任承担规则的适用条件并不明确,在专门针对法定代表人责任的一般规则中缺失法定代表人因越权承担责任的规范基础。

二、董事和高级管理人员责任承担的规范基础分析

理论上认为,信义义务约束董事执行公司职务的行为,确保董事权力的正当行使,防止董事放弃、怠于行使权力或为自己的利益滥用权力,保护公司和股东的利益。其中,注意义务要求董事在履行职责时,应为公司的最佳利益,尽善

---

① 参见王利明:《侵权责任法研究(下)》,北京:中国人民大学出版社2011年版,第86页。
② 参见韩世远:《合同法总论(第三版)》,北京:法律出版社2011年版,第132页。

良管理人的合理注意。忠实义务要求董事应当忠实履行职责,在其与公司存在利益冲突时,应当维护公司利益,不得利用董事身份牺牲公司利益,为自己或第三人牟利。① 笔者认为,董事和高级管理人员的越权公司代理行为符合上述关于违反信义义务的界定:1. 董事和高级管理人员为公司代理主体,其实施公司代理行为是履行职务的行为;2. 在越权行为违反的公司代理行为范围依据为公司章程的情形下,董事、高级管理人员承担责任符合《公司法》第149条和第152条规定的上述主体因违反章程向公司或股东承担责任;③现行法将执行公司决议规定为董事和经理的法定职权,违反公司决议属于没有履行上述法定职责,并且公司决议与公司章程在作为公司代理行为范围依据方面发挥相同作用,董事、管理者在违反公司决议的情形下,应参照适用上述规定,向公司或股东承担责任。所以,董事、高级管理人员越权违反公司决议,造成公司或股东损失,应按照上述规定承担责任。《公司法》第149条和第152条作为董事、高级管理人员承担责任的规范基础应不存在障碍。在现行法下,法定代表人同时为董事长、执行董事或经理,上述规定也应作为法定代表人越权责任的规范基础。

需要说明的是,应将《担保制度解释》第7条第2款和《九民纪要》第21条规定的,法定代表人因越权担保向公司承担责任规则,解释为上述违反信义义务的责任承担规则在越权担保情形下的具体化,理由如下:1. 根据《公司法》第16条第1款,公司对外担保应以按照公司章程作出公司决议为前提,法定代表人越权担保违反上述规定,符合违反信义义务承担责任的适用条件;2. 上文已经说明公司对外担保规则的目的为引导公司对重大行为进行决策,防止法定代表人的行为造成公司损失,与信义义务确保管理者权力正当行使,防止董事等造成公司损失的要求相同;3.《担保制度解释》第7条第2款和《九民纪要》第21条直接将承担责任的前提规定为造成公司损失,而不包含其他考量因素,即无论法定代表人造成损失的原因为何以及是否具有过错,均应承担责任,使得法定代表人承担责任的条件过于严格,采用以违反信义义务作为应否承担责任的判断标准,能够合理平衡法定代表人和公司的利益。所以,应将《担保制度解释》第7条第2款和《九民纪要》第21条界定为信义义务规则在越权担保情形

① 参见安建:《中华人民共和国公司法释义(最新修正版)》,北京:法律出版社2013年版,第233—234页。

下的特别规定,使信义义务规则作为确定法定代表人、董事、高级管理人员越权责任的一般规则。

笔者认为,从形式上看,《公司法》第149条和第152条可以作为确定董事、高级管理人员、法定代表人责任承担的规范基础,但越权行为属于违反何种信义义务,上述公司代理主体承担责任的判断标准应如何确定,以及责任承担是否应受到限制,均无法从立法的规定中直接进行明确,关于董事、高级管理人员和法定代表人等公司代理主体责任承担的具体情形,应进一步分析信义义务理论的具体内容。

三、狭义的公司工作人员责任承担的规范基础分析

狭义的公司工作人员非承担信义义务的主体,上文已经说明现行法采用代理规则确定狭义的公司工作人员越权行为的法律效果。职务代理是一种特殊的代理行为,其使公司承受法律效果的作用与委托代理中委托人承受法律效果的情形相同。所以,应考察《民法典》代理规则和委托合同规则中,代理人或受托人承担责任的具体规定,确定狭义的公司工作人员承担责任的规范基础。

《民法典》第164条第1款和第929条第1款规定,代理人不履行或不完全履行职责或受托人因过错,造成被代理人或委托人损害,应当承担民事损害赔偿责任。该法第929条第2款规定,受托人超越权限造成委托人损失的,应当赔偿损失。关于代理人或受托人不履行职责的民事责任,理论上有观点认为,代理人在行使代理权时应履行的主要义务是,以善良管理人的注意义务标准,忠实诚信地为本人利益在代理权限内从事代理活动。代理人承担责任应以未尽到善良管理人的注意义务为前提。[1] 也有观点认为,受托人在处理委托事务的过程中,应当忠实履行代理职责及尽勤勉注意,避免损害委托人,因受托人过错造成委托人受损时,前者应承担赔偿责任。[2] 关于受托人越权的损害赔偿责

---

[1] 参见最高人民法院民法典贯彻实施工作领导小组主编:《中华人民共和国民法典总则编理解与适用(下)》,北京:人民法院出版社2020年版,第820页。

[2] 参见最高人民法院民法典贯彻实施工作领导小组主编:《中华人民共和国民法典合同编理解与适用(四)》,北京:人民法院出版社2020年版,第2517页;黄薇:《中华人民共和国民法典总则编解读》,北京:中国法制出版社2020年版,第534页。

任,有观点认为,受托人承担的损害赔偿责任属于无过错责任,①原因在于:《民法典》第929条第2款的文义没有如该法第929条第1款强调过错,且《民法典》的合同责任以严格责任为原则,即除非在具体情形下对过错责任进行明确规定,否则一般应解释为严格责任。② 根据上述观点,代理人或受托人不履行职责与越权情形下承担责任的要求不同,具体说明如下:1.《民法典》第929条第1款明确规定委托人请求赔偿损失的条件包括受托人存在过错。虽然《民法典》第164条第1款没有对代理人过错作出明确规定,但理论上认为不履行或不完全履行职责的含义为没有尽到善良管理人的注意义务,所以,也应将该规则中的责任承担解释为应以代理人过错为前提。2.《民法典》第929条第2款没有规定受托人承担责任应以存在过错为前提,理论上也认为受托人在越权情形下应承担无过错责任。根据《民法典》规定的违约责任的归责原则,应认定受托人承担无过错责任。3.《民法典》第164条第1款仅规定代理人不履行或不完全履行职责的责任承担,但没有对代理人越权的责任进行规定。根据《民法典》第172条,在越权行为构成表见代理的情形下,代理行为有效,被代理人应向第三人履行义务。所以,被代理人也可因代理人的越权行为受到损失,但立法没有直接规定在越权代理构成表见代理情形下代理人的责任承担,此时能否适用《民法典》第929条第2款规定的受托人越权的责任承担,确定代理人越权的责任,存在疑问。4.基于上述不同观点,关于委托合同受托人的责任承担存在以下情形:受托人不履行职责,应对委托人的损失承担过错责任;在受托人越权的情形下,对委托人的损失承担无过错责任。关于代理人的责任承担存在以下情形:在代理人不履行职责的情况下,应向被代理人承担过错责任;在代理人越权的情形下,其承担责任是否应以存在过错为条件,尚不明确。

公司职务代理和委托代理的区别仅限于代理权的来源不同,即前者的代理权来源于职位本身,后者的代理权来源于独立的授权行为,因在职务代理和委托代理中行为人实施法律行为的方式及确定法律效果归属的方法均不存在差异,将代理规则中代理人责任承担的规定适用于确定狭义的公司工作人员的责

---

① 参见谢鸿飞、朱广新主编:《民法典评注 合同编 典型合同与准合同4》,北京:中国法制出版社2020年版,第250页。

② 参见最高人民法院民法典贯彻实施工作领导小组主编:《中华人民共和国民法典合同编理解与适用(四)》,北京:人民法院出版社2020年版,第2518页。

任承担,应不存在障碍。所以,在狭义的公司工作人员不履行职责的情况下,应适用《民法典》第164条第1款,由狭义的公司工作人员向公司承担过错损害赔偿责任,但该规定中缺少代理人因越权承担责任的内容,无法直接适用,确定狭义的公司工作人员越权的责任承担。

在公司职务代理法律关系中,狭义的公司工作人员因越权承担责任的情形:越权实施公司代理行为,因相对人构成善意,公司承受越权行为的法律效果。上述情形与委托合同的受托人承担越权造成委托人损失责任的情况完全相符,所以,在规范层面上,《民法典》第929条第2款规定的受托人越权责任可作为狭义的公司工作人员责任承担的依据。但受托人因越权承担无过错责任,规定无过错责任的原因为违约责任是严格责任,因超越委托合同约定的权限构成违约,受托人应基于违约责任承担无过错责任。在公司代理的情形下,作为类似委托合同的基础法律关系并非合同,而是公司决议、公司章程等公司意思,且狭义的公司工作人员只具有实施公司代理行为的职权但完全不参与公司意思的形成,适用委托合同受托人承担无过错责任规则确定狭义的公司工作人员的责任承担是否妥当以及应如何进行调整,存在疑问。

因此,应适用代理规则或委托合同规则确定狭义的公司工作人员因越权承担的责任,由于现行法中代理人因越权承担责任的条件并不明确,且在委托合同中受托人在越权情形下承担无过错损害赔偿责任,具体应如何适用这些规则,确定狭义的公司工作人员责任,需要进一步分析。

四、控制股东责任承担的规范基础分析

《公司法》第147条第1款和第149条将信义义务主体限定为董事、监事和高级管理人员。该法第148条规定不得违反忠实义务的主体为董事和高级管理人员。上述规定均未将控制股东直接规定为信义义务主体。《公司法》中能够作为控制股东责任承担依据的规则:《公司法》第20条第2款①规定的股东滥

---

① 该款规定:"公司股东滥用股东权利给公司或者其他股东造成损失的,应当依法承担赔偿责任。"

用权利规定和该法第 21 条①规定的股东关联关系规则。

笔者认为,采用上述规定确定控制股东越权行为的责任承担,存在以下问题:根据《公司法》第 216 条第 4 项,关联关系是可能造成公司利益移转的不同关系,②关联关系的本质为"关系",应作为判断行为是否应受到审查或表决权应否排除的前提,而非对于行为的要求。所以,采用关联关系规则认定控制股东的越权责任,只能适用于控制股东通过与其存在关联关系的相对人订立合同实施公司代理行为的情形,关联关系规则无法作为确定控制股东因越权承担责任的一般规则。根据《公司法》第 20 条第 1 款和第 2 款,现行法规制控制股东滥用权利的方式具有以下特点:与《公司法》第 149 条和第 152 条规定的董事、管理者等造成公司损失或侵害股东利益承担责任,应以违法或违章为前提不同,《公司法》第 20 条第 2 款直接将滥用权利作为承担损害赔偿责任的前提,该规则不包含构成滥用权利的具体条件,说明其采用概括条款的方式规制控制股东滥用权利。但《公司法》第 20 条第 1 款在禁止滥用股东权利之前规定公司股东应遵守立法和公司章程,如果将该规定作为《公司法》第 20 条第 2 款适用的前提,控制股东滥用权利的责任承担也应以违反法律、行政法规或公司章程为前提,此时《公司法》第 20 条第 2 款只能发挥引致条款的功能。所以,采用不同方式解释禁止权利滥用规则,可以得出不同的规范性质,控制股东承担责任的条件应如何确定,存在疑问。笔者认为,将禁止滥用权利规则解释为能够独立发挥作用的规范基础更为合理,即因滥用权利损害公司或股东,不应以违法或违章为前提,原因在于:控制股东可以通过行使决策权直接将其意思表示转化为公司意思,在控制股东采用符合立法和公司章程的方式形成公司意思,并直接根据上述公司意思实施公司代理行为的情形下,如果公司意思的规定中本身包含侵害少数股东权益的内容,认定构成滥用权利应以违反立法或公司章程为前提,将使少数股东无法获得救济,禁止权利滥用规则的功能受到限制。所以,控制股东构成滥用权利不应以违反法律、行政法规或公司章程为前提,应将《公司法》第 20 条第 1 款和第 2 款解释为规制控制股东滥用权利的概括条款。在

---

① 该条规定:"公司的控股股东、实际控制人、董事、监事、高级管理人员不得利用其关联关系损害公司利益。"

② 参见安建:《中华人民共和国公司法释义(最新修正版)》,北京:法律出版社 2013 年版,第 336 页。

解释上,可以采用两种不同方式使上述规定发挥概括条款的功能:1.滥用权利的行为包括但不限于违法或违章,控制股东采用符合法律、行政法规或公司章程的方式侵害少数股东也属于滥用权利;2.遵守法律和公司章程与禁止滥用权利是对股东的不同要求,前者要求股东的行为符合具体规则,后者适用于控制股东以不违反具体规则的行为侵害少数股东。

禁止权利滥用规则为概括条款,因其适用范围较为广泛,在理论上将控制股东越权造成公司或其他股东损害解释为滥用权利,不存在障碍,《公司法》第20条第2款能够作为确定控制股东因越权承担责任的规范基础。但由于滥用股东权利存在语义模糊,①其内涵和外延均不确定,需要法院进一步创造规则才能适用于具体案件,应如何适用该规则确定控制股东越权实施公司代理行为的责任承担,需要进一步分析。

因此,我们通过上述规范分析可知,在规范层面上,《公司法》第149条和第152条规定的违反信义义务的责任承担规则可以作为法定代表人、董事和高级管理人员因越权承担责任的规范基础,但信义义务规则应如何发挥作用,需要结合信义义务的具体内容进行分析。《民法典》第164条第1款和第929条第1款规定的不履行职责或因过错造成被代理人或委托人损失情形下承担损害赔偿责任规则,可以作为狭义的公司工作人员采用不履行职责的方式违反公司意思承担责任的规范基础。《公司法》第929条第2款规定,受托人的越权责任为无过错责任,将该规定作为确定狭义的公司工作人员越权责任的规范基础,其适用条件应如何进行调整,需要进一步分析。《公司法》第20条第1款和第2款规定的禁止权利滥用规则可以作为确定控制股东责任承担的规范基础,但禁止权利滥用规则发挥何种作用,以及控制股东的责任应如何确定,也需要进一步分析。

---

① 参见楼秋然:《〈公司法〉第20条中"滥用股东权利"规定的理论与实践》,载《西部法学评论》2016年第3期。

第二节　法定代表人、董事、高级管理人员
责任承担的法律适用

上文已经说明在规范层面上，《公司法》第149条和第152条规定的信义义务规则，可以作为确定上述公司代理主体责任承担的规范基础。笔者作出上述界定的原因是这些公司代理主体实施的公司代理行为符合上述规定中的履行职务，且越权行为属于上述规定中的违反法律、行政法规或公司章程。虽然从形式上对这些规则的文义进行解释可以作出上述界定，但应结合公司代理的特点对法定代表人、董事、高级管理人员责任承担的规范基础进行进一步的限定，具体说明如下：1.公司意思对股东和公司代理主体约束力的内容包括履行公司意思设定的义务和承认公司意思的结果，即根据公司意思的约束力，公司意思为公司设定义务，并由公司代理主体通过实施公司代理行为实现。2.公司代理主体越权违反公司意思，导致公司向相对人承担责任或由公司承受公司代理行为的法律效果，均为造成公司损失，而未直接损害股东的利益。在公司向相对人履行义务或承担责任后请求公司代理主体承担责任即可弥补其损失，股东在此过程中，没有受到损失，公司代理主体的责任承担的权利主体不包括股东。3.公司与相对人之间因越权行为订立的合同与公司代理主体因越权向公司承担责任是两个法律关系，相对人可以请求公司履行义务，公司承受法律效果受到的损失而产生的责任则应由公司代理主体承担，这些公司代理主体应仅向公司承担责任。4.法定代表人、董事、高级管理人员无法决定公司意思的内容，如果公司意思中包含造成股东损失的内容，应由控制股东承担责任，而不应由上述公司代理主体承担责任。所以，在公司代理法律关系中，法定代表人、董事、高级管理人员的责任应被限定为向公司承担责任，确定责任的规范基础仅为《公司法》第149条。

由于将《公司法》第149条规定的违反信义义务责任作为确定法定代表人、董事、高级管理人员越权责任承担的规范基础，有必要结合理论上信义义务的具体内容和判断标准，说明这些公司代理主体的责任应如何确定。

一、董事信义义务的具体内容和判断标准

《公司法》第147条第1款规定,信义义务分为注意义务和忠实义务。为明确应如何适用信义义务规则确定越权的责任承担,应对信义义务的具体内容和违反不同信义义务的判断标准分别进行说明。

1.董事信义义务的具体内容

理论上认为,董事与公司之间存在信义关系,信义义务的具体类型包括为公司的最大利益(忠实义务),和经过合理的调查和考虑后做出决定(注意义务)。[①] 具体说明如下:

第一,忠实义务要求职责和个人利益之间不存在利益冲突,[②]即董事不得利用公司职务谋取个人利益或为他人谋取利益,[③]以损害公司利益的方式追求自身利益。[④] 该义务的具体类型包括适当披露利益冲突的义务、在有关公司的所有事项中公平行事的义务、向公司提供公司机会的义务以及对公司交易进行保密的义务。欺诈、自我交易、滥用公司机会、不当转移公司资产、与公司竞争,以

① See 10 Business Organizations with Tax Planning § 127. 01 [2022 - 12 - 21]. http://gffgh6c3f7f88ff754d67snov0pxqbpxwn66c6. fycz. oca. swupl. edu. cn/document/? pdmfid = 1000516&crid = ee-efe845-5546-4075-9479-5ac8a0750cee&pddocfullpath = %2Fshared%2Fdocument%2Fanalytical-materials%2Furn%3AcontentItem%3A523N-0JM0-R03K-G03G-00000-00&pdcontentcomponentid = 165596&pdteaserkey=sr0&pditab = allpods&ecomp = twkmk&earg = sr0&prid = 75287ab7-0809-4d57-a91f-e216c4883308.

② See Guth v. Loft, Inc. , 5 A. 2d 503, 510 (Del. Supr. 1939);Third Circuit:In re Seidman, 37 F. 3d 911 (3d Cir. 1994).

③ See 10 Business Organizations with Tax Planning § 127. 01 [2022 - 12 - 21]. http://gffgh6c3f7f88ff754d67snov0pxqbpxwn66c6. fycz. oca. swupl. edu. cn/document/? pdmfid = 1000516&crid = ee-efe845-5546-4075-9479-5ac8a0750cee&pddocfullpath = %2Fshared%2Fdocument%2Fanalytical-materials%2Furn%3AcontentItem%3A523N-0JM0-R03K-G03G-00000-00&pdcontentcomponentid = 165596&pdteaserkey=sr0&pditab = allpods&ecomp = twkmk&earg = sr0&prid = 75287ab7-0809-4d57-a91f-e216c488330

④ See 1 Business Torts § 2. 02 [2022-12-21], http://gffgh6c3f7f88ff754d67snov0pxqbpxwn66c6. fy-cz. oca. swupl. edu. cn/search/? pdmfid = 1000516&crid = 066adbee-82c9-4752-a148-76872021a34b&pdsearchterms = 1 + Business + Torts +% C2% A7 + 2. 02&pdstartin = hlct% 3A1% 3A1&pdcaseshlctselectedbyuser = false&pdtypeofsearch = searchboxclick&pdsearchtype = SearchBox&pdqttype = or&pdquerytemplateid = &ecomp = khhxk&prid = a4833fb1-dcc9-4bfd-9499-c0129c04b340.

及其他涉及董事利益与公司利益之间潜在冲突的情形均构成违反忠实义务。[①]

第二,注意义务要求董事在知情的基础上决策,[②]其必须在获得足够的信息后进行商业判断,使其商业决定是"有根据的",董事在做出决定时适用的注意程度是在类似情况下,通常谨慎的人在类似职位上所应遵循的注意标准。疏忽、管理不善和故意决定错误行为构成违反注意义务。具体而言,违反注意义务包含如下情形:不了解公司事务,[③]未能妥善处理公司事务,[④]无故缺席董事会。[⑤]

2.违反信义义务的判断标准

上文已经说明了不同类型信义义务的具体内容,接下来应在此基础上分别说明违反忠实义务和注意义务的判断标准,具体说明如下:

第一,违反忠实义务的判断标准。理论上认为,认定构成违反忠实义务应进行双重考察,既要求参与公司决策的人存在利益冲突,又要求决策对公司和其他股东产生不公平。具体而言,认定违反忠实义务应按照以下步骤进行:首先,利益冲突的判断。理论上认为,存在利益冲突的情形包括董事为交易的一方或知悉该交易并知悉其有重大经济利益,或董事知道与其存在关联关系的人员为交易一方或在该交易中存在重大经济利益。[⑥] 在举证责任方面,立法假定董事以忠诚的方式行事,原告可以通过证明董事对有争议的交易有个人利益,或交易的完成缺乏独立性,推翻上述假设。[⑦] 其次,在认定存在利益冲突后,采

---

① See American Law Institute, Principles of Corporate Governance:Analysis and Recommendations, St. Paul,MN:American Law Institute Publishers, 1994, pp.190-191.

② 参见朱锦清:《公司法学(下)》,北京:清华大学出版社 2017 年版,第 60 页。

③ See Bridgeport Holdings Inc. Liquidating Trust v. Boyer (In re Bridgeport Holdings, Inc.), 388 B. R. 548, 569 (Bankr. D. Del. 2008); Rosenblatt v. Getty Oil Co., 493 A.2d 929 (Del. 1985).

④ See Heit v. Bixby, 276 F. Supp. 217 (E.D. Mo. 1967).

⑤ See Bentz v. Vardaman Mfg. Co., 210 So. 2d 35 (Miss. 1968).

⑥ See Model Business Corporation Act § 8.60(1)(i), (ii), (iii) (2007).

⑦ See 1 Business Torts § 2.02 [2022-12-21], http://gffgh6c3f7f88ff754d67snov0pxqbpxwn66c6. fy-cz. oca. swupl. edu. cn/search/? pdmfid = 1000516&crid = 066adbee - 82c9 - 4752 - a148 - 76872021a34b&pdsearchterms = 1 + Business + Torts +% C2% A7 + 2. 02&pdstartin = hlct% 3A1% 3A1&pdcaseshlctselectedbyuser = false&pdtypeofsearch = searchboxclick&pdsearchtype = SearchBox&pdqttype = or&pdquerytemplateid = &ecomp = khhxk&prid = a4833fb1-dcc9-4bfd-9499-c0129c04b340.

用整体公平标准判断董事的行为对公司是否公平。① 整体公平标准包含实质公平和程序公平两部分。程序公平标准要求有利害关系的董事在向公司披露利益冲突的存在后,行为经过无利害关系的多数董事或股东批准。② 交易获得批准后,举证责任转为由原告证明交易不公平。③ 实质公平标准在有利害关系的董事没有向公司披露利益冲突,或没有获得无利害关系的多数股东批准的情形下发挥作用,在此情形下,该董事必须证明与公司的交易是客观公平的。④ 符合整体公平标准的检验,应认定董事的行为不违反忠实义务。

第二,违反注意义务的判断标准。理论上认为,董事履行职责应受到商业判断规则保护。商业判断规则的作用是限制司法审查或干预董事会的决定,如果损失是由董事会的诚实错误造成的,即使事后证明这些决定是错误的,也应受到保护。⑤ 根据商业判断规则,董事在公司管理中享有广泛的自由裁量权。⑥ 设定商业判断规则的原因在于虽然有些决定被证明是不明智的或判断失误的结果,但用事后诸葛亮的眼光重新审视一个失败的决定是不合理的。⑦ 商业无定数,公司董事经常必须马上行动,事后总结,商业失败本身不必然表明当时的

---

① See 10 Business Organizations with Tax Planning § 127. 01 [2022 - 12 - 21]. http://gffgh6c3f7f88ff754d67snov0pxqbpxwn66c6. fycz. oca. swupl. edu. cn/document/? pdmfid = 1000516&crid = ee-efe845-5546-4075-9479-5ac8a0750cee&pddocfullpath = %2Fshared%2Fdocument%2Fanalytical-materials%2Furn% 3AcontentItem% 3A523N - 0JM0 - R03K - G03G - 00000 - 00&pdcontentcomponentid = 165596&pdteaserkey=sr0&pditab = allpods&ecomp = twkmk&earg = sr0&prid = 75287ab7 - 0809 - 4d57 - a91f - e216c4883308.

② See Model Business Corporate Act § 8. 60(1) (2007).

③ See 10 Business Organizations with Tax Planning § 127. 01 [2022 - 12 - 21]. http://gffgh6c3f7f88ff754d67snov0pxqbpxwn66c6. fycz. oca. swupl. edu. cn/document/? pdmfid = 1000516&crid = ee-efe845-5546-4075-9479-5ac8a0750cee&pddocfullpath = %2Fshared%2Fdocument%2Fanalytical-materials%2Furn% 3AcontentItem% 3A523N - 0JM0 - R03K - G03G - 00000 - 00&pdcontentcomponentid = 165596&pdteaserkey=sr0&pditab = allpods&ecomp = twkmk&earg = sr0&prid = 75287ab7 - 0809 - 4d57 - a91f - e216c4883308.

④ See Marciano v. Nakash, 535 A. 2d 400 (Del. 1987). 8 Delware Code § 144(a)(3).

⑤ See 10 Business Organizations with Tax Planning § 127. 01 [2022 - 12 - 21]. http://gffgh6c3f7f88ff754d67snov0pxqbpxwn66c6. fycz. oca. swupl. edu. cn/document/? pdmfid = 1000516&crid = ee-efe845-5546-4075-9479-5ac8a0750cee&pddocfullpath = %2Fshared%2Fdocument%2Fanalytical-materials%2Furn% 3AcontentItem% 3A523N - 0JM0 - R03K - G03G - 00000 - 00&pdcontentcomponentid = 165596&pdteaserkey=sr0&pditab = allpods&ecomp = twkmk&earg = sr0&prid = 75287ab7 - 0809 - 4d57 - a91f - e216c4883308.

⑥ See Froelich v. Senior Campus Living LLC, 355 F. 3d 802, 810 (4th Cir. 2004).

⑦ See Model Business Corporate Act § 8. 31 (2007).

决定不明智,且法院缺乏足够的信息作出裁定,市场的事后惩罚机制与法院相比更具有优势。① 商业判断规则给予负有公司管理职责的主体作出决定的自由,并使其不必担心因判断中的诚实错误而承担责任,可以促进公司运营。② 在适用商业判断规则时,法院应假设,在做出商业决定时,董事在知情的基础上,诚信和善意地相信行为符合公司的最佳利益。在没有滥用权力的情况下,应支持董事的决定,举证责任由对董事行为提出质疑的一方承担。③ 违反商业判断规则承担责任的归责原则为重大过失。④ 如果股东证明董事滥用裁量权,以严重疏忽的方式行为或董事的决定不包含合理的商业目的,商业判断规则的假定应被推翻。⑤

二、法定代表人、董事、高级管理人员责任承担的法律适用方法

根据上文的梳理可知,理论上的信义义务具有以下特点:1. 信义义务的类型为注意义务和忠实义务,前者适用于董事与公司存在利益冲突的情形,后者为履行职责的一般标准;2. 违反忠实义务的判断标准为整体公平规则,即在存在利益冲突的情况下,行为经无利害关系的董事或股东批准的情形下,由原告方证明行为对公司不公平,而如果行为未经批准,由利害关系董事证明行为对公司公平;3. 认定违反注意义务应受到商业判断规则的限制,即推定董事诚信地为公司最佳利益行事,由原告方证明存在利益冲突或行为人存在重大过失。

笔者认为,忠实义务和注意义务规则可以用以确定不同情形下法定代表人、董事、高级管理人员越权的责任承担,具体说明如下:

第一,如果公司代理主体越权与不存在利益冲突的公司以外相对人订立合同,且公司意思中不包含利益冲突的内容,例如,在未经公司决议授权的情形下与公司以外相对人订立建设施工合同或借款合同,公司因相对人善意承受法律效果。在此种情形下,公司意思授权的内容可能较为具体,即详细规定了订立

---

① 参见[美]弗兰克·伊斯特布鲁克、丹尼尔·费希尔:《公司法的经济结构(中译本第二版)》,北京:北京大学出版社 2014 年版,第 99 页。

② See Fin. Indus. Fund, Inc. v. McDonnell Douglas Corp. , 474 F. 2d 514 (10th Cir. 1973).

③ See Aronson v. Lewis, 473 A. 2d 805, 812 (Del. 1984).

④ 参见朱锦清:《公司法学(下)》,北京:清华大学出版社 2017 年版,第 85 页。

⑤ See Federal: F. D. I. C. v. Schreiner, 892 F. Supp. 869 (W. D. Tex. 1995).

合同的时间限制、合同相对人、价款限制等,公司意思的内容也可能较为概括,即仅规定开发某类建设工程,合同的具体内容均应由公司代理主体在实施公司代理行为的过程中进行补充。笔者认为,无论公司意思的内容是否明确具体,均应适用商业判断规则,原因在于:实施公司代理行为订立合同涉及公司的经营决策,即使公司意思的规定较为明确具体,如果不允许作为管理者的公司代理主体对公司决议的内容进行调整,公司的经营决策会因完全按照公司意思规定的内容实施而过于僵化,所以,无论公司意思如何规定,均应由公司代理主体根据经营的具体情况判断,实施公司代理行为可行性的基础上,对公司意思的内容进行调整,此种情形符合商业判断规则的适用条件,应认定在公司代理主体越权且因重大过失造成公司损失的情形下,向公司承担责任。

第二,如果公司代理主体越权与不存在利益冲突的公司以外相对人订立合同,但公司意思中包含利益冲突的内容,也应判断是否违反注意义务,确定公司代理主体的责任承担。原因在于:上文已经说明整体公平标准包括程序公平和实质公平,利益冲突的行为经批准仅产生举证责任移转的法律效果,但现行法采用不同的规制方法。

《修订草案》第183条和《修订草案二审稿》第183条规定,董事等公司代理主体及与其有关联关系的主体与公司实施法律行为,应作出公司决议。① 根据上述规定,实施利益冲突行为的公司代理主体可因公司决议免除责任,而无须证明交易对公司公平。所以,既然公司已经做出包含利益冲突内容的决议,董事等公司代理主体不应因实施公司代理行为而承担责任,此种情形下确定公司代理主体责任的判断方法与上述公司意思中不包含利益冲突内容的情形相同。

---

① 《公司法解释(五)》第1条第1款规定:"关联交易损害公司利益,原告公司依据民法典第八十四条、公司法第二十一条规定请求控股股东、实际控制人、董事、监事、高级管理人员赔偿所造成的损失,被告仅以该交易已经履行了信息披露、经股东会或者股东大会同意等法律、行政法规或者公司章程规定的程序为由抗辩的,人民法院不予支持。"根据该规定,在关联交易中,董事等主体不能仅因获得股东会批准而免除损害赔偿责任,即该规定的规范方式类似比较法上的违反忠实义务的判断方法,按此方法,在利益冲突交易获得公司意思批准的情形下,原告仍然可以通过证明交易对公司不公平,使董事等主体承担责任。《修订草案》第183条和《修订草案二审稿》第183条,仅将获得公司决议批准,作为董事等主体实施存在利益冲突的公司代理行为的条件,说明上述草案的规定改变了《公司法解释(五)》第1条第1款的规范方式,使公司意思批准作为公司代理主体免责的条件。笔者在正文中采用修订草案的规范方式对法定代表人、董事、管理者以及下文的控制股东承担责任的条件进行说明。如果采用《公司法解释(五)》第1条第1款的规范方式进行解释,在公司意思中包含利益冲突内容的情形下,虽然构成程序公平,仍然需要证明实质公平。两种不同规范方式使责任承担的判断方法存在差异,特此说明。

所以,在公司代理主体的越权行为本身不存在利益冲突的情形,均应适用注意义务规则确定责任承担,在此情形下,应适用商业判断规则进行限制,公司代理主体因重大过失向公司承担责任。

第三,如果公司代理主体越权与存在利益冲突的公司以外相对人订立合同,在通常情况下,相对人知道该公司代理行为的实施应经公司意思的授权,而不构成善意,此时公司可以选择拒绝追认而不承受法律效果或选择通过追认使公司代理行为有效。在这些情形中,公司代理主体均无需向公司承担责任。公司代理主体向公司承担责任的情形限于因伪造决议等原因使存在利益冲突的相对人构成善意,由公司承受法律效果。由于存在未经过公司决议批准的利益冲突,且在此情形下,法定代表人、董事、高级管理人员等公司代理主体均因参与公司意思的形成过程而知道公司意思的效力和授权范围,即这些公司代理主体故意违反公司意思,应直接认定为公司代理主体因违反忠实义务,向公司承担责任。

第四,在公司代理主体越权与公司意思中包含的存在利益冲突的公司以外的相对人订立合同,但公司意思存在瑕疵的情形下,如果公司代理主体知道公司意思存在瑕疵,且可以采用请求法院撤销等方式确定公司意思的最终效力形态,应认定为利益冲突交易没有获得公司批准,适用上文关于公司代理行为本身存在利益冲突的分析,公司代理主体应因违反忠实义务,向公司承担责任。如果公司代理主体因不知道公司意思的形成过程存在问题,而不知道公司意思存在瑕疵,或虽然知道公司意思存在瑕疵,但其为管理者,无法采用撤销等方式确定公司意思的效力形态。由于在实施公司代理行为时,公司代理主体对利益冲突交易行为本身不存在过错,不应采用忠实义务规则进行认定,而应判断公司代理主体是否因违反注意义务,确定其应否向公司承担责任。

第五,《担保制度解释》第7条第2款和《九民纪要》第21条没有要求法定代表人存在过错。笔者认为,应适用注意义务规则和忠实义务规则,判断越权担保情形下法定代表人是否应向公司承担责任,具体说明如下:1.公司对外担保仅为公司设定义务,并非商业决定,应不适用商业判断规则。在不存在公司对外担保决议的情况下,如果法定代表人对外向无利害关系的相对人提供公司担保,此时法定代表人故意越权,应认定因违反注意义务而向公司承担责任。如果法定代表人向存在利害关系的公司以外相对人提供担保,应认定为违反忠实义务。2. 如果公司存在对外担保决议且法定代表人参与上述决议的形成,法定代表人违反该决议的内容对外提供担保,应认定故意违反公司意思,分别适用注意义务规则和忠实义务规则,确定其责任承担。3. 如果公司存在对外担保决议,但法定代表人没有参与公司决议的形成过程,例如,经理无法行使召集股东会的职权,且没有参加股东会,法定代表人应承担过错责任,因为公司对外担保行为的依据为依照公司章程作出的公司决议。该决议可因程序违法或违反公司章程而被撤销,法定代表人无法知晓公司决议是否存在瑕疵也无法改变决议的效力形态,①其依瑕疵决议对外提供担保后,公司决议被撤销,法定代表人构成越权,但此时法定代表人不存在过错,使其向公司承担越权担保责任,对其过于严格,明显不合理。

综上所述,法定代表人、董事、管理者越权责任承担的规范基础为信义义务规则。这些公司代理主体因越权实施公司代理行为而向公司承担责任的情形为相对人构成善意,由公司承受法律效果,或公司根据立法规定承担责任,应根据公司代理主体和相对人关系是否存在利益冲突,分别判断是否违反注意义务或忠实义务,确定责任承担。

第三节　狭义的公司工作人员责任承担的法律适用

上文已经说明,狭义的公司工作人员非公司法层面的信义义务的主体,《民法典》第 929 条第 1 款和第 2 款分别规定因受托人过错造成委托人损失和受托人超越权限造成委托人损失的责任承担,上述规定中的受托人过错与《民法典》第 164 条第 1 款规定的代理人不履行职责的含义相同。由于现行法针对受托人采用不同方式侵害委托人而承担责任规定不同的主观状态,且未明确规定代理人越权责任承担。为明确狭义的公司工作人员越权的责任承担,有必要分析和比较狭义的公司工作人员采用不履行职责和越权方式实施公司代理行为的责任。

---

① 在现行法下,董事等不能请求撤销公司决议。根据《修订草案》第 73 条第 1 款,董事等可以请求撤销公司决议。

一、狭义的公司工作人员不履行职务责任承担的法律适用

上文已经说明在狭义的公司工作人员采用不履行职务的方式违反公司意思的情形下,可以将《民法典》第 164 条第 1 款规定的代理人不履行职责向被代理人承担责任,和该法第 929 条第 1 款规定的受托人因过错造成委托人损失向委托人承担责任,作为确定狭义的公司工作人员向公司承担责任的规范基础。上述规定直接规范的对象为代理人和被代理人,以及委托人和受托人之间的法律关系,在此有必要说明适用上述规则的具体方法:

第一,在狭义的公司工作人员作为职务代理人的法律关系中,其与公司的关系为代理关系。狭义的公司工作人员基于职位授权获得代理权,有义务按照公司意思的内容实施公司代理行为。在公司代理法律关系中,公司意思的地位类似于代理关系中的基础关系,职位与独立的授权行为发挥相同作用。由于现行法中不存在直接规定公司代理主体违反公司意思的责任承担规则,应适用其他规则进行确定。

第二,《总则编解释》第 1 条第 1 款规定,《民法典》第二编至第七编没有规定的,适用民法典第一编的规定。理论上认为,民法典采用提取公因式方法将共同规则提到括号之外,括号内只保留各项规则的特殊部分,援引共同规则可以避免不必要的重复。[①] 在《民法典》总则与分则的关系中,《民法典》总则编通过提取公因式的方式,确立民法的一般性规则,是民法最基础、最通用、最抽象的部分,其他民事单行法无规定的,适用总则编的规定。[②] 具体到违反公司意思责任承担的法律适用。《民法典》分则编没有规定狭义的公司工作人员违反公司意思应承担的责任,且狭义的公司工作人员为职务代理人,适用作为一般规则的《民法典》第 164 条第 1 款规定的代理人不履行职责的责任承担,不存在障碍。

第三,《民法典》第 467 条第 1 款规定,本法或者其他法律没有明文规定的

---

① 参见[德]汉斯·布洛克斯、[德]沃尔夫·迪特里希·瓦尔克:《德国民法总论(第 41 版)》,张艳译,杨大可校,冯楚奇补译,北京:中国人民大学出版社 2019 年版,第 26—27 页。

② 参见费安玲主编:《最高人民法院关于适用〈中华人民共和国民法典〉总则编若干问题的解释理解与适用》,北京:中国法制出版社 2022 年版,第 7 页。

合同,适用合同编通则的规定,并可以参照适用本编或者其他法律最相类似合同的规定;该法第 468 条规定,非因合同产生的债权债务关系,可以参照适用合同编通则的有关规定。根据上述规定,适用《民法典》第 929 条第 1 款确定狭义的公司工作人员违反公司意思的责任承担存在一定问题,原因在于:公司意思并非合同,参照适用立法规定的最相类似的合同,不符合《民法典》第 467 条第 1 款;《民法典》第 929 条第 1 款非处于合同编通则中,适用该规定也不符合《民法典》第 468 条。

笔者认为,适用《民法典》第 929 条第 1 款确定狭义的公司工作人员不履行职责情形下的责任承担在规范层面上存在一定障碍,应采用类推适用该规则的方法确定狭义的公司工作人员的责任,理由如下:理论上认为,类推适用的作用是在具体案件中,由裁判者援引与案件情形类似的法律规定,将法律规定适用于缺少规定的情形。[1] 类推适用应采用以下步骤:确定待决案件在现行法上是否存在明显漏洞,寻找调整与待决案件相类似的事实或案件类型的类似法律规定,结合规则的规范目的判定待决案件是否与该规则规制的案件类型具有实质意义上的相似性,将法定案件类型的法律规则或法律效果移转适用于待决案件。[2] 类推适用《民法典》第 929 条第 1 款确定狭义的公司工作人员的责任符合上述运用类推适用方法的条件,因为职务代理与委托代理的区别仅为代理权的来源不同,在代理权确定后,职务代理人和受托人在行为方式、履行职责要求、法律效果归属等方面均不存在区别,职务代理人和受托人不履行职责的方式相同,即采用消极的方式不实施代理行为,且均造成公司或委托人损失,所以,狭义的公司工作人员责任承担与受托人责任承担的条件具有实质意义上的相似性。根据《民法典》第 468 条,适用《民法典》合同编通则规定的违约责任确定狭义的公司工作人员的民事责任固不存在障碍,但《民法典》第 577 条规定的违约责任的归责原则为严格责任,适用上述规定对狭义的公司工作人员的要求过于严格,而《民法典》第 929 条第 1 款规定受托人承担责任应以存在过错为前提,类推适用该规定更符合公司与狭义的公司工作人员法律关系的特点。最后,由于狭义的公司工作人员从公司领取报酬,其职务代理为有偿代理,与《民法典》

---

[1] 参见王利明:《民法典中参照适用条款的适用》,载《政法论坛》2022 年第 1 期。
[2] 参见张青卫:《类推适用的法理基础与具体步骤》,载《南大法学》2022 年第 5 期。

第 929 条第 1 款第 1 句规定的有偿委托合同相类似,应以存在"过错"作为承担赔偿损失责任的条件。

因此,《民法典》第 164 条第 1 款和该法第 929 条第 1 款分别规定的代理人和受托人不履行职责,应向被代理人或委托人承担过错责任,上述规定中责任承担的条件相同,可以适用《民法典》第 164 条第 1 款或类推适用《民法典》第 929 条第 1 款,确定狭义的公司工作人员不履行职责的责任承担。

二、狭义的公司工作人员越权责任承担的法律适用

根据上文的分析可知,能否将《民法典》第 929 条第 2 款规定的受托人因越权造成委托人损失承担无过错责任作为确定狭义的公司工作人员责任承担的规范基础,存在疑问,应对该问题进行分析。笔者认为,狭义的公司工作人员越权和受托人越权的原因各不相同,前者因越权向公司承担的责任,应以存在过错为前提,具体说明如下:

第一,委托合同的受托人越权造成委托人损失,构成违约,根据违约责任的归责原则,受托人原则上应承担严格责任,不存在问题。但如果分析受托人越权的不同情形,会发现其因越权造成委托人损失,并非应一概适用严格责任:1. 委托合同是委托人和受托人订立的,受托人为合同当事人,通常情况下应当知道其代理权限,在此情形下受托人越权属于故意造成委托人损失的行为,其向委托人承担责任时存在过错;2.《民法典》第 147 条规定,行为人有权请求人民法院撤销基于重大误解实施的法律行为。根据上述规定,如果受托人基于对代理权范围的错误理解与委托人订立委托合同,并按照该合同处理委托事务,应构成重大误解,受托人在实施代理行为时不知道构成越权,可以选择请求法院撤销委托合同。合同被撤销后,委托人无法请求受托人承担违约责任,而应按照《民法典》第 157 条规定的法律行为无效的法律效果中的双方当事人各自承担与过错相应的责任,确定受托人的责任,此时受托人承担的责任同样为过错责任。所以,虽然《民法典》第 929 条第 2 款规定受托人应承担严格责任,但在受托人承担责任的具体情形中,其均实际承担过错责任。

第二,公司意思与委托合同不同,狭义的公司工作人员并非股东等表决权人,不能参与公司意思的形成过程,也非公司的管理者,其不了解公司意思形成

的具体情形。基于以上原因,狭义的公司工作人员无法知晓公司意思是否存在效力瑕疵,要求其承担无过错责任过于严格,具体说明如下:1. 在公司意思有效的情形下,因公司意思的规定较为明确,狭义的公司工作人员知道其职务代理权的限制,超越权限构成故意,此时狭义的公司工作人员因过错造成公司损失,应向公司承担赔偿责任。2.《公司法解释(四)》第 5 条规定认定公司决议不成立的事由包括未召开会议、未进行表决等,上述事由属于公司意思的程序瑕疵,均非执行内容为具体特定工作任务的狭义的公司工作人员所能知晓,使不知道其实施的公司代理行为构成越权的主体承担责任,明显不合理。3. 如果狭义的公司工作人员知道公司意思存在无效和不成立等效力瑕疵,其可以选择不实施公司代理行为,此时不存在越权行为。但如果公司决议的效力瑕疵为可撤销,股东可以根据《公司法》第 22 条第 2 款,或股东、董事、监事可以根据《修订草案》第 73 条第 1 款请求撤销公司决议,狭义的公司工作人员并非股东、董事或监事,即使其知道公司决议存在可撤销事由,也不能请求撤销决议。因公司决议在被撤销之前有效,如果狭义的公司工作人员选择实施公司代理行为,公司决议在公司代理行为作出后被撤销,或者狭义的公司工作人员选择不实施公司代理行为,但股东等主体没有请求撤销决议,在这些情形下,狭义的公司工作人员实施的公司代理行为是执行了本不该执行的公司决议或没有执行本应执行的公司决议,由于其无法控制或确定可撤销决议最终的效力形态,使其承担无过错责任过于严格。所以,狭义的公司工作人员可能不知道公司意思存在效力瑕疵,以及无法确定可撤销公司决议的最终效力形态,应当以其在实施公司代理行为时是否存在过错为标准,确定狭义的公司工作人员越权的责任承担。将《民法典》第 929 条第 2 款规定的受托人越权的责任规则进行调整,增加以存在过错为条件,该规定才能作为确定狭义的公司工作人员越权情形下责任承担的规范基础。

第三,上文已经说明,应类推适用《民法典》第 929 条第 1 款确定狭义的公司工作人员因不履行职责造成公司损失的责任承担,《民法典》第 929 条第 2 款规定的受托人越权责任与《民法典》第 929 条第 1 款规定的受托人过错责任的区别仅为承担责任的条件不同,两者均属于合同编分则中的委托合同规则,在规范性质上不存在区别,所以,将《民法典》第 929 条第 2 款作为规范基础,确定狭义的公司工作人员越权责任的法律适用方法,同样应为类推适用。

综上所述,狭义的公司工作人员采用不履行职责或越权实施公司代理行为的方式,违反公司意思,其承担责任的规范基础为《民法典》第164条第1款规定的代理人责任规则或该法第929条规定的受托人责任规则,应采用以下方式确定责任承担的法律适用方法:适用《民法典》第164条第1款或类推适用该法第929条第1款,认定狭义的公司工作人员因不履行职责造成公司损失,应承担过错责任;类推适用《民法典》第929条第2款确定狭义的公司工作人员越权的责任承担,但应将归责方法调整为以存在过错为前提。

第四节　控制股东责任承担的法律适用

上文已经说明,将《公司法》第20条第1款和第2款作为控制股东实施公司代理行为情形下责任承担的规范基础存在的问题是该规则如何发挥作用是不明确的。虽然上述规定能够作为概括条款,发挥授权法院创设规则的功能,但因权利滥用停留在抽象法律概念的状态,①造成法院拥有的裁量权过大。《公司法》第20条第1款和第2款规定的禁止权利滥用规则能否有效发挥作用,需要司法实践的进一步检验。

控制股东的地位与法定代表人、董事、高级管理人员、狭义的公司工作人员等其他公司代理主体的地位均不相同,后者无法决定公司意思的内容,其承担责任的情形限于因越权造成公司损失,而前者拥有公司控制权,可以采用符合立法和公司章程的方式形成和实现公司意思,侵害少数股东利益。为明确禁止权利滥用规则如何发挥作用,有必要对实践中法院认定控制股东滥用权利的行为类型和保护方法的不同观点进行全面考察。需要说明的是,采用上述方法可以对禁止权利滥用规则发挥作用的方式进行有效检验,全面考察实践中的不同观点可以明确法院采取的救济方法和判断标准及其认定的法律效果,进而发现法院在裁判中存在的问题,并针对相关问题进行完善。所以,笔者在下文将首先从少数股东保护的角度对实践中控制股东滥用权利规制进行实证分析。

需要说明的是,在具体确定控制股东责任承担的法律适用方法之前,笔者

---

① 参见赵旭东:《公司治理中的控股股东及其法律规制》,载《法学研究》2020年第4期。

对控制股东滥用权利应如何规制进行分析,原因在于:1.根据上文所采用的适用不同公司代理主体责任承担规则,确定其越权情形下责任承担的分析方法,明确法律适用方法的前提是确定规范基础及其如何发挥作用,而禁止权利滥用规则作为规范基础虽较为明确,但其存在的问题是发挥作用的方式不清晰,对控制股东滥用权利的规制方法进行分析,是确定责任承担法律适用方法的基础,应进行详细论述。2.由于控制股东滥用权利的规制方法、法律效果等方面均不明确,有必要结合司法实践和比较法,对控制股东滥用权利规制的具体内容进行解释。3.由于可以采用不同路径规制股东滥用权利,路径的选择则作为确定越权责任法律适用的直接前提,应基于规制路径确定具体的法律适用方法。4.上文已经说明控制股东的特殊性为其享有控制权,可以采用符合公司意思的方式损害少数股东的利益,在此情形下,控制股东通过公司代理行为侵害少数股东,少数股东的保护与控制股东的越权责任密切相关,可以在滥用权利规制的分析中明确少数股东的保护方法,与其越权责任的法律适用方法进行对比。

一、控制股东滥用权利规制的实证分析

笔者以"《公司法》第 20 条第 1 款"、"控股股东"和"损害股东利益"为依据,在"北大法宝"网站上检索案例,其中,涉及认定控制股东滥用权利侵害少数股东的案件有 76 件。[①] 在样本案例中,法院拒绝为少数股东提供救济的案例有 47 件,法院为少数股东提供救济的案例有 29 件。

1.法院拒绝提供救济的案例实证分析

(1)司法实践中的不同做法。在拒绝为少数股东提供救济(47 件)的案例中,法院存在以下具体理由:

第一,不存在滥用权利的行为(15 件)。在该类案件中,法院的不同做法如下:①少数股东无证据证明遭受损失或受到债权人追责的情况下,控制股东将其持有的股权质押的行为不涉及少数股东的实体权利。[②] ②控制股东行使表决

---

① 该问题检索截止时间:2022 年 1 月 22 日。
② 参见广东省广州市中级人民法院(2019)粤 01 民终 4820 号民事判决书。

权通过增资方案、订立合作开发协议等行为不违反法律、行政法规和公司章程，不必然侵害少数股东的权益。[①] ③控制股东未采取股东会决议对涉诉房屋和车位定价销售，因销售价格合理，不损害公司及其他股东利益。[②] ④虽然控制股东参与表决为其提供担保的决议存在瑕疵，但排除上述表决权后，决议仍可通过，表决方式的瑕疵未产生实质性影响，决议的内容不违反法律、行政法规，应认为合法有效。[③] ⑤控制股东在未形成公司决议的情况下转让公司财产，后经股东会确认，且转让价款归公司所有，不损害其他股东利益。[④] ⑥控制股东就出现停电事项及可能造成的后果及时向相关政府部门及其他股东进行汇报和通报情况，防止损害后果的发生，不存在滥用权利的行为。[⑤] ⑦控制股东在未与其他股东协商的情况下代表公司与第三人订立游泳培训合同，后者在培训过程中身亡，公司承担损害赔偿责任。法院认为，订立合同的行为虽存在程序瑕疵，但不必然使公司利益受到损害，控制股东不应承担赔偿责任。[⑥] ⑧因经营的需要，开立一般账户的行为属于履行职责的行为，没有违法或违章，无须经过股东会决议。[⑦] ⑨侵害知情权不属于滥用股东权利，没有按照公司法规定召开股东会、编制财务会计报告属于管理不规范，不侵害股东权利。[⑧] ⑩控制股东用公司财产对外提供担保，但财产未被执行，也未清偿债务，公司资产未实际受损，向少数股东承担赔偿责任为时尚早。[⑨]

　　第二，无法证明滥用权利行为(11件)。在该类案件中，法院的不同做法如下：①少数股东未提供证据证明股东会决议存在违反法律或章程的行为及股东权利受到侵害的基本事实。[⑩] ②少数股东无法证明控制股东非法扣划第三人支付的预付款。[⑪] ③控制股东按照公司财务报账流程报销差旅费、工资等费用，少

　① 参见湖北省武汉市中级人民法院(2019)鄂01民终10805号民事判决书；中华人民共和国最高人民法院(2013)民二终字第43号民事判决书。
　② 参见浙江省台州市中级人民法院(2020)浙10民终1844号民事判决书。
　③ 参见广东省高级人民法院(2018)粤民终1090号民事判决书。
　④ 参见广东省深圳市中级人民法院(2014)深中法商终字第2702号民事判决书。
　⑤ 参见山西省高级人民法院(2016)晋民初60号民事判决书。
　⑥ 参见福建省建瓯市人民法院(2021)闽0783民初2919号民事判决书。
　⑦ 参见安徽省桐城市人民法院(2018)皖0881民初2792号民事判决书。
　⑧ 参见贵州省贵阳市中级人民法院(2016)黔01民初966号民事判决书。
　⑨ 参见湖北省荆州市荆州区人民法院(2016)鄂1003民初831号民事判决书。
　⑩ 参见北京市朝阳区人民法院(2019)京0105民初89683号民事判决书。
　⑪ 参见河南省焦作市解放区人民法院(2019)豫0802民初4691号民事判决书。

数股东仅凭公司财务明细不足以证明其权利受到侵害。① ④公司总资产减少不能说明有损害股东权益的行为,无法证明控制股东对公司有转移、侵吞财产的事实。② ⑤控制股东成立的公司与公司的主营业务和经营范围不相同,没有证据证明控制股东利用新开设的公司争抢公司业务或与公司构成竞业。③ ⑥少数股东未提交利润分配方案,也无证据证明向控制股东变相分配利润。④

第三,无法证明损失(4件)。在该类案件中,法院存在以下不同做法:①少数股东未证明公司处于停止经营状态且公司未经解散或清算,其主张权利受损缺乏法律依据。⑤ ②少数股东未提交证据证明公司存在剩余财产可以予以分配,不足以认定因公司无法清算而遭受损失。⑥ ③少数股东未证明控制股东在公司建立财务会计制度前停止销售的行为造成的损失。⑦ ④控制股东将车库抵债,在公司歇业一年后代表公司借款等行为损害股东利益,但公司未经清算,无法证明损失。⑧

第四,应以公司为被告(2件)。在该类案件中,法院存在以下不同做法:①收取股金的主体为公司,而非控制股东,请求返还应起诉前者而非后者。⑨ ②虽然控制股东操纵公司购买车辆等财产或服务,少数股东应先以公司为被告请求分配利润。⑩

第五,诉讼不符合法定程序或权利人为公司(7件)。在该类案件中,法院的不同做法如下:①控制股东处分公司债权、支付第三人劳动补偿款等行为直接损害公司利益,而非损害股东利益,少数股东应按照公司法的规定提起股东代表诉讼而非请求控制股东承担责任。⑪ ②少数股东的举证为控制股东与关联企业之间的人员、机构、财务、资金混同,指向公司利益混淆造成公司资产损失,

---

① 参见江西省南昌市东湖区人民法院(2019)赣 0102 民初 5210 号民事判决书。
② 参见江苏省南京市浦口区人民法院(2015)浦商初字 415 号民事判决书。
③ 参见上海市长宁区人民法院(2011)长民二(商)初字第 255 号民事判决书。
④ 参见江苏省南京市中级人民法院(2020)苏 01 民终 2764 号民事判决书。
⑤ 参见上海市第一中级人民法院(2012)沪一中民四(商)终字第 2050 号民事判决书。
⑥ 参见广东省东莞市第三人民法院(2021)粤 1973 民初 5423 号民事判决书。
⑦ 参见广东省广宁县人民法院(2015)肇宁法民三初字第 233 号民事判决书。
⑧ 参见江西省赣州市中级人民法院(2018)赣 07 民终 4745 号民事判决书。
⑨ 参见黑龙江省牡丹江农垦法院(2018)黑 8108 民初 887 号民事裁定书。
⑩ 参见广东省佛山市南海区人民法院(2018)粤 0605 民初 2632 号民事判决书。
⑪ 参见浙江省高级人民法院(2019)浙民申 938 号民事裁定书。

难以直接得出股东利益受损。① ③公司与控制股东订立合同将前者的注册商标无偿转让给后者,严重损害公司财产权益,该权益应直接归于公司而非股东,对于少数股东返还财产的请求不予支持。②

第六,不存在滥用权利的行为且诉讼不符合法定程序或权利人为公司(4件)。例如,对外担保行为未经股东会或董事会通过,存在程序上或形式上的瑕疵,但无法证明控制股东的行为违反法律、行政法规或公司章程。抵押合同仅增加公司负债,未给公司造成直接损失。即使控制股东的行为给公司造成损失,少数股东应先请求监事会起诉,而非直接以自己的名义起诉。③

第七,无法证明滥用权利的行为且无法证明损失(2件)。例如,少数股东需要证明滥用股东权利导致其权利受损及控制股东侵害股东权利的事实,根据公司的经营情况,股权的价值可能增加也可能缩水。在无法证明股权价值缩水是因违规经营或正常的商业风险导致的情形下,不能认定控制股东应承担责任。④

第八,无法证明滥用权利的行为、无法证明损失且权利人应为公司(1件)。法院认为,少数股东未提供证据证明控制股东的行为违反法律、行政法规或公司章程,也未证明实际损失数额。即使主张成立,直接受损的为公司财产,而非股东财产。⑤

第九,不存在滥用权利的行为、无法证明损失且被告为公司(1件)。法院认为,停止勘探及开采工作为公司决策,即使存在决策失误,也不属于股东滥用表决权的行为。未及时清算应由公司承担责任,而非由控制股东承担责任。停止经营和吊销营业执照后,未依法进行清算,公司经营期间资产和财务状况不明,无法证明损失。⑥

(2)司法实践的不同观点评析。根据上文对法院拒绝提供救济的不同观点的整理可知,在实践中法院的做法具有以下特点:

---

① 参见广东省广州市天河区人民法院(2019)粤 0106 民初 20856 号民事判决书。
② 参见湖南省长沙市岳麓区人民法院(2020)湘 0104 民初 16350 号民事判决书。
③ 参见常州市钟楼区人民法院(2016)苏 0404 民初 2275 号民事判决书。
④ 参见山东省济南市中级人民法院(2020)鲁 01 民终 5792 号民事判决书。
⑤ 参见安徽省黄山市屯溪区人民法院(2020)皖 1002 民初 2288 号民事判决书。
⑥ 参见湖南省张家界市中级人民法院(2017)湘 08 民终 384 号民事判决书。

第一,法院采用不同的标准认定滥用权利:有些法院采用形式标准,认为控制股东的行为不违反法律、行政法规和公司章程,即不存在滥用权利。也有些法院采用实质标准,认为控制股东的行为未造成少数股东的实际利益受到损害,不存在滥用权利。还有些法院采用形式与实质相结合的标准。笔者认为,形式标准无法使禁止权利滥用规则发挥概括条款功能。在法院不支持少数股东请求的案例中,实质标准也未使禁止权利滥用规则发挥在规则不完备情形下为少数股东提供保护的功能,而是弥补控制股东行为的瑕疵,使其获得更多的免责条件,例如,在决议存在瑕疵或未采用决议的情形下,控制股东用公司财产提供担保,财产未被执行,被认定为未受到损失。所以,实质标准以遭受实际损失为提供救济的条件,排除控制股东行为可能造成潜在损害的情形,明显提高了提供保护的要求。采用实质标准的法院使滥用权利规则成为控制股东的免责规则,而非在法律不完备的情形下授权法院创设规则救济少数股东的概括条款,明显不利于少数股东保护。

第二,有些法院采用信义义务规则的判断标准使控制股东免责。例如,控制股东成立的新公司与公司不构成竞业不承担责任,是由于不违反《公司法》第148条第5项规定的公司机会规则。按照公司财务流程报销费用不承担责任是不违反《公司法》第148条第1项规定的禁止挪用公司资金。开立账户、采取合理应对措施等履行职责的行为无需经过股东会决议,符合注意义务的要求。未经股东会同意订立合同造成损失,因订立合同未必造成损害后果,控制股东免责的观点,类似于注意义务中的商业判断规则。

第三,多数法院认为法律效果限于损害赔偿,使少数股东获得救济存在以下障碍:①权利滥用被界定为控制股东通过具体行为侵害少数股东,后者因无法证明前者存在移转、挪用公司财产等行为,不能获得救济。②有些法院将损失理解为股权价值受到影响,在没有清算的情形下因无法证明损失数额,不能获得保护。笔者认为,封闭公司的特点为股权无法在公开市场进行交易,采用上述方式界定损失将使少数股东无法获得救济,明显不合理。

第四,有些法院以被告或权利人应为公司为由拒绝为少数股东提供救济。上述做法认为应区分控制股东获益与公司获益以及公司的损害与少数股东的损害,股东代表诉讼等具体规则与权利滥用规则相互排斥,增加了少数股东获得救济的难度,使其在控制股东实施挪用公司资金或放弃公司债权等侵害行为的情形下,无法获得保护。笔者认为,如果具体规则无法直接救济少数股东,存在具体规则的情形下一概排除适用禁止权利滥用规则,会限制对少数股东的保护。

因此,在拒绝提供救济的案例中,法院对滥用权利的判断标准存在不同观点,将法律效果限定为损害赔偿及以存在具体规则排除禁止权利滥用规则的适用,为提供救济造成障碍。在这些案例中,滥用权利规则使控制股东免责,没有发挥保护少数股东的概括条款功能。

2. 法院支持提供救济的案例实证分析

(1)司法实践中的不同做法。在支持为少数股东提供救济(29件)的案例中,存在以下法律效果:

第一,决议无效(4件)。在该类案件中,法院的不同做法如下:①控制股东形成的决议内容涉及采用公司资产置换前者61%的股权以及向控制股东支付利息。法院认为,控制股东滥用资本多数决损害少数股东利益,决议应无效。①②增资决议应由董事会制订方案再由股东会表决通过,控制股东没有证明直接通过增资决议的合法商业目的且是实现商业目的的唯一途径,侵害少数股东权益,决议因滥用权利无效。②③控制股东未经董事会讨论,作出解除少数股东的董事职务,由控制股东一人担任执行董事的决议,该决议因侵害少数股东利益而无效。③

第二,损害赔偿(16件)。在该类案件中,法院的不同做法如下:①公司将第三人的采矿区压覆,控制股东与第三人订立合同约定,由公司与第三人成立合资公司开采的煤炭向第三人进行补偿。法院认为上述行为是未经其他股东同意,对公司资产、资源和重大利益进行处分的决定,侵害少数股东利益。控制股东应赔偿损失,损害赔偿数额为法院的酌定额。④②控制股东转移股东投资款、隐匿财务会计账簿等行为,导致不能强制清算。法院认为应以投资款总额为基础按照持股比例计算的投资额,或在税务机关备案的资产负债表中的剩余

---

① 参见浙江省义乌市人民法院(2015)金义商初字第2982号民事判决书。
② 参见内蒙古自治区鄂尔多斯市中级人民法院(2019)内06民终2207号民事判决书。
③ 参见浙江省嘉兴市中级人民法院(2011)浙嘉商终字第185号民事判决书。
④ 参见河南省洛阳市中级人民法院(2017)豫03民终952号民事判决书。

财产数额为依据,确定赔偿额。① ③控制股东将交易资金通过其本人账户或授权其他账户转走,且公司无法提交主要资产、账册、重要文件导致无法清算。法院认为赔偿的数额为销售款、出资额、收益分成和利息。② ④公司不能提供完整的会计账册、会计报表导致无法对公司的净资产进行审计认定,或控制股东未经股东会决议注销登记,法院认定的赔偿数额为股东主张的合理数额。③ ⑤控制股东将原煤高价销售给公司,法院认为前者通过不公平的关联交易损害少数股东的权益,损害赔偿的数额为经过审计评估减少的净资产数额。④ ⑥控制股东自行做出停产决定造成损失,赔偿额为评估机构鉴定得出的实际损失额。⑤

第三,返还财产(4件)。在该类案件中,法院判决控制股东将挪用的转让款、公司资金、补偿款等返还给公司。⑥

第四,返还财产和损害赔偿(2件)。例如,控制股东代表公司放弃开发机会,应认定为利用股东地位谋求应属于公司的商业机会,向公司返还销售款和赔偿法院酌定的可得利益损失。⑦

第五,行为无效、恢复原状(2件)。在该类案件中,法院存在以下做法:①控制股东与公司订立协议将后者持有其他公司的股权全部转让给前者。法院认为。控制股东未召开股东会,未对转让对价、支付方式等事项进行表决,也未通知少数股东,即对公司资产进行重大处分,属于自我交易。股权转让行为无效,应将股东登记回转。⑧②控制股东向第三人转让控制权,该行为因未经其他股东同意而无效。⑨

第六,停止侵害(1件)。法院认为,改造项目未经股东会一致通过,侵害其

---

① 参见湖南省桑植县人民法院(2020)湘0822民初1175号民事判决书;江苏省南京市中级人民法院(2015)宁商终字第885号民事判决书。

② 参见福建省福安市人民法院(2017)闽0981民初7275号民事判决书。

③ 参见江苏省高级人民法院(2016)苏民申1137号民事裁定书;河北省衡水市中级人民法院(2015)衡民一终字第250号民事判决书。

④ 参见吉林省高级人民法院(2016)吉民终86号民事判决书。

⑤ 参见福建省宁德市中级人民法院(2017)闽09民再2号民事判决书。

⑥ 参见新疆维吾尔自治区巴音郭楞蒙古自治州中级人民法院(2014)巴民二初字第53号民事判决书。

⑦ 参见陕西省西安市中级人民法院(2019)陕01民初1265号民事判决书。

⑧ 参见湖南省长沙市岳麓区人民法院(2020)湘0104民初16311号民事判决书。

⑨ 参见辽宁省沈阳市和平区人民法院(2019)辽0102民初21104号民事判决书。

他股东权益,应停止侵权行为。①

(2)司法实践的不同观点评析。在支持少数股东请求的样本案例中法院关于法律效果认定的不同观点具有以下特点:

第一,法院认定控制股东滥用权利行为包括股权回购、增资、解除董事职务决议,处分公司主要资产,挪用公司资金,隐匿或不置备公司文件,受让公司股权,决定暂停经营,运用公司机会,决定公司开展特殊项目等各种类型。笔者认为,控制股东滥用权利的行为具有多样性,难以被特定的行为类型和具体规则完全涵盖,将禁止权利滥用规则作为概括条款保护少数股东具有合理性。

第二,损害赔偿为主要的救济方式。在公司面临清算或注销的案件中,法院确定损害赔偿数额的方法包括:认定损害赔偿数额为投资额,基于资产负债表中的剩余财产数额确定赔偿额,损害赔偿额包括销售款、出资额、利润和利息,赔偿额为股东主张的合理数额。在公司正常经营的情况下,损害赔偿数额的计算方法为:法院的酌定额,经过审计评估减少的净资产数额,评估鉴定得出的实际损失。笔者认为,法院对于损害赔偿额的计算方法存在争议,是否有必要设定统一标准,需要进一步分析。

第三,法律效果不限于损害赔偿,也包括决议无效、停止侵害等。上述做法说明法院运用禁止权利滥用规则创造出新的法律效果,但在一定程度上受到限制,即法院仅针对控制股东与少数股东的具体分歧提供解决方案,股权回购、司法解散等方式没有被应用,为受侵害的少数股东提供救济。

因此,在支持提供救济的样本案例中,法院将控制股东的各类行为认定为滥用权利,并在损害赔偿之外提供决议无效、返还财产等不同类型的救济,使禁止权利滥用规则发挥概括条款功能,但法院认定的法律效果内容受到限制且未对损害赔偿的计算方法达成一致,使补充法律不完备的功能在一定程度上受到限制。

综上所述,在拒绝支持少数股东请求的案例中,法院未将禁止权利滥用规则作为保护少数股东的概括条款,或没有使上述规则发挥作用。在支持少数股东请求的案例中,法院使禁止权利滥用规则有限地发挥概括条款功能。笔者认为,实践中禁止权利滥用规则未能充分发挥作用,究其原因,是《公司法》第20

---

① 参见江苏省南京市中级人民法院(2019)苏01民终2048号民事判决书。

条第1款和第2款规则的体系结构造成的,即在禁止权利滥用之前规定不违反法律、行政法规或公司章程且仅规定损害赔偿作为法律效果,使得多数法院认为上述内容构成禁止权利滥用规则的限制。即使有些法院意识到上述规则可以作为概括条款,有意义的内容限于禁止权利滥用的原则性规定,并无其他内容可供指引,又造成法院对如何保护少数股东的认定不一致。所以,现行法规定的禁止权利滥用规则作为概括条款无法在实践中充分发挥作用,可行性并不尽如人意。《公司法》第20条第1款和第2款的体系结构使法院的适用较为克制,其规范方式本身需要进行完善。

二、比较法上控制股东滥用权利规制的理论与实践

根据上文的分析可知,从法院的不同观点中无法提炼出控制股东滥用权利情形下保护少数股东的具体规则,所以,有必要详细考察比较法上控制股东滥用权利规制的适用条件、规制方法、法律效果等具体内容,借鉴其中的有效方法,完善保护少数股东概括条款的规范方式。

1. 适用条件

控制股东行使控制权与保护少数股东不受非法剥夺需要加以平衡,[1]即控制股东可以自由投票、转让或以其他方式为个人利益处分其股权,[2]但应受到不侵害少数股东权利的限制。[3]

侵害少数股东可能发生在以下情形:第一,解除少数股东雇佣合同。由于封闭公司股东通常通过约定受雇为公司董事和高级管理人员并采用以工资代替分红的方式分配利润,[4]股东对企业的参与是就业和收入的主要来源。[5] 如果被解雇,不仅会失去工作,还会失去所有的收入和投资回报,虽然可以继续持有股权,但在没有工作的情况下,这些股权不能产生收入,也不能以公平价格出

① See Lawrence E. Mitchell, "The Death of Fiduciary Duty in Close Corporations", University of Pennsylvania Law Review, vol. 138, 1990, pp. 1730-1731.

② See Model Business Corporate Act 6. 23(a) (2001).

③ See Maryland: Clagett v. Hutchison, 583 F. 2d 1259 (4th Cir. 1978).

④ See Del. Code Ann. tit. 8, § 354 (2003).

⑤ See Muellenberg v. Bikon Corp., 143 N. J. 168, 176, 669 A. 2d 1382, 1385 (1996).

售,少数股东的投资被锁定。① 第二,以各种方式排除少数股东。控制股东可以通过合并等方式改变利润分配规则来剥夺少数股东的利益,②或通过高额报酬移转公司利润并采取以压迫少数股东为目的的股利政策,迫使资金匮乏的少数股东感到压力,低价出售股权给控制股东。③ 控制股东也可以利用其获知的经评估的合理价格等公司保密信息,诱使少数股东低价出售股权。④ 第三,以损害少数股东的方式出售控制权。在没有通知少数股东而出售控制权的情形下,后者面临买方意图劫掠或不当管理公司,出售行为包含欺骗或滥用保密信息,错误分配公司资产或向管理人员支付控制权溢价等风险。⑤ 第四,篡夺公司商业机会。控制股东诱使董事做出对前者有利的不当管理行为,或促使董事采取积极措施,防止公司利用控制股东有个人利益的商业机会。⑥ 第五,控制股东采取不披露重要内部信息,隐瞒与公司经营有关的材料,通过拒绝召开会议排除少数股东参与公司管理,⑦拒绝提交用于股东投票选举的董事会成员的名单等侵害少数股东的管理行为。⑧ 第六,其他侵害行为。例如,以不合理的价格转让公司资产,⑨或公司仅回购控制股东的股权,不回购少数股东的股权。⑩

在比较法上,控制股东的侵害行为涉及公司决策、管理、股权转让、组织变

---

① See Robert C. Art, "Shareholder Rights and Remedies in Close Corporations: Oppression, Fiduciary Duties, and Reasonable Expectations", Iowa Journal of Corportae Law, vol. 28, 2003, pp. 371, 383.

② Cfr., Francesco Giovine, La Business Judgement Rule: Un' Analisi Comparatistica, Diritto Privato Comparato, Cedam, 2017, p. 198.

③ See Robert Ragazzo, "Toward a Delaware Common Law of Closely Held Corporations", Washington University Law Quarterly, vol. 77, 1999, pp. 1109-1110.

④ See Weinberger v. UOP, 457 A. 2d 701, 710(Del. 1983).

⑤ See Stephen M. Bainbridge. Corporate Law (2nd ed.). Foundation Press, 2009, p. 172.

⑥ See Singer v. Creole Petroleum Corp., 297 A. 2d 440, 455 (Del. Ch. 1972).

⑦ See Business Organizations with Tax Planning § 120. 04 [2022 - 12 - 21]. http://gffgh6c3f7f88ff754d67snov0pxqbpxwn66c6. fycz. oca. swupl. edu. cn/search/? pdmfid = 1000516&crid = a12f877d-9bd6-43cb-9f04-93f58fb40348&pdsearchterms = Business+Organizations+with+Tax+Planning+%C2% A7 + 120. 04&pdstartin = hlct% 3A1% 3A1&pdcaseshlctselectedbyuser = false&pdtypeofsearch = searchboxclick&pdsearchtype = SearchBox&pdqttype = or&pdquerytemplateid = &ecomp = tc5mk&prid = 48789cf8-1cea-47fc-a8db-938f2d721bbf,.

⑧ Cfr., Luciano Matteo Quattrocchio, "L'abuso del diritto nel diritto societario", ItaliaOggi, Torino, vol. 4, luglio, 2014, p. 94.

⑨ Cfr V. A. Pomelli, "Delisting di Società Quotata tra Interesse dell' Azionista di Controllo e Tutela degli Azionisti di Minoranza, Rivista delle Società", Giuffrè, Milano, vol. 2, 2009, p. 45.

⑩ See Blackwell v. Nixon, No. 9041, 1991 Del. Ch. Lexis 150, 170 (Del. Ch. Sept. 26, 1991).

更等各个方面。有些行为需要借助董事会或采用决议的方式,有些行为则可由控制股东直接为之。

2. 规制方法

在上述可能侵害少数股东权利的情形,控制股东的行为还应经过进一步检验,认定是否构成滥用权利以及应否承担法律责任。检验的方法主要为股东压制制度与控制股东的信义义务。在比较法上,对压制的解释可分为三类:禁止股东压制是控制股东普遍的、理想的行为标准;压制为违反信义义务;压制是对少数股东合理期望的违背,即使控制股东的行为是善意的且符合信义义务也存在压制。① 根据上述界定,违反信义义务为股东压制的一种类型,构成股东压制的标准低于违反信义义务。有观点认为,对股东压制的各种解释仅将"压制"界定为"错误的行为",而没有说明什么行为会被认定为错误的,是否构成股东压制应取决于个案的具体事实。② 同样,信义义务的内容也是不确定的,具有在法律或章程不完备的情况下,授权法院根据个案事实补充具体规则的功能。③ 所以,股东压制和控制股东信义义务是两种标准不同的保护少数股东的概括条款,应分别说明两种规制方法的检验标准如何发挥作用。

第一,股东压制的检验标准。该检验标准认为,公司的所有股东均为封闭公司的受托人,彼此承担类似于合伙人之间的义务。④ 封闭公司的股东有义务以诚实、公平、合理的方式运作公司和符合所有股东的合理期望。⑤ 合理期望包括获得利润和参与公司管理等。

法院对合理期望的内容作出不同解释,会得出不同的裁判结果,具体情形如下:(1)公司应向每位股东提供平等机会,以提供给控制股东的股权转让价格收购少数股东的股权。⑥ 少数股东有相当合理的期望能够参与到企业的运营中

---

① See Harry J. Haynsworth, "The Effectiveness of Involuntary Dissolution Suits as a Remedy for Close Corporation Dissention", Clevelamd State Law Review, vol. 35, 1987, p. 25.

② See Weiner Inv. Co. v. Weiner, 804 P. 2d 1211, 1213 (Or. Ct. App. 1991).

③ Cfr., Luciano Matteo Quattrocchio, "L'abuso del diritto nel diritto societario", ItaliaOggi, Torino, vol. 4, luglio, 2014, p. 99.

④ See Mary Siegel, "Fiduciary Duty Myths In Close Corporate Law", Delware Journal of Corporate Law, vol. 29, 2004, p. 378.

⑤ See Minn. Stat. 302A. 751, subdivision 3a (2002).

⑥ See Donahue v. Rodd Electrotype Co., 328 N. E. 2d 518, 522 (Mass. 1975).

去,其被解聘并被解除董事职务挫败了这种合理期望,构成股东压制。[1] (2)控制股东可以基于正当商业目的行使权利,但前提是其目标不能对少数股东以损害更小的方式实现。[2] (3)少数股东只有在公司要求购买股权作为雇佣条件或存在将利润以工资形式分配的历史,才存在雇佣的合理期望。如果公司不把薪酬作为分配利润给股东,那么继续受雇的期望是不合理的。[3] (4)控制股东有权解雇明显不称职的少数股东,无须承担责任。[4]

笔者认为,合理期望规则关注的是少数股东是否受到损害,从少数股东的角度分析其期望是否被违反。法院对合理期望内容的不同解释,使保护少数股东的强弱程度存在差异。合理期望规则从严格保护少数股东发展到正当商业目的平衡控制股东与少数股东的利益。

第二,控制股东信义义务的检验标准。该检验标准认为,控制股东仅以公司身份行事时对公司负有信义义务,[5]应为所有股东的利益,而非其自身利益承担管理被控制公司事务的义务,限制其权利行使。[6] 检验标准包括商业判断规则和整体公平规则:(1)如果有合法的商业目的的支持,即使对少数股东有不利影响,控制股东的决定可能是合理的。[7] 由于雇佣谁、是否宣布股息或回购股权的决定均属于商业决定,应适用商业判断规则审视上述行为。例如,根据公司不分配利润的财务历史,尽管存在支付股息的合法资金来源,拒绝分配利润具有充足的商业理由。[8] (2)整体公平规则适用于控制股东通过排斥或损害少数股东,从公司获得利益的情形,[9]仅以排除少数股东为目的的交易及管理人员报酬

---

① See Balvik v. Sylvester, 411 N. W. 2d 383, 388 (N. D. 1987).

② See Wilkes v. Springside Nursing Home, Inc., 353 N. E. 2d 657, 663 (Mass. 1976).

③ See Merola v. Exergen Corp., 668 N. E. 2d 351, 352-53 (Mass. 1996).

④ See Robert C. Art, "Shareholder Rights and Remedies in Close Corporations: Oppression, Fiduciary Duties, and Reasonable Expectations", Iowa Journal of Corportae Law, vol. 28,2003, p. 418.

⑤ See Mary Siegel, "Fiduciary Duty Myths In Close Corporate Law", Delware Journal of Corporate Law, vol. 29, 2004, p. 378.

⑥ See Baillie v. Columbia Gold Mining Co., 166 P. 965, 974 (Or. 1917).

⑦ Cfr., Luciano Matteo Quattrocchio, "L'abuso del diritto nel diritto societario", ItaliaOggi, Torino, vol. 4, luglio, 2014, p. 93.

⑧ See Mary Siegel, "Fiduciary Duty Myths In Close Corporate Law", Delware Journal of Corporate Law, vol. 29, 2004, pp. 451-452.

⑨ See Sinclair Oil Corp. v. Levien, 280 A. 2d 717,720 (Del. 1971).

等利益冲突行为应受到该规则的审查。① 控制股东应证明交易公平。如果交易被少数股东中的多数,即无利益的股东批准,转由原告证明交易不公平。② 整体公平的内容包括公平交易和公平价格。公平交易为披露利益冲突的存在和获得批准,公平价格为在具体情形下可以合理获得的最高价格。③

笔者认为,商业判断规则与整体公平规则关注控制股东是否实施错误行为。法院通过明确的标准考察其行为是否符合具体要求,信义义务保护少数股东的方式为在不同规则中增加禁止排除、公平价格等保护少数股东的内容,在具体标准得到满足的同时,使少数股东附带获得保护。

3. 法律效果

在经过上述检验,认定构成股东压制或违反信义义务后,应产生以下法律效果:

第一,少数股东退出权。在封闭公司关系破裂时,由控制股东买断少数股东的股权,④使后者退出公司是一次性解决控制股东与少数股东利益冲突的有效方法。⑤ 在公司合并、股权收购等情形下,投资被锁定、被排除或股权未被收购的少数股东,有权请求评估股权价值并以合理的价格请求收购其股权,⑥以现金形式提取其投资的公平价格。⑦ 公平价格由法院参考公司资产、市场价值、收益、未来前景和影响公司股权实质价值的任何其他因素后酌定。⑧

第二,行为无效。少数股东有权请求撤销控制股东的侵害行为,⑨使其行为无效,包含如下情形:(1)将少数股东排除在利润分配之外的行为无效。⑩

---

① See Grato v. Grato, 639 A. 2d 390, 401 (N. J. App. Div. 1994)].

② See Rosenblatt v. Getty Oil Co. ,493A. 2d 929,929(Del. 1985).

③ See Cinerama, Inc. v. Technicolor, Inc. , 663 A. 2d 1156, 1163 (Del. 1995).

④ See Naito v. Naito 35 P. 3d 1068, 1099(Or. Ct. App. 2001).

⑤ Cfr. , Francesco Giovine, La Business Judgement Rule: Un' Analisi Comparatistica, Diritto Privato Comparato, Cedam, 2017, pp. 182–183.

⑥ Cfr. , Luciano Matteo Quattrocchio, " L' abuso del diritto nel diritto societario", ItaliaOggi, Torino, vol. 4, luglio, 2014, p. 93.

⑦ See Model Bus. Corp. Act § 13. 01 cmt. (Am. Bar Ass'n 2013).

⑧ See David Rosenberg, " Delaware's 'Expanding Duty of Loyalty' and Illegal Conduct: A Step Towards Corporate Social Responsibility", Santa Clara Law Review, vol. 52, 2012, p. 81. .

⑨ See Los Angeles State Ann. § 12:1–1340 (2015).

⑩ Cfr. , Luciano Matteo Quattrocchio, "L' abuso del diritto nel diritto societario", ItaliaOggi, Torino, vol. 4, luglio, 2014, p. 108.

（2）控制股东的解雇决议无效，并命令恢复雇佣和董事职位。[1] （3）控制股东仅以排除少数股东为目的的决议因缺乏合法商业目的而无效。[2] （4）采取不当股息政策迫使少数股东出售股权虽然在形式上合法，但因违反公平无效。[3]

第三，损害赔偿。控制股东在欺诈、不实陈述、自我交易、故意浪费公司资产，或存在严重和明显的越权行为情形下，应基于信义义务承担损害赔偿责任，[4] 对控制股东的管理行为有异议的少数股东，有权请求对控制股东行为造成的收益或权益的损失进行赔偿。[5] 损害赔偿的方式包括赔偿损失或返还收益。[6]

第四，解散公司。少数股东可以提起司法解散诉讼维护权利。[7] 司法解散适用于通过欺诈、压制或非法行为侵害少数股东的情形。[8] 在提起诉讼后，法院应发布在未来特定日期前未解决分歧予以解散的命令，并采取以下措施：（1）任命接管人而不解散，即使公司为了所有股东的利益而继续经营，直至分歧得到解决或压制行为停止。（2）任命特别财政代理人向法院报告公司的继续经营情况，以保护少数股东。（3）责令控制股东对涉嫌挪用的资金进行会计核算并对少数股东进行损害赔偿。（4）发布禁止继续压制行为的禁令。（5）发布分配利润的命令。（6）要求公司或其他股东以特定方式计算的或由法院确定的公平价格购买少数股东的股权。[9] 所以，司法解散为少数股东退出公司、损害赔偿和行为无效均无法发挥作用时的最后救济手段。由于存在上述措施解决分歧，实践中极少发生实际解散公司的情形。[10]

---

[1]　See Naito v. Naito 35 P. 3d 1068, 1067 (Or. Ct. App. 2001).

[2]　See Mary Siegel, "Fiduciary Duty Myths In Close Corporate Law", Delware Journal of Corporate Law, vol. 29, 2004, p. 464.

[3]　See Fulk v. Washington Service Assoc., Inc., 2002 WL 1402273 (Del. Ch. June 21, 2002).

[4]　See Lees Inns of Am., Inc. v. William Lee Irrevocable Trust, 924 N. E. 2d 143, 143 (Ind. Ct. App. 2010).

[5]　Cfr., Luciano Matteo Quattrocchio, " L' abuso del diritto nel diritto societario", ItaliaOggi, Torino, vol. 4, luglio, 2014, pp. 105-106.

[6]　Cfr Giovanni Romano, "La funzione della disclosure nella disciplina degli interessi degli amministratori di S. p. A.", Diritto della banca e del mercato finanziario, vol. 2, 2012, , p. 278.

[7]　See David C. Crago, "Fiduciary Duties and Reasonable Expectations: Cash-out Mergers in Close Corporations", Oklahoma Law Review, vol. 49, 1996, p. 1.

[8]　See Model Business Corporate Act 14. 30(2) (2001).

[9]　See Baker v. Commercial Body Builders, Inc., 507 P. 2d 387, 395-96 (Or. 1973).

[10]　See Robert J. McGaughey, Oregon Corporate Law Handbook, Wallingford Press, January, 1999, p. 225.

笔者认为,比较法上控制股东滥用权利的法律效果较为全面,可以从各个方面为少数股东提供救济,少数股东退出公司与司法解散使其完全摆脱控制股东的侵害,一次性解决问题;行为无效与损害赔偿则使控制股东承担责任,救济少数股东因具体侵害导致的损害。各种不同法律效果适用的条件并非完全独立,在有些情况可以互相转换,且均适用于构成股东压制或违反信义义务的各种行为。如此,法院获得较为明确的裁量依据,可以根据案件的具体情况选择保护方法。

三、控制股东滥用权利规制的理论重构

1. 比较法的启示:对移植争论的回应

理论上关于完善规制控制股东权利滥用的讨论涉及是否移植比较法上的相关理论和实践。支持移植论认为,由于权利滥用难以认定,适用信义义务追究责任才具有可能性和可操作性,[①]应赋予少数股东基于控制股东信义义务直接起诉的权利,明确规定控制股东信义义务的具体要求,[②]并将股东压制作为少数股东退出公司的条件。[③] 移植否定论的主要理由如下:(1)股东压制规则的适用前提是缺乏自由市场保护、股东之间互相信赖,与我国情形不具有相似性。控制股东信义义务的重点在于将控制股东纳入经营者的一般规则的适用范围之中,也与《公司法》规定的股东地位存在重大差异。(2)《公司法》第 20 条规定的禁止权利滥用明确对控制股东的行为进行规制,应适用上述规定进行保护。[④] (3)少数股东和控制股东能够对产生的压制问题达成有效解决方案,或者双方因无法达成一致,放弃合作关系以解决分歧,即利用意定保护及司法解

---

① 参见赵旭东:《公司治理中的控股股东及其法律规制》,载《法学研究》2020 年第 4 期。
② 参见胡光志、杨署东:《信义义务下的美国小股东保护制度及其借鉴》,载《法律科学(西北政法大学学报)》2008 年第 6 期。
③ 参见周淳、肖宇:《封闭公司控股股东对小股东信义义务的重新审视——以控股股东义务指向与边界为视角》,载《社会科学研究》2016 年第 1 期。
④ 参见朱大明:《美国公司法视角下控制股东信义义务的本义与移植的可行性》,载《比较法研究》2017 年第 5 期。

散能够使少数股东获得有效救济。①

笔者认为,根据上文对样本案例的分析和比较法的梳理,移植否定论的各项理由明显存在问题,具体说明如下:

第一,该观点过于强调制度的背景,认为股东压制和控制股东信义义务与现行《公司法》体系不相容,却忽视了为问题提供解决方案的分析思路。在样本案例中,控制股东采用解除董事职位、挪用公司财产、篡夺公司机会等方式侵害少数股东,与比较法上少数股东受到侵害的各种情形具有高度一致性,说明无论公司治理的制度基础为何,少数股东面临的困境和侵害不存在本质区别,移植或借鉴比较法上的解决方法,不应存在障碍。

第二,上文已经说明由于《公司法》第 20 条第 1 款规定的禁止权利滥用规则没有为司法实践提供明确指引,导致法院在适用时较为克制,无法充分保护少数股东。在比较法上,既有合理期望规则、商业判断规则、整体公平规则等具体的检验标准,也存在行为无效、损害赔偿、股东退出公司、司法解散等法律效果,可以为法院进行保护提供充足的裁量依据,且这些检验标准和法律效果也能够为适用法律提供有益指引。

第三,将意定保护和司法解散相结合无法提供充分保护:首先,有研究对美国法上意定保护的实践进行考察,发现绝大多数封闭公司不存在解决股东压制的特殊约定。② 在样本案例中,也未发现为少数股东提供保护的约定。合意保护在实践中能否有效发挥作用存在疑问。即使少数股东可以通过事前约定获得保护,仍然存在约定不完备的情形,此时需要概括条款进行保护。其次,《公司法》第 182 条规定的司法解散条件为"公司经营管理发生严重困难"。《公司法解释(二)》第 1 条第 1 款采用不完全列举,将其他经营管理严重困难界定为继续存在会导致股东利益重大损失的情形。笔者认为,虽然上述规定为防患于未然的兜底条款,具体内容可由法院在实践中进一步补充,③可以在一定程度上

---

① 参见王晓东:《封闭公司少数股东的意定保护研究》,载《大连理工大学学报(社会科学版)》2016 年第 3 期。

② See Sandra K. Miller, Penelope Sue Greenberg and Ralph H. Greenberg, "An Empirical Glimpse into Limited Liability Companies: Assessing the Need to Protect Minority Investors", American Business. Law Journal, vol. 43, 2006, pp. 638-639.

③ 参见人民法院出版社编:《司法解释理解与适用全集 公司卷 1》,北京:人民法院出版社 2018 年版,第 97 页。

发挥补充规则不完备的作用,但将其作为保护少数股东的概括条款具有以下弊端:(1)由于"经营管理发生严重困难"这一文义的限制,其他情形也应满足上述条件,理论上认为,其他情形包括公司的权力运行和业务经营发生严重困难。[①] 侵害少数股东利益,但对公司权力运行或业务经营不产生影响的行为,如出售控制权、解除少数股东职位等,均无法适用。(2)"经营管理发生严重困难"并非行为类型,而是行为导致的结果,即上述规则无法直接规制具体行为,而是根据经过评价的行为的严重程度确定是否产生法律效果。其他情形为与司法解散的法律效果相匹配的严重侵害行为。对无法达到公司继续存续可能使股东利益遭受重大损失的侵害行为,则无法提供救济。(3)《公司法》第182条规定的法律效果为单一的解散公司,虽然《公司法解释(二)》第5条第1款规定可以采用收购股份或减资等方式使公司继续存续,但其适用以当事人协商一致为前提,如果无法达成合意,法院不能采用除解散外的其他方式,保护的方式受到限制。所以,司法解散适用的条件较为严格,对不满足司法解散条件的滥用权利行为无法进行规制。

因此,移植否定论的各项理由均存在问题,比较法上检验标准与法律效果等内容为规制控制股东滥用权利和保护少数股东提供了完整的解决方案,有必要进行移植或借鉴。

2.移植必要性的进一步说明:对修订草案相关规则的评析

《修订草案》《修订草案二审稿》对《公司法》的相关规则进行修改,有必要对上述草案中控制股东责任规则进行分析,考察修订草案是否有效解决禁止权利滥用规则存在的问题。《修订草案》第20条第1款和《修订草案二审稿》第21条规定的禁止权利滥用规则,以及《修订草案》第191条和《修订草案二审稿》第191条规定的控制股东指使董事、高级管理人员从事侵害行为规则,发挥规制控制股东滥用权利的概括条款功能,具体说明如下:

第一,《修订草案》第20条第1款、《修订草案二审稿》第21条与《公司法》第20条第1款和第2款规定的禁止权利滥用规则的内容相同,禁止权利滥用规则规范方式存在的问题在《修订草案》《修订草案二审稿》中仍然继续存在。

---

① 参见赵旭东:《公司法学》,北京:高等教育出版社2006年版,第501页。

第二，《修订草案》第 191 条①规定，控股股东指使董事、管理者实施损害公司或者股东利益，应承担连带责任。笔者认为，上述规则能够使董事、高级管理人员的信义义务成为控制股东信义义务的内容，为后者承担责任提供明确的依据，但仍然存在以下问题：(1)《修订草案》第 189 条和《公司法》第 152 条规定股东直接诉讼应以违反法律、行政法规或公司章程为前提，即控制股东因指使行为承担责任，也应满足违法或违章的要求，《修订草案》第 191 条无法作为不存在具体规则情形下控制股东直接向少数股东承担责任的依据。(2)违反《修订草案》第 180 条和《公司法》第 147 条规定的信义义务的情况下，权利人为公司。将董事、管理者的信义义务作为控制股东的义务内容，后者只能向公司承担责任。(3)《修订草案》第 186 条和《公司法》第 148 条第 2 款规定违反信义义务的法律效果为收益返还，控制股东的责任也将限于损害赔偿。(4)在样本案例中和比较法上，控制股东可以不通过董事、高级管理人员，直接实施侵害少数股东的行为。虽然《修订草案》第 62 条采用规定，董事会行使法律和章程规定的属于股东会职权之外的职权的规范方式，扩张董事会的职权范围，但由于《修订草案》第 54 条和《公司法》第 37 条规定的股东会的职权内容完全相同，且保留通过章程规定其他职权，董事会职权的扩张无法构成对股东会职权的限制。根据《修订草案》的上述规定，控制股东仍然能够采用样本案例中存在的各种方式侵害少数股东。所以，《修订草案》第 191 条无法作为保护少数股东的依据。

经过上述分析，除《修订草案》第 20 条第 1 款和《修订草案二审稿》第 21 条规定的禁止权利滥用外，其他规则也均无法作为控制股东侵害少数股东情形下提供保护的概括条款。由于禁止权利滥用规则未发生变化，《公司法》第 20 条第 1 款的规范方式造成的问题在《修订草案》中仍然存在。笔者认为，由于《修订草案》未提出妥当的解决方案，有必要参考比较法上的理论与实践，对控制股东滥用权利的规制进行理论重构。

3. 控制股东滥用权利规制的应然路径

上文已经说明《公司法》规定的禁止权利滥用规则存在的问题是由于其规

---

① 由于《修订草案》和《修订草案二审稿》相关条文的序号和内容均相同，在下文仅援引《修订草案》的具体规则。

范方式过于概括,缺乏具体内容为适用法律提供指引。所以,应参考比较法上的检验标准、法律效果等具体内容,对禁止权利滥用规则中缺失的内容进行补充。理论重构可以采用解释论和立法论两种方法,前者为将需要补充的内容解释为禁止权利滥用规则适用的各种因素,后者为明确规定需要补充的内容。笔者认为,在公司法修订的背景下,采用立法论路径为佳,在下文的分析中,笔者将采用立法论的论述思路。

(1)需要补充的内容。《修订草案》第 20 条第 1 款规定的禁止权利滥用规则缺失侵害少数股东的行为类型、检验标准及法律效果等内容,上述内容并非均需明确规定,关于需要补充的内容,具体说明如下:

第一,没有必要明确规定具体的侵害行为。概括条款的功能为授权法院创设规则补充法律或章程的不完备,为少数股东提供保护,其适用的情形具有不确定性。在样本案例中,法院将控制股东的各类行为解释为侵害少数股东,说明实践中认定的滥用权利行为没有受到限制,在此问题上,法院的不同做法能够满足保护少数股东的要求。并且,侵害少数股东行为存在多样性,难以对具体行为进行全面总结,如果对行为进行不完全列举,法院可能仅将类似于已被列举内容的其他行为解释为滥用权利,使概括条款的适用范围受到限制,导致少数股东无法得到充分保护。所以,应继续保留"不得滥用股东权利"的规定。

第二,检验标准的选择。上文已经说明由于理论上认为股东压制包含违反信义义务,构成股东压制的要求低于构成违反信义义务。但在实践中,不同的规制方法并不矛盾,通常情况下,法院可以将一个滥用权利的行为解释为排除或挫败股东合理期望,也可以将该行为解释为违反信义义务。[①] 笔者认为,两种规制方法的检验标准区别如下:①商业判断规则为在没有侵害少数股东意图的情形下,不审查公司的商业决定,整体公平规则为禁止控制股东以侵害少数股东的方式追求自身利益,上述标准需要平衡控制股东和少数股东的利益,得出是否违反信义义务。经过发展的合理期望规则通过引入正当商业目的限制合理期望的内容,由少数股东说明可采用侵害较小的方式平衡控制股东和少数股东的利益,能够基本与商业判断规则和整体公平规则实现相同效果。所以,控

---

① See Robert C. Art, "Shareholder Rights and Remedies in Close Corporations: Oppression, Fiduciary Duties, and Reasonable Expectations", Iowa Journal of Corporate Law, vol. 28, 2003, p. 396.

制股东信义义务与股东压制的区别更多为检验视角的不同,即前者审查控制股东的行为,后者考察少数股东的受侵害程度,正确适用任何一种规制方法的检验标准均能有效保护少数股东。②商业判断规则和整体公平规则中包含无利益关系股东批准和举证责任转移等程序措施,更具有可操作性。合理期望规则直接对少数股东是否受到侵害进行判断,而无其他程序规则,具有更大的不确定性。笔者认为,即使存在程序规则,在通过这些规则无法有效作出判断的情况下,仍然需要通过法院裁量进行确定,所以,程序规则的有无不能决定检验标准适用的结果,但应构成不同规制方法的特征,即如果解决方案中包含批准等程序规则,应认定为采用的规制方法为控制股东信义义务。如果不包含程序规则,则采用的规制方法为股东压制。

第三,法律效果的补充。禁止权利滥用规则中没有规定具体的法律效果,原本能够给予法院更大的裁量空间,但受到《公司法》第 20 条第 2 款明确规定损害赔偿为法律效果的影响,实践中法院对法律效果的认定限于损害赔偿、行为无效、返还财产、停止侵害等仅能解决具体分歧的内容。在多数样本案例中少数股东无法获得救济的重要原因是法院仅将法律效果界定为损害赔偿,但少数股东不存在或无法证明实际损失。笔者认为,应明确规定损害赔偿、行为无效、股权回购、司法解散等各种法律效果:一方面,受滥用权利的行为侵害的少数股东,无需证明实际损失,即可适用行为无效、股权回购与司法解散,使其获得救济的难度降低。另一方面,规定各项法律效果,为法院提供明确指引,可以使法院有效选择具体的保护方法。

第四,没有必要明确规定公平价格的计算方法。在样本案例中,法院分别在公司清算和注销及正常经营状态下认定损害赔偿责任,前者实际为计算少数股东的股权价值,类似于比较法上的公平价格,后者则为确定特定行为造成的实际损失。《修订草案》第 186 条规定的违反信义义务的法律效果为返还收益,可以作为少数股东因具体侵害行为受损的情形下,计算赔偿数额的依据。虽然《修订草案》没有规定回购股权的合理价格的计算方法,也未规定因隐匿财务文件等行为导致无法清算应如何确定赔偿数额,但在判决损害赔偿的样本案例中法院采用的各种不同计算方法均未导致少数股东无法获得充分保护,说明不明确规定公平价格的计算方法不会影响法院提供救济。笔者认为,由于封闭公司的股权不存在公开市场及控制股东可能存在隐匿财务文件等行为,使公平价格的数额难以基于统一的标准进行确定。比较法上公平价格的计算方法为法院综合各种因素酌定,且各项因素无法完全归纳,即使参考上述方法通过不完全列举的方式规定由法院酌定,也无法为法院提供明确的认定依据。所以,公平价格的计算方法应由法院根据个案的情况进行调整。

(2)不同的解决方案。笔者认为,可以采用两种不同的解决方案加以完善:①不调整《修订草案》第20条第1款,将该规定仅作为原则性规定。而将信义义务、司法解散等具体规则中补充规制控制股东滥用权利的内容。②保持其他规则不变,仅在《修订草案》第20条第1款中补充检验标准及法律效果,使该规定继续作为唯一的规制控制股东滥用权利的概括条款。

第一种解决方案:在《修订草案》第73条第1款(决议可撤销规则)后增加一款作为第2款,规定:"控股股东通过股东会决议或其他民事法律行为滥用权利,其他股东有权依前款规定请求撤销";在《修订草案》第90条第1款和第172条第1款(股权回购规则)后分别增加一款作为第2款,规定:"控股股东滥用权利的,受侵害的股东有权请求公司依照前款规定收购其股权/股份";在《修订草案》第180条、第182条至第187条(信义义务规则)规定的"董事、监事、高级管理人员"后增加"控股股东",并将该草案第183条最后一句"董事会决议时,关联董事不得参与表决,其表决权不计入表决权总数"修改为"董事会或股东会决议时,关联董事或关联股东不得参与表决,其表决权不计入表决权总数";在《修订草案》第189条(股东直接诉讼规则)增加一款作为第2款,规定:"控股股东违反本法第一百八十条(忠实义务与注意义务),损害其他股东利益的,适用前款规定";在《修订草案》第227条(司法解散规则)增加一款作为第2款,规定:"控股股东滥用权利的,受侵害的股东可以依前款规定请求人民法院解散公司"。经过以上完善,少数股东能够得到有效保护,具体说明如下:①控制股东滥用权利的法律效果扩展为损害赔偿、行为可撤销、股权回购、司法解散,能够实现以不同方式使少数股东获得较为充足的保护。②在原有具体规则的构成要件和法律效果的基础上补充主体(控制股东)和适用条件(滥用权利),更具有可操作性,也会避免样本案例中在具体规则无法直接提供救济情形下,法院以存在具体规则为由排除适用禁止权利滥用的弊端。③控制股东因上述调整承担信义义务,程序规则为信义义务规制方法的重要判断依据。《修订草案》第183条第1款和第184条将批准与公司交易和利用公司商业机会作为判断是否违反信义义务的重要依据,根据上述规定,应将批准与否作为判断依据:控制股东的上述行为获得董事会或股东会批准,应认定不违反信义义务;在控制股东的行为未获批准的情形下,应认定违反信义义务。①

第二种解决方案:将《修订草案》第 20 条第 1 款规定的,股东应当遵守法律、行政法规和公司章程,不得滥用股东权利损害公司或其他股东的利益;因滥用权利给公司或者其他股东造成损失的,应当承担赔偿责任,修改为"公司股东滥用股东权利,损害公司利益的,应当承担赔偿责任;股东滥用权利违反其他股东合理期望的,受侵害的股东有权请求滥用权利的股东承担赔偿责任、请求人民法院撤销滥用权利的行为、请求公司回购股权,或者请求人民法院解散公司。"该解决方案不包含批准等程序措施,适用的检验标准为合理期望规则,在明确规定检验标准和法律效果后,可以实现有效规制。在解释上,可借鉴比较法上对合理期望的适用方法,由控制股东说明正当的商业目的,少数股东证明可运用对其损害较小的方式实现上述商业目的。如果《修订草案》的相关规则保持不变,应将该解决方案的内容解释为适用禁止滥用权利规则的具体判断方法。

四、控制股东责任承担的法律适用方法

上文从少数股东保护的角度对控制股东滥用权利应如何规制进行分析,并提出完善现行法的具体方案。上述解决方案可以适用于确定控制股东作为公司代理主体情形下的责任承担,笔者在此结合上述两种解决方案分别对控制股东越权责任承担的相关问题进行说明:

第一,采用设定信义义务进行规制的法律适用,具体说明如下:

首先,设定控制股东的信义义务后,其作为信义义务的主体,因越权向公司承担责任的情形与上述法定代表人、董事、高级管理人员等公司代理主体因越

---

① 上文已经说明比较法上的信义义务规制方法中的整体公平规则,包括公平交易和公平价格,在控制股东的行为没有得到批准的情况下,由其证明交易对公司实质公平,而行为经公司批准后,由原告证明行为对公司不公平。《修订草案》第 183 条第 1 款和第 184 条根据董事会或股东会的批准认定不违反信义义务,在此规范方式下,批准作为是否违反信义义务唯一的判断依据,行为经过批准后,不存在举证责任移转的问题,应认定不违反忠实义务,而在行为未得到批准的情形下,应认定违反忠实义务,不能通过证明行为对公司公平免责。

权代理行为构成违反信义义务而向公司承担的责任相同,具体说明如下:1. 在控制股东采用越权与不存在利益冲突的相对人订立合同的方式实施公司代理行为的情形下,应判断是否违反注意义务,确定控制股东的责任承担。2. 如果控制股东通过越权实施代理行为,实现包含利益冲突内容的公司意思,即排除控制股东的表决权后,由股东会形成内容为与控制股东存在利益冲突的相对人订立合同的公司决议,控制股东超越授权范围与该决议中规定的相对人订立合同,此时利益冲突交易已经得到批准,也应适用注意义务规则,确定控制股东的责任承担。3. 如果控制股东采用越权与存在利益冲突的相对人订立合同的方式实施公司代理行为,其越权行为违反《修订草案》第 183 条第 1 款和第 2 款规定的,与存在关联关系的主体订立合同或进行交易,应当根据公司章程规定,以董事会决议或股东会决议为前提。在控制股东伪造决议等情形下,相对人构成善意,应由公司承受法律效果,但此时公司没有通过作出决议批准公司代理行为,应认定控制股东故意违反忠实义务给公司造成损失,应根据《公司法》第 148 条第 2 款和《修订草案》第 186 条将收入所得归公司所有,或根据《公司法》第 149 条和《修订草案》第 187 条向公司承担损害赔偿责任。4. 在控制股东实现的包含利益冲突的公司意思存在瑕疵的情形下,如果因召集程序存在问题等,导致控制股东不知道该瑕疵,控制股东应因违反注意义务向公司承担责任。如果控制股东知道公司意思存在瑕疵,其不采用请求法院撤销或重新形成公司决议等方式确定公司意思的最终效力形态,而直接实施公司代理行为,应因违反忠实义务向公司承担责任。

其次,控制股东可以直接将其意思表示转化为公司意思,应对控制股东不违反公司意思情形下的责任承担进行说明:1. 控制股东作出有效公司决议且根据该决议的内容实施公司代理行为,在公司意思的形成和实现过程中控制股东的行为均没有违法或违章,公司利益没有受到损害,在此情形下,控制股东不应向公司承担责任。2. 如果公司意思本身包含损害少数股东利益的内容,违反对少数股东的信义义务,应向少数股东承担责任。按照上述第一种解决方案,少数股东可因控制股东作出的公司决议违反信义义务,构成滥用权利为由,请求控制股东承担损害赔偿责任、请求撤销决议、请求公司回购股权,或请求法院解散公司。

最后,基于以上分析可知,控制股东向公司与少数股东承担责任的原因存在区别:1.控制股东作出越权代理行为,因违反注意义务或忠实义务,应向公司承担责任;2.控制股东作出的公司意思中本身包含侵害少数股东权利的内容,属于违反信义义务,应向少数股东承担责任。3.如果控制股东作出的公司意思中存在侵害少数股东利益的内容,且控制股东采用违反公司意思的方式实施公司代理行为,应分别向少数股东和公司承担责任。

第二,采用股东压制和合理期望标准规制控制股东滥用权利的法律适用。采用该种方法进行规制与采用第一种解决方案的区别仅为规制路径和判断标准存在不同,控制股东承担责任的情形不存在区别,具体说明如下:1.控制股东越权代理行为造成公司损失,构成滥用权利,应根据《公司法》第 20 条第 2 款和《修订草案》第 20 条第 1 款、《修订草案二审稿》第 21 条,向公司承担损害赔偿责任;2.控制股东形成的公司意思本身包含侵害少数股东的内容,违反少数股东的合理期望,构成滥用权利,少数股东有权请求其承担赔偿责任、请求法院撤销包含滥用权利内容的决议、请求公司回购股权,或者请求法院解散公司;3.控制股东滥用权利形成公司意思,且实施越权公司代理行为,应分别向少数股东和公司承担责任。

本章小结

综上,在公司代理主体越权责任承担的法律适用体系中,由于存在法定代表人、董事、管理者、狭义的公司工作人员、控制股东等不同类型的公司代理主体,责任承担存在多种情形。虽然公司代理行为属于特殊的代理行为,统一适用代理规则确定越权责任承担应不存在障碍,但笔者所采用的确定越权责任法律适用的方法是基于公司代理主体与公司的关系,将不同类型的公司代理主体责任规则作为规范基础,并根据公司代理法律关系的特点,对现行法中的规范基础进行调整,确定具体的判断标准。相较于统一适用代理规则,上述法律适用方法的优势在于:1.由于以公司代理主体与公司的关系为基础,分别确定规范基础和判断标准,可以根据各类公司代理主体的特殊性,确定法律适用方法。并且,基于不同公司代理主体责任承担的要求,可以有效地对现行法中的规范基础的内容进行调整和补充。而统一适用代理规则无法考量不同公司代理主体的特殊性,所确定的法律适用方法也不准确。2. 采用本书的做法,除确定公司代理主体越权责任的法律适用外,可以通过分析和比较,对与越权责任密切相关的其他责任承担的法律适用方法进行明确。根据上文的分析,以责任承担法律适用方法为标准,可以将越权责任分为现行法中的信义义务主体责任、狭义的公司工作人员责任和控制股东责任三种类型。公司代理主体越权责任承担的法律适用体系应包含以下内容:

首先,法定代表人、董事、管理者为信义义务主体,这些公司代理主体责任承担的规范基础为信义义务规则,应根据相对人与公司代理主体是否存在利益冲突,分别判断是否违反注意义务或忠实义务,确定责任承担。

其次,狭义的公司工作人员非信义义务主体,其责任承担的规范基础为代理人责任规则或委托合同受托人责任规则。狭义的公司工作人员不履行职责或越权实施公司代理行为,造成公司损失,均应向公司承担过错责任。

最后,控制股东可以将其意思表示直接转化为公司意思,其责任承担的规范基础为禁止权利滥用规则,利用信义义务规则或股东压制规则构建控制股东滥用权利的判断方法。控制股东越权实施公司代理行为的情形下,应判断是否违反注意义务或忠实义务,或认定越权构成滥用权利,确定向公司承担责任。如果控制股东作出的公司意思中包含侵害少数股东的内容,则应向少数股东承担责任。

结　论

在公司代理法律关系中,基于公司代理主体存在多种类型,应适用不同规则确定各类公司代理主体实施公司代理行为的法律效果,对立法特别规定需以公司意思为前提和立法未规定应形成公司意思的公司代理行为的法律效果存在不同的判断方法,这些公司代理主体越权违反公司意思承担责任的规范基础和法律适用方法也不相同,所以,公司代理主体、公司意思的形成方式、公司代理行为的法律效果、公司代理主体越权的责任承担的不同情形,共同构成公司代理规则体系。需要说明的是,本书主要着眼于分析公司代理规则体系的各组成部分中涉及的法律适用问题,分别对这些问题进行明确,即可对公司代理规则进行合理解释。所以,通过上文对这些问题进行研究,本书得出以下结论。

立法明确规定的公司代理主体为法定代表人和职务代理人。现行法采用"确定身份、整体定位、具体职权"的规范方式,在规范层面上存在对不同主体的整体定位、职权类型和具体职权的规定存在冲突,对重要主体的职权类型、具体职权有所遗漏等问题。采用公司内部和外部权限相一致的立法例,可以根据立法规定直接确定公司代理主体。由于现行法规定法定代表人拥有概括代表权,其对外代表权范围与内部权限不一致,且法定代表人与董事会、经理的职权存在冲突,无法采用形式标准确定公司代理主体。界定公司代理主体的目的为判断如何将公司代理行为的法律效果归属于公司,采用实质标准更为合理。该实质标准可以概括为,不预先界定公司代理主体,而应根据公司代理行为的具体情形进行判断,将具体实施公司对外法律行为的主体界定为公司代理主体。典型的公司代理主体包括法定代表人、董事、经理、狭义的公司工作人员、控制股东。不同代理关系产生的原因包括立法授权、职位授权、基于承担信义义务取得事实上的代理权。

公司决议形成过程中的投票行为是表决权人的意思表示,所有表决权人投票完成时,立即拟制为公司的意思表示,公司决议成立。公司决议约束力的含义为履行决议设定的义务和承认决议的结果,公司决议对公司和公司代理主体的约束力包含以上两个层面,对股东的约束力原则上限于承认决议结果。公司决议是可以作为公司代理行为范围依据的公司意思形成方式,能够作为公司代理行为范围依据的公司决议类型是具有可执行性,且需要采用公司对外形成法律关系方式实现的决议。

不能以界定公司章程的法律性质来判断公司章程是否可以作为公司代理行为范围的依据。公司代理行为范围依据的判断分析的对象:在公司设立后,由发起人制定并经设立登记转化为公司意思的公司章程和经过修改的公司章程。在公司设立后,公示与否不影响公司代理行为范围依据的界定,公司章程约束力的含义为按照章程规定的内容履行义务。公司章程可以作为公司代理行为范围依据的原因在于:《公司法》规定股东会可以另行规定公司章程事项,其为公司代理行为提供依据的方式为概括规定公司代理事项。立法规定公司代理事项,但公司章程可以作出另行规定的情况下,公司章程为公司代理行为范围的依据,立法规定的内容被公司章程吸收。

股东协议为股东订立的合同,不能根据股东协议的功能界定股东协议的性质和判断其是否应作为公司代理行为范围的依据。股东协议不能作为公司代理行为范围的依据,原因在于:股东协议只能约束作为合同当事人的股东,股东协议并非公司意思的形成方式,股东协议不属于判断公司代理行为法律效果的考量因素。

基于笔者采用的公司代理主体界定标准,公司代理主体存在多种类型,并且,公司代理行为范围的依据在不同公司代理行为法律效果认定过程中,判断相对人善意时发挥作用的方式也不相同。笔者选取法定代表人行为的法律效果、职务代理人行为的法律效果、公司担保的法律效果三种典型情形进行实证分析,可以得出:

在公司代表的情况下,推定相对人善意,其不负有审查公司章程和公司决议的义务,由公司以相对人知道或应当知道越权为由进行抗辩,相对人非善意情况下的合同效力为效力待定。

职务代理规则为判断法定代表人以外公司代理主体实施公司对外法律行

为法律效果的统一规则。如果职务代理人为狭义的公司工作人员,相对人无需审查公司章程或公司决议,因其基于对职位的通常理解确定的职权范围产生信赖,应推定构成善意,由公司以相对人知道或应当知道,或者因过失不知,公司意思规定的职权范围限制为由进行抗辩,相对人非善意情况下的合同效力为效力待定。如果职务代理人为控制股东、管理者、董事等公司代理主体,因其不存在职位或根据职位确定的职权范围不受限制,由于不涉及信赖基于职位确定的职权范围的问题,应直接推定相对人构成善意。根据债权人订立合同时是否有理由相信职务代理人不违反公司意思规定的限制,确定法律效果。

债权人在订立合同时构成善意,应由公司承受越权担保的法律效果。债权人对公司章程和公司决议负担形式审查义务,由债权人证明完成形式审查,公司可以债权人知道公司决议的真实性、有效性存在问题为由,进行抗辩。在债权人非善意的情形下,根据《担保制度解释》第 17 条第 1 款确定法律效果的具体内容。

由于公司代理主体的代理权产生原因各不相同,与公司存在不同的法律关系。确定公司代理主体越权责任承担法律适用的方法:根据不同公司代理主体与公司的关系确定承担责任的规范基础,并将上述规范基础分别适用于相应的公司代理主体越权实施公司代理行为的情形。《公司法》第 149 条规定的信义义务规则为法定代表人、董事、管理者向公司承担责任的规范基础,应根据公司代理主体和相对人关系确定是否存在利益冲突,分别判断是否违反注意义务或忠实义务,确定责任承担。狭义的公司工作人员以不履行职责的方式违反公司意思,应适用《民法典》第 164 条第 1 款规定的代理人不履行职责造成被代理人损失的责任承担规则,或类推适用《民法典》第 929 条第 1 款规定的受托人因过错造成委托人损失的责任承担规则,确定责任承担。《民法典》第 929 条第 2 款规定的受托人因越权造成委托人损失承担无过错责任规则,应作为狭义的公司工作人员因越权承担责任的规范基础,但该规定的要求过于严格,应调整为以存在过错为前提。控制股东承担责任的规范基础为《公司法》第 20 条第 1 款和第 2 款规定的禁止权利滥用规则,应借鉴比较法上控制股东信义义务或股东压制制度,构建控制股东滥用权利的判断方法。控制股东越权实施公司代理行为,应判断是否违反信义义务或是否构成滥用权利,确定向公司承担责任;控制股东形成的公司意思中本身包含侵害少数股东权利的内容,应向少数股东承担责任。如果控制股东形成的公司意思中存在损害少数股东利益的内容,且其滥用权利越权实施公司代理行为,应分别向少数股东和公司承担责任。

参考文献

［1］崔建远. 合同法［M］.5 版. 北京:法律出版社,2010.

［2］费安玲. 最高人民法院关于适用《中华人民共和国民法典》总则编若干问题的解释理解与适用［M］. 北京:中国法制出版社,2022.

［3］柯芳枝. 公司法论［M］. 北京:中国政法大学出版社,2004.

［4］施天涛. 商法学［M］.5 版. 北京:法律出版社,2018.

［5］宋燕妮,赵旭东. 中华人民共和国公司法释义［M］. 最新修正版. 北京:法律出版社,2019.

［6］谢鸿飞,朱广新. 民法典评注 合同编 典型合同与准合同4［M］. 北京:中国法制出版社,2020.

［7］杜万华. 最高人民法院公司法司法解释(四)理解与适用［M］. 北京:人民法院出版社,2017.

［8］黄薇. 中华人民共和国民法典物权编解读［M］. 北京:中国法制出版社,2020.

［9］黄薇. 中华人民共和国民法典合同编释义［M］. 北京:法律出版社,2020.

［10］黄薇. 中华人民共和国民法典总则编解读［M］. 北京:中国法制出版社,2020.

［11］最高人民法院民事审判第二庭.《全国法院民商事审判工作会议纪要》理解与适用［M］. 北京:人民法院出版社,2019.

［12］朱锦清. 公司法学(上)(下)［M］. 北京:清华大学出版社,2017.

［13］王军. 中国公司法［M］.2 版. 北京:高等教育出版社,2017.

［14］王泽鉴. 民法总则［M］. 北京:中国政法大学出版社,2001.

［15］梁慧星. 民法总论［M］.4 版. 北京:法律出版社,2011.

[16]黄立.民法总则[M].北京:中国政法大学出版社,2002.

[17]安建.中华人民共和国公司法释义[M].北京:法律出版社,2005.

[18]安建.中华人民共和国公司法释义[M].最新修正版.北京:法律出版社,2013.

[19]刘俊海.公司法学[M].北京:北京大学出版社,2008.

[20]人民法院出版社.司法解释理解与适用全集:公司卷[M].北京:人民法院出版社,2018.

[21]王作全.公司法学[M].北京:北京大学出版社,2015.

[22]最高人民法院民事审判第二庭.最高人民法院民法典担保制度司法解释理解与适用[M].北京:人民法院出版社,2021.

[23]最高人民法院民法典贯彻实施工作领导小组.中华人民共和国民法典总则编理解与适用(上)[M].北京:人民法院出版社,2020.

[24]最高人民法院民法典贯彻实施工作领导小组.中华人民共和国民法典总则编理解与适用(下)[M].北京:人民法院出版社,2020.

[25]王利明.侵权责任法研究(下)[M].北京:中国人民大学出版社,2011.

[26]韩世远.合同法总论[M].3版.北京:法律出版社,2011.

[27]最高人民法院民法典贯彻实施工作领导小组.中华人民共和国民法典合同编理解与适用(四)[M].北京:人民法院出版社,2020.

[28]赵旭东.公司法学(第四版)[M].北京:高等教育出版社,2015.

[29]王军.中国公司法[M].北京:高等教育出版社,2015.

[30][德]卡尔·拉伦茨.德国民法通论(下册)[M].王晓晔,邵建东,程建英,等译.北京:法律出版社,2013.

[31][德]迪特尔·梅迪库斯.德国民法总论[M].邵建东,译.北京:法律出版社,2013.

[32][美]弗兰克·伊斯特布鲁克,丹尼尔·费希尔.公司法的经济结构(中译本第二版)[M].罗培新,张建伟,译.北京:北京大学出版社,2014.

[33][德]迪特尔·施瓦布.民法导论[M].郑冲,译.北京:法律出版社,2006.

[34][德]汉斯·布洛克斯,[德]沃尔夫·迪特里希·瓦尔克.德国民法总论(第41版)[M].张艳,译,杨大可,校,冯楚奇,补译.北京:中国人民大学出版社,2019.

[35]［德］托马斯·莱塞尔、吕迪格·法伊尔.德国资合公司法(第6版)[M]. 高旭军,等译.上海:上海人民出版社,2019.

[36]［德］C.W.卡纳里斯.德国商法[M].杨继,译.北京:法律出版社,2006.

[37]［德］维尔纳·弗卢梅.法律行为论[M].迟颖,译.北京:法律出版社,2012.

[38]蔡立东.论法定代表人的法律地位[J].法学论坛,2017(4):14-23.

[39]迟颖.职务代理权的类型化研究——《民法典》第170条解释论[J].法商 研究,2023(1):144-157.

[40]迟颖.法定代表人越权行为的效力与责任承担——《民法典》第61条第2、 3款解释论[J].清华法学,2021(4):121-139.

[41]高圣平,范佳慧.公司法定代表人越权担保效力判断的解释基础——基于 最高人民法院裁判分歧的分析和展开[J].比较法研究,2019(1):70-85.

[42]耿林.《民法总则》关于"代理"规定的释评[J].法律适用,2017(9): 31-36.

[43]蒋大兴.公司组织意思表示之特殊构造——不完全代表/代理与公司内部 决议之外部效力[J].比较法研究,2020(3):1-17.

[44]李建伟.公司决议的外部效力研究——《民法典》第85条法教义学分析 [J].法学评论,2020(4):23-36.

[45]李永军.从《民法总则》第143条评我国法律行为规范体系的缺失[J].比 较法研究,2019(1):55-69.

[46]刘斌.重塑董事范畴:从形式主义迈向实质主义[J].比较法研究,2021 (5):82-98.

[47]刘贵祥.担保制度一般规则的新发展及其适用——以民法典担保制度解释 为中心[J].比较法研究,2021(5):50-65.

[48]刘俊海.股东中心主义的再认识[J].政法论坛,2021(5):83-95.

[49]冉克平.论商事职务代理及其体系构造[J].法商研究,2021(1):137-150.

[50]王毓莹.公司法定唯一代表制:反思与改革[J].清华法学,2022(5): 130-146.

[51]吴越.法定代表人越权担保行为效力再审——以民法总则第61条第三款 为分析基点[J].政法论坛,2017(5):94-104.

[52]徐深澄.《民法总则》职务代理规则的体系化阐释——以契合团体自治兼

顾交易安全为轴心[J].法学家,2019(2):97-110.

[53]许德风.意思与信赖之间的代理授权行为[J].清华法学,2020(3):32-45.

[54]许可.股东会与董事会分权制度研究[J].中国法学,2017(2):126-145.

[55]杨秋宇.融贯民商:职务代理的构造逻辑与规范表达——《民法总则》第170条释评[J].法律科学,2020(1):101-110.

[56]叶林.董事忠实义务及其扩张[J].政治与法律,2021(2):16-30.

[57]赵旭东.再思公司经理的法律定位与制度设计[J].法律科学,2021(3):36-47.

[58]宋雨.公司代表权体系化配置研究[D].成都:西南财经大学,2020.

[59]刘海东.有限责任公司股东协议的效力认定研究[D].长春:吉林大学,2019.

[60]何建.公司意思表示研究[D].上海:复旦大学,2014.

后　记

本书是以我的博士论文为基础修改而成的,该文凝结了四年来我对民商法研究的全部思考。本书的写作是一项挑战,但也让我可以将所掌握的全部研究方法在同一主题下进行综合运用,我的研究能力得到了极大的提升。在本书的写作与出版过程中,我获得了诸多帮助,在此表示感谢:

首先,感谢我的导师,北京大学法学院薛军老师为论文的写作指明了方向,在薛老师的耐心指导下,我的博士论文才得以完成。

其次,感谢论文评阅和答辩老师提出的宝贵意见,论文因吸收了这些意见而得以完善。

再次,感谢我的外方导师,美国俄亥俄州立大学莫里兹法学院 Paul Rose 教授,他为我提供了新的研究视角,使我的论文内容得到扩展。

复次,感谢北京大学法学院和中国政法大学民商经济法学院的博士同学们,在与他们的交流中我受益良多。

最后,感谢出版社的编辑为本书的出版而付出的工作。

北京大学法学院自由包容的环境使我有机会全身心地研究问题,培养了自己的学术能力。博士毕业后,我入职燕山大学文法学院,成为一名法学专业教师,在以后的日子里我将继续进行法学研究,为民商法理论的发展作出贡献。